国家出版基金项目
NATIONAL PUBLICATION FOUNDATION

海上絲綢之路文獻集成

總主編 陳支平 陳春聲

歷代史籍編 16

主編 范金民

海峽出版發行集團
THE STRAITS PUBLISHING & DISTRIBUTING GROUP
福建人民出版社

本册目次

廣輿圖二卷（卷二）

〔元〕朱思本撰　〔明〕羅洪先等增纂

九邊輿圖總論

或有問於論者曰今天下之患何居論曰北虜最可憂餘無患焉虜莫强於遼金元莫弱於我

朝而始盛於今日蓋自我

太祖高皇帝迅掃之後胡裔半留中國入遯沙漠者無幾

成祖文皇帝三犂其庭窮荒餘醜僅存喙息是以九邊戍卒所須不過四十萬視宋人備西夏一路而屯戍七十萬蓋倍蓰矣百餘年來生聚既蕃侵噬漸近開平興和東勝河套之地皆爲所據自也先火篩之後益輕中國恃其長技往往深入風雨飄忽動輒數萬我軍禦之不過依險結營以防衝突僅能不亂卽爲萬全絕無堂堂一戰者蓋衆寡之勢殊强弱之形異耳所幸狼婪鼠竊無有他志計日數程不能持久每一大舉曬肉晾馬頗亦勞費若得失不讐則懊悔無已是以邊境

得苟免焉近年以來虜勢轉横既連得利心益歆豔而吉囊者復跳梁其間最稱雄黠控弦之士餘二十萬益以中國驅掠逋逃之衆竊知内地虛實若一旦攻虜不爲狗鼠之計則久敝之鎮豈能外寧供餽之擾或生内憂誠不知邊事所終矣曰今之邊備何如曰地方殘破兵馬單弱邊臣欺玩芻糧匱乏法令蹤弛在處皆然是則所謂最可憂者曰孰能與之

曰

聖天子注意所在則賞罰必行謀國者不敢因循任事者不敢欺玩是以能興何以興之曰重廵撫將臣此第一義餘皆待其人而行者耳何謂重廵撫一曰慎其選二曰久其任三曰假其權四曰明其功罪蓋邊方廵撫責任至重不同腹裏必有通變之才堅忍之性奮迅之志而後可以有爲先年最重其選不肯泛授後則視爲常階愚謂於無事之時先令科道官

及吏兵部各用所知以備
簡用遇有員缺即於所舉之內酌量才力會推選補是爲愼巡撫之選夫軍久莅而後威惠洽事久練而後劑量審功久積而後庶務成今之巡撫甫至任而即望遷官焉得有固志無固志焉得有遠圖無遠圖焉得有善政邊事因循而廢正坐此弊若自今限年爲例非兩考者不遷六年之内利害切身規避無由雖欲不極力以爲之不可得已是爲久巡撫之任選愼矣任久矣而信之不專終亦無益近日邊臣奏議多見齟齬而言官苛舉細過悍將動輒抗衡每每令其束手是雖有頗牧之才何所用之必也
朝廷之上不惑浮議本兵之地推以同心言之得行行之得至無牽制無掣肘庶幾其有濟乎是謂重巡撫之權權重矣而勸懲不立何以奔走天下之豪傑願著爲令凡巡撫三年以

上兵食有賴地方無虞者加陞正卿職銜仍令巡撫六年以
上卽取掌臺部其有失機僨事悉從敗軍之法如
先朝制如是則人將憂其敗而希其成邊防大計自知所以圖
之是謂明巡撫之功罪何謂重將臣一曰求實用二曰慎武
舉三曰廣任使四曰懲欺玩夫將才所須本將戰陣況於邊
方殺賊之外豈有別事近年倡爲將之說以致武職不務本
業競爲浮誇雅言而矩步繪句而摛章撫按以是爲薦揚本
兵因之而任用墮
國家神武之威銷英雄感慨之氣爲害非淺急須洗此頹風還
其本業寧粗直猛暴之失勿從容文雅之是庶得跅弛之士
克廣鷹揚之任矣夫是之謂求實用且武舉所以選將才也
今退學生員緣此以影避差徭白丁快餘假名而希求進用
豈有韓彭之良任此闒茸之內邊方贊畫騷擾居多掛印登

壇從來未見不若罷去閒人止許武官應選仍分邊方腹裏如會試之南北卷更多其名數以廣賢科勿偏重浮詞以遺驍果夫然則既是見官即可推委將邊方腹裏均有所賴矣夫是之謂慎武舉又

國家推用武職止許指揮以上官而千百戶不與將不隳墮人心阻遏賢路乎使得程功積事以次而升既足任使之資亦廣忠良之勸不亦可乎夫是之謂廣任用

先朝軍機法重邊官不敢欺蔽否則禍出不測今乃造爲活套規避任情巡撫將臣同然一律本屬陣亡而云回營身故本是敗失而云走死官馬襲殺老小而云入寇斬獲戎馬在門而云追襲出境殺掠至萬而不以

聞連城陷沒而報無事死者含冤而不蒙恩生者憤懣而無控訴若不痛懲此弊賞罰何以得明必申嚴敗軍之法更爲欺玩

廣輿圖　卷二

之例使將臣畏而懼敗敗而不敢隱則警聳之下人自求全邊事或可興矣夫是之謂懲欺玩嗚呼今之論者孰不知巡撫將臣爲急哉顧言之不得行行之不得至苟簡因循遂至於此若非

聖天子銳意講求大臣極力賛相一洗積習之弊則雖言官諤諤

朝議諄諄而因循之根終不可拔苟簡之爲又復延蔓矣如九邊何哉如九邊何哉

嘉靖甲午四月六日靈寶許論識九邊總論遼東薊州宣府大同榆林寧夏甘肅固原圖論並同

按九邊事宜具載靈寶許司馬圖論長沙魏職方圖考間有詳畧同異其憂地方殘破兵馬单弱邊臣欺玩芻糧貫乏之法令縱弛大都同矣然此猶二十年前事其後虜日熾日繁我饟徵饟折宣大堡寨殘壞無餘遼薊兵荒困詘轉甚漁陽以

走集凋敝諸徼以入衛銷朒延綏精銳全非故吾甘凉藩籬大被卷徹文武之畀授署置校曩昔益又異矣其可憂蓋倍蓰弗啻焉已至論所以救藥則在重巡撫將臣而重巡撫之道四一曰慎其選二曰久其任三曰假其權四曰明其功罪重將臣之道亦四一曰求實用二曰慎武舉三曰廣任使四曰懲欺玩而其極根要歸則曰根本在

朝廷此其言若近而遠似迂而要余於愚忠疏草亦既詳言之矣傳曰七年之病而求三年之艾則猶或可及也否則病且膏肓矣

廟堂藎臣所當先事而預計者其在是乎其在是乎

九邊總圖

每方五百里

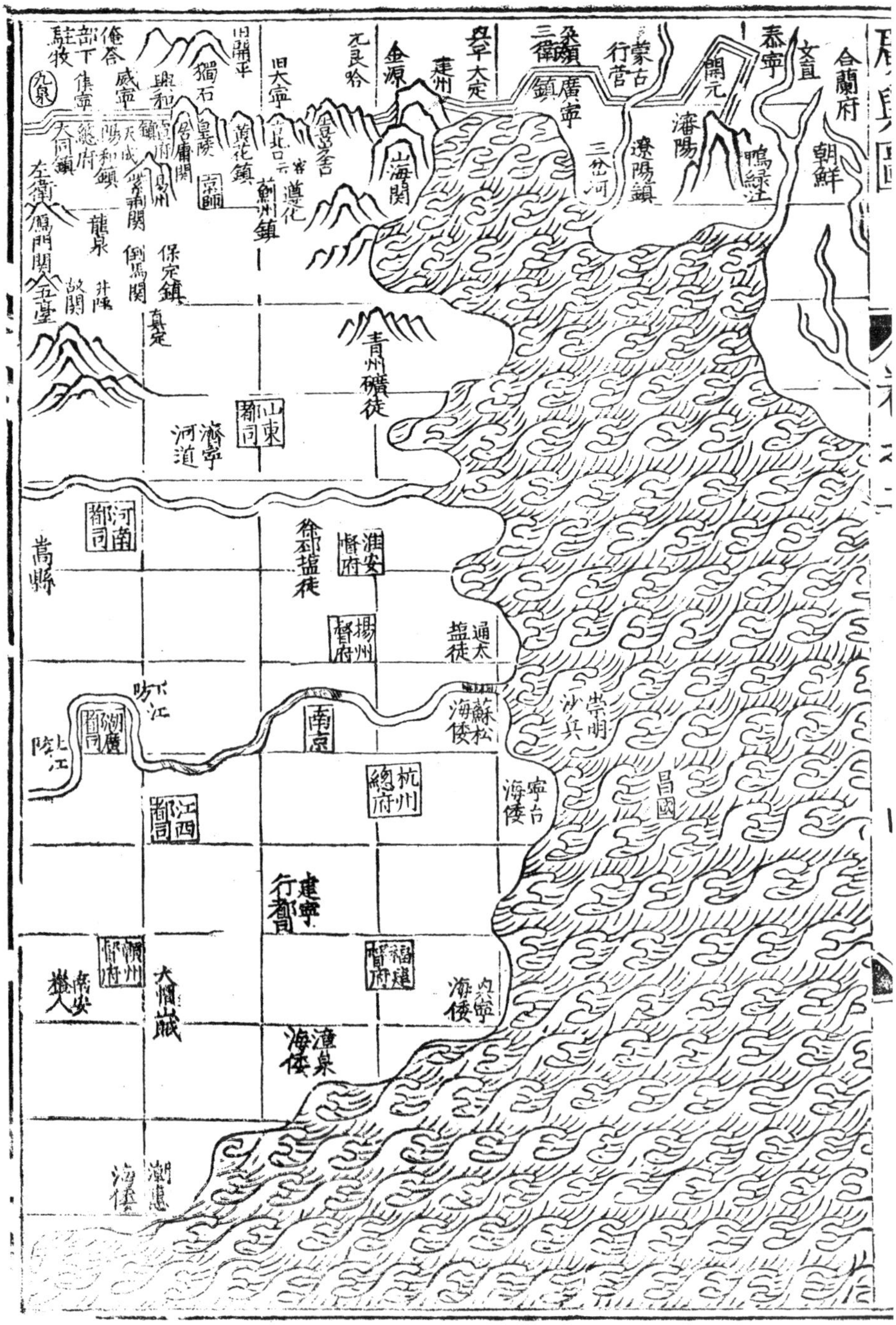
合蘭府
朝鮮
鴨綠江
泰寧
開元
瀋陽
遼陽鎮
三岔河
蒙古行營
廣寧鎮
大寧
建州
金源
山海關
遵化
薊州鎮
黃花鎮
居庸關
紫荊關
倒馬關
保定鎮
龍泉
雁門關
青州鹽徒
山東都司
濟寧河道
河南都司
嵩縣
淮安督府
徐邳鹽徒
揚州督府
通太鹽徒
蘇松海倭
崇明沙兵
南京
湖廣都司
杭州總府
寧台海倭
昌國
江西都司
建寧行都司
福建督府
贛州督府
南安猺人
漳泉海倭
潮惠海倭

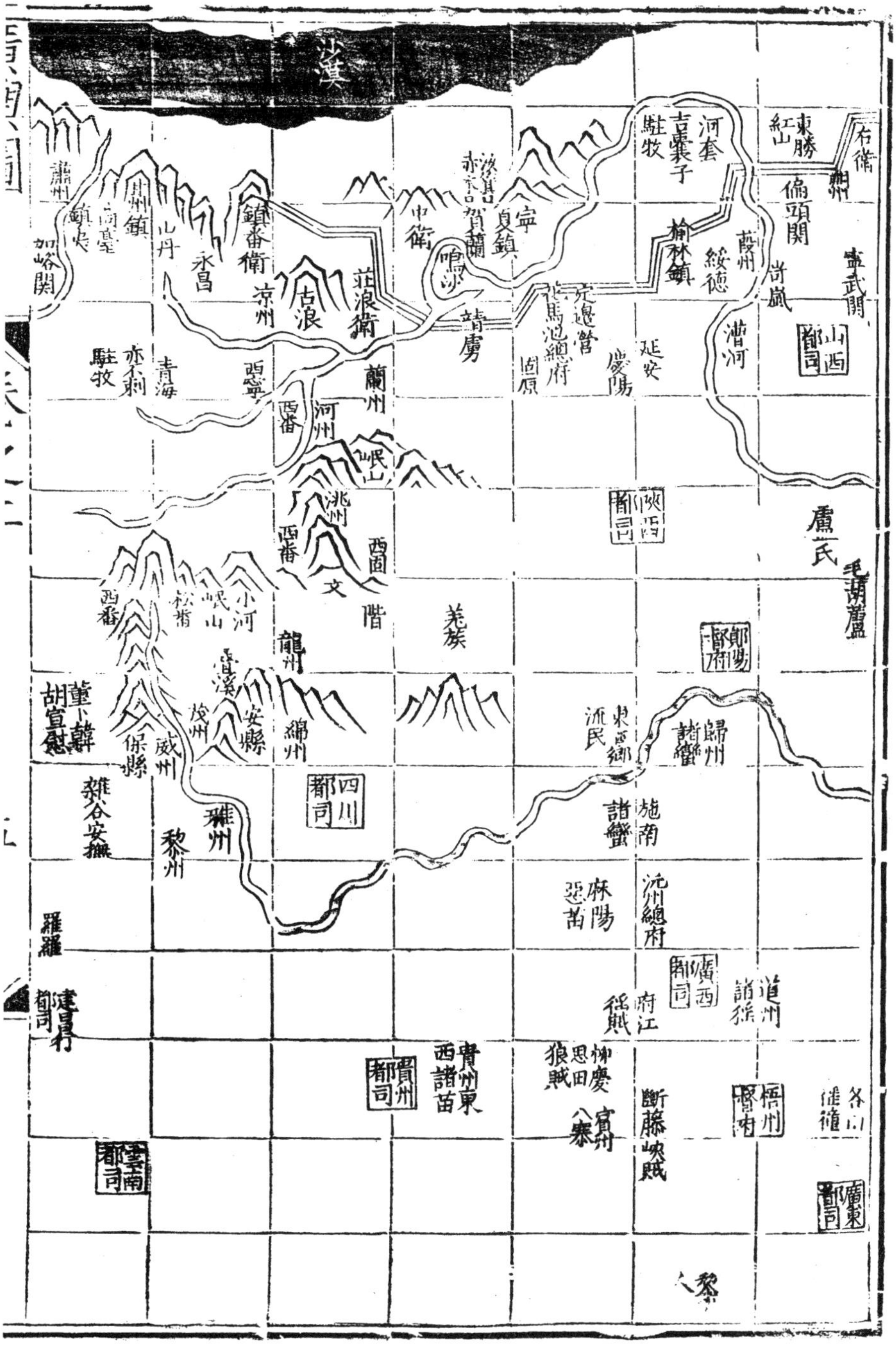
漠
河套
吉囊子
駐牧
東勝
紅山
右衛
偏頭關
榆林鎮
綏德
葭州
岢嵐
寧武關
山西都司
延安
慶陽
固原
靖虜
莊浪衛
古浪
涼州
鎮番衛
永昌
山丹
甘州鎮
肅州
嘉峪關
赤斤
駐牧
青海
蘭州
河州
西番
岷山
洮州
西固
文
階
羌族
陝西都司
鄖陽
盧氏
龍州
茂州
安縣
綿州
威州
保縣
小河
四川都司
雅州
黎州
雜谷安撫
董卜韓胡宣慰
羅羅
建昌行都司
歸州
施南
諸蠻
沅州總府
麻陽
惡苗
廣西都司
道州
府江
貴州都司
貴州東西諸苗
柳慶
思田
狼賊
斷藤峽賊
梧州
廣東都司
雲南都司
黎

九邊總論叙

今之四夷北虜爲急國初設大寧都司屯重兵鎮之其地繞出山後而遼東宣府大同勢相連屬自偏頭關逾河跨西北大虜之警守在東勝（在今河套之北近受降城即其地）河套之南又有榆林（在今延安府綏德州北境）實爲六鎮後棄大寧移置都司於保定而宣府遼東勢始分矣正統以來有司又失守東勝大虜乃得逾河而偏頭關迤西遂有河套之虞因循既久有司又不肯以時巡套東勝之鎮併近内地形勢愈弱於是所賴以衛

京師防邊虜者不過遼東宣府大同榆林四鎮而已夫四鎮所領各堡亦有精壯苟足其糧餉守備等官勤加巡哨爲之牽連援救自足以各守地方督率耕牧從古備邊之道也今則撫臣假調操以自固（夫鎮城本爲牽連所領各堡地方今有統屬而設今乃令各堡精壯士卒盡驟鎮城名曰調操以習攻擊實乃自爲備禦之計遂致各堡地方徒以老弱疲病者守之虜寇縱橫無復能爲耕牧者矣）將帥假按伏以

爲奸夫精壯既畢集于鎮城矣又每假按伏爲辭調兵四出以欽各堡不得備禦而堡中老弱反受供億騷擾之苦軍士乏此支之糧而將帥等官反以尅減行糧爲務地方屢失糧餉屢乏實此之故矣若哈密之失守土魯番之拒命則由近日文臣貪功置制失宜失中國之信不足爲慮大虜自套來者則亦不剌一種竄于陝之西海地方蔓延至於西寧使一帶地土不得耕種士民不得安業直抵洮岷頗難制禦則其勢有可慮者今惟有痛革調操按伏之弊堅壁固守勤加廵哨爲耕牧長計而無狃近利乃可爲也其治南蠻之道則在率土著良民得以自相守望一或不支爲之連屬附近地方策應之如湖廣之永靖廣西之狼兵置之不復徵調民足相死兵不毒民無貪功之文臣無貪利之武將亦不數年而晏然矣

遼東邊圖

每方百里

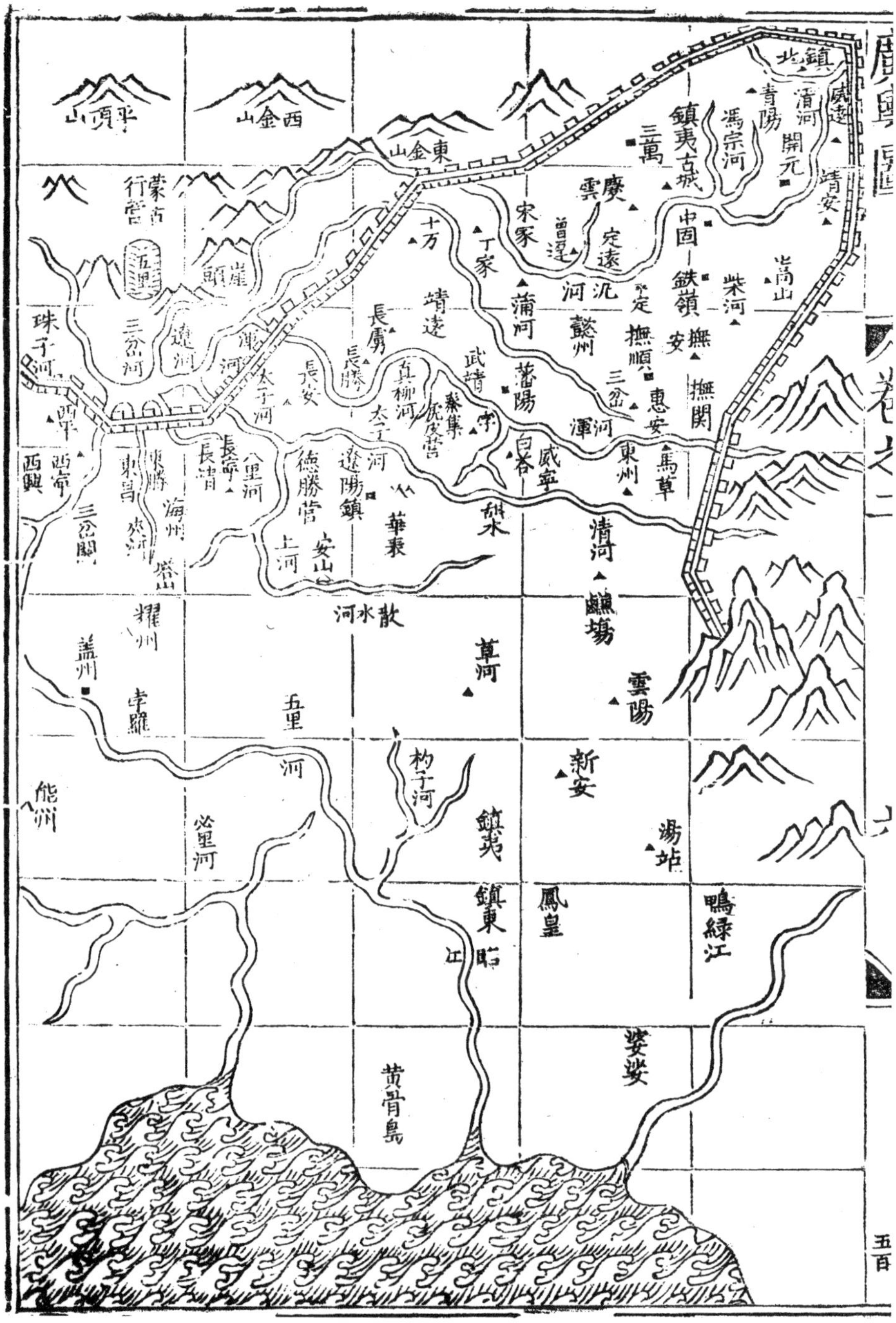
平頂山
西金山
東金山
蒙古行營
崖頭
三岔河
遼河
珠子河
十方
宋家
定遼
中固
鐵嶺
丁家
靖遠
長勇
長勝
泛河
蒲河
懿州
撫順
撫安
撫關
柴河
三萬
鎮夷古城
慶雲
馮宗河
青陽
清河
開元
靖安
鎮北
武靖
真柳河
太子河
長安
瀋陽
白塔
威寧
渾河
東州
馬草
惠安
遼陽鎮
德勝營
安山
華表
散水河
草河
雲陽
五里河
杓子河
新安
湯站
鳳皇
鎮東
鴨綠江
婆娑
黃骨島
蓋州
耀州
熊州
八里河
海州
長寧
長靖
東昌
東勝
西寧
西興
五百

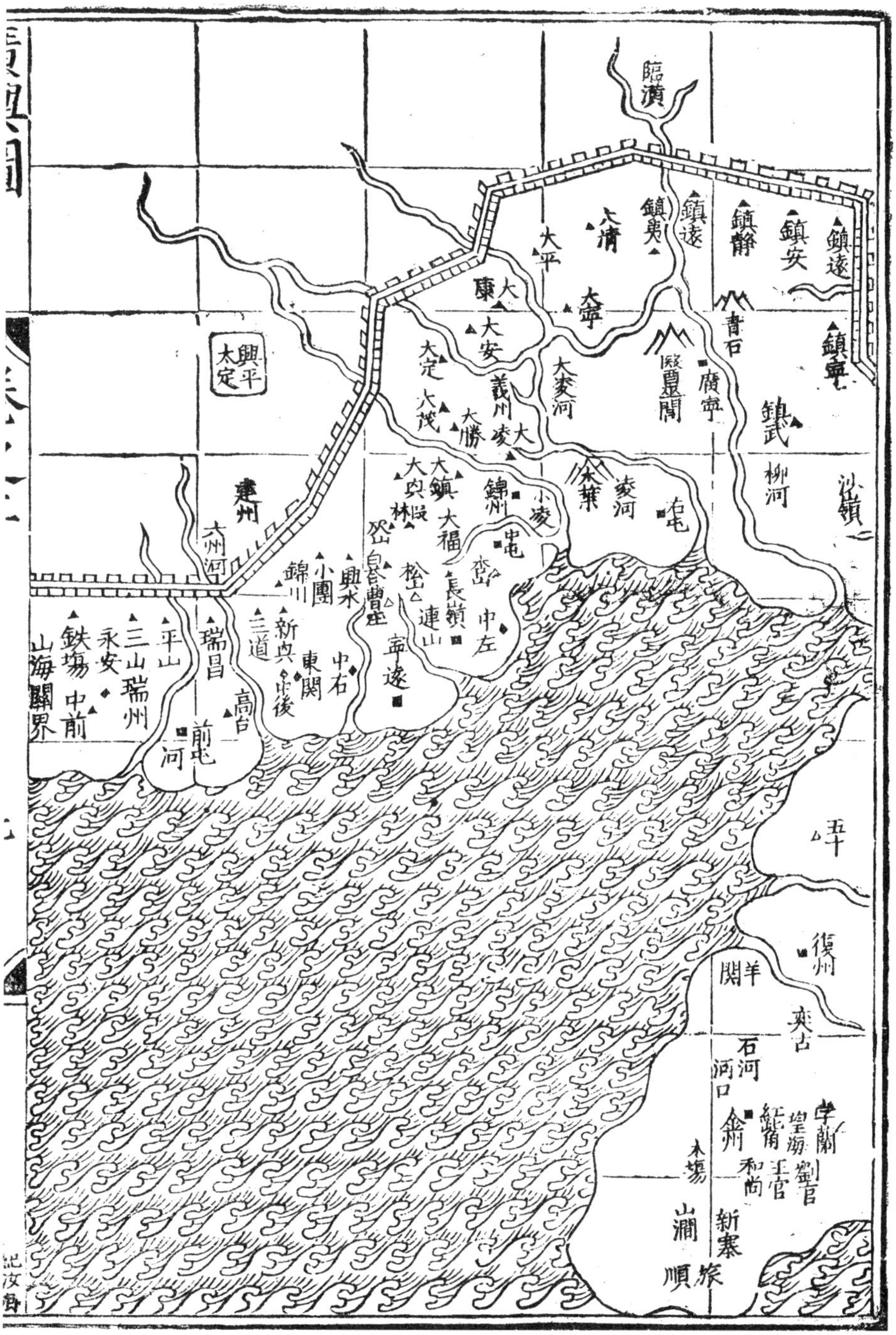
臨潢
鎮夷
鎮遠
鎮靜
鎮安
鎮遠
大清
大平
大寧
大康
大安
大定
義州
大茂
大勝
大凌
醫巫閭
廣寧
青石
鎮寧
鎮武
柳河
興平
太定
建州
大鎮
錦州
小凌
中屯
大福
長嶺
連山
中左
寧遠
中右
東關
新興
中後
三道
高台
瑞昌
平山
前屯
河
三山
永安
瑞州
鐵場
山海關界
中前
小團
錦川
大麥河
凌河
沙鎮
復州
石河
河口
木場
山澗
新寨
旅順

遼東建置

遼東鎮轄衛二十五所十一關二營堡一百馬步官軍九萬九千八百七十五員名馬九百零九匹子粒二十六萬一千四百六十七石歲運銀一十八萬五千二十四兩米一十二萬四千六十六石歲辦草二百四十萬五千二百一十一束豆七萬五千二百二十九石六斗

欽差巡撫都御史一

總兵官征虜將軍一鎮守太監一（俱駐廣寧）分守副總兵一（駐遼東）分守東路參將一（駐開元）遊擊將軍一（駐廣寧）守備二（寧遠、靉陽）一馬市官一（駐開元）

衛 所 關堡	廣寧		義州
	十一		二
衛	廣寧（古宋都指揮廣寧左棠山廣寧右廣寧中）	廣寧都指右屯揮一	義州（廣寧後義州）
所			
關堡	鎮夷等七堡		大定等六堡
馬步官軍	一萬五千八百七十二員名	九百十三員名	八千三百五十三員名
子粒		一萬一百五十八石	四千二百四十石
歲運銀	一十五萬兩		七千三百六十四兩六錢零
米	五萬三千八百六石		二萬九千九百三十四石
歲辦秋草	四十四萬四千七百束	四十四萬八千束	二十七萬六千九百束
豆	一萬八千六百九十一石		一萬四千八百七十一石七斗

錦州	廣寧左　廣寧右	松山　大淩河		大興等七堡	六千三百零三員名	二萬三千四百二千二石	五千四百六十兩六錢		二千八萬四三百下束	二萬三千六百二三石四
寧遠都指揮一	寧遠	中左　中右		黑庄等十堡	一萬一千三百辛五員名	一萬九千五百九十八石	一萬三千二百一十六兩八錢		四十五萬六千束	二萬六千四百二十六石五斗
廣寧前屯	廣寧前	中前　中後		鐵場等九堡	九千二十員名	八千九百八十七石	一萬八千二兩	四萬四三百二十六石	三十三萬七千四百束	一萬二千二十八百十六石
遼陽	定遼中左右　前後東寧			鞍山等十四營堡	一萬四千一百五十七九十四員名	七萬三千八百七石				
瀋陽都指揮一	瀋陽中	撫順　蒲河		靖遠等三堡	二千三百四十三員名	一萬三千六百零二石				
撫順都指揮一			撫順	鎮安堡一	一千六百五十六員名	二千五百九十八石				
蒲河一指揮				十方堡一	一千三百十六員名	二千四百六十七石				
懿路都指揮一		左右　中左		三分山等四堡	二千四百八十員名	三千一百五十石				
鐵嶺都指揮一	鐵嶺			撫安等三堡	二千四百零三員名	三千三百六十九石				
中固一指揮	遼海			柴河等二堡	一千三百五十員名					
開元一指揮	三萬安樂同江左　遼海各城五國城			鎮北等八堡	七千四百二十七員名	八千二百六十二石				
海州一指揮	海州古沙黑城		三岔	耀州等六堡	四千七百三十五員名	二萬七千三百三十二石			一十八萬二千二百束	
蓋州古蓋衛城	蓋州			五十等二堡	二千一百零四員名	二萬七千百五十五石				

復州一	指揮復州		羊關等二堡	五十員名	五百四	一萬二千五百十七石
金州官一	備禦金州	中左	石河等十二堡	四百五十九員名	三千七百十四匹	一萬四千八百五十六石　巳上俱駐鎮城

遼東總論

遼東禹貢青冀二州之域舜分冀東北爲幽州卽今廣寧以西地青東北爲營州卽廣寧以東地三面瀕夷一面阻海特山海關一線之路可以内通亦形勝之區也歷代以來地皆郡縣我朝盡改置衛而獨於遼陽開元設安樂自在二州以處内附夷人其外附者東北則建州毛憐女直等衛西北則朶顔福餘泰寧三衛分地世官互市通貢事雖羈縻勢成藩蔽是以疆場無進北之患顧東北諸夷壘居耕食不專射獵警備差緩而西北則俗仍迤北竊發頗多若大舉入寇則亦鮮矣故遼東夷情與諸鎮異要在隨勢安輯處置得宜先事申嚴防守不墮俾恩威並立足制其心斯計之上而俘斬論功則第二義也開元廣寧並

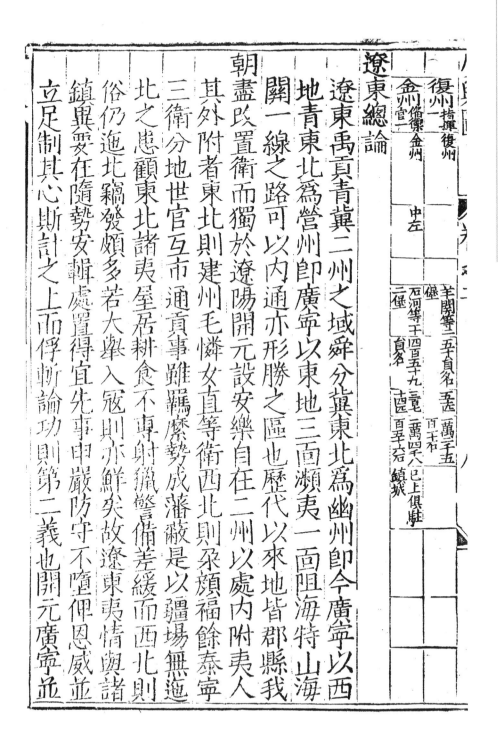

遼襟吭金復海蓋頗稱沃野海上自劉江之捷倭寇絕跡弘治中曾一見之未及岸而逝若今則晏然久矣三岔河南北亘數百里遼陽舊城在馬草木豐茂更饒魚鮮自

國家委以與虜廼遂進據腹心限隔東西守望勞費遼人每憤憤焉論者卒欲截取而屢作屢輟無亦爲啓釁邊方之慮乎他如革馬市之姦欺糾驗放之抑勒寨請開之貢路禁驛傳之騷擾增臺軍之月給教百姓之儲蓄專制一方者不得不任其責矣

又按始河東十四衛皆自登州海運給之有海船十餘隻直抵遼陽鎮嶺以達開原城西老米灣然久廢使法行至今遼陽之匱安得至此極也明聖造邦良自有深意乎

薊州邊圖

每方四十里

惠州
利州
平山
付馬
石門
永平
小河
大毛山
小毛山
水門寺

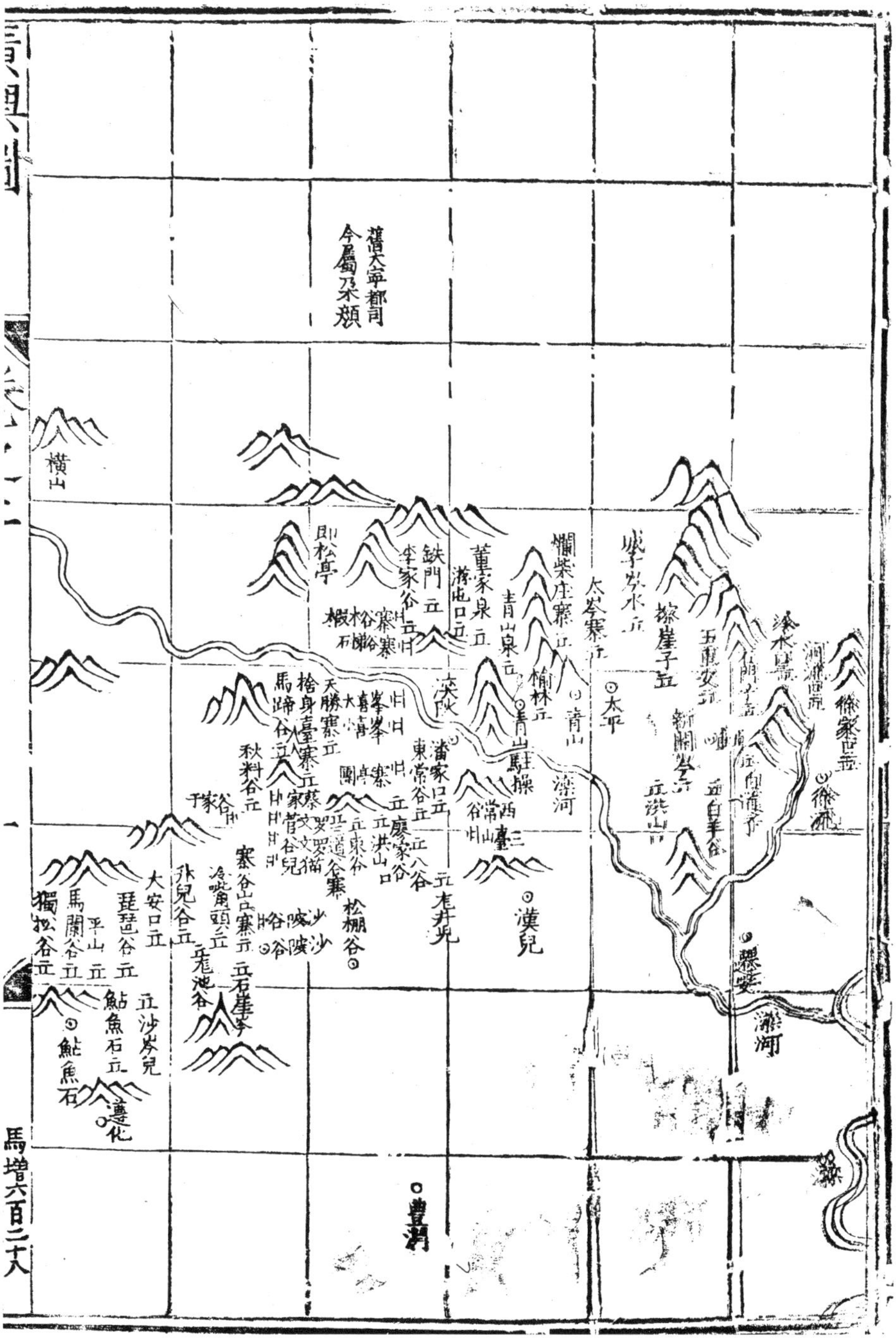
舊大寧都司
今屬朵顔
橫山
即松亭
鐵門
董家泉
青山泉
太谷寨
榆林
青山
太平
漢兒
灤河
擦崖子
新開嶺
白羊峪
徐家
洪山口
松棚谷
龍井兒
潘家口
東常谷
三臺
馬蹄谷
秋料谷
大安口
馬蘭谷
獨松谷
平山
沙岑兒
鮎魚石
遵化
豐潤

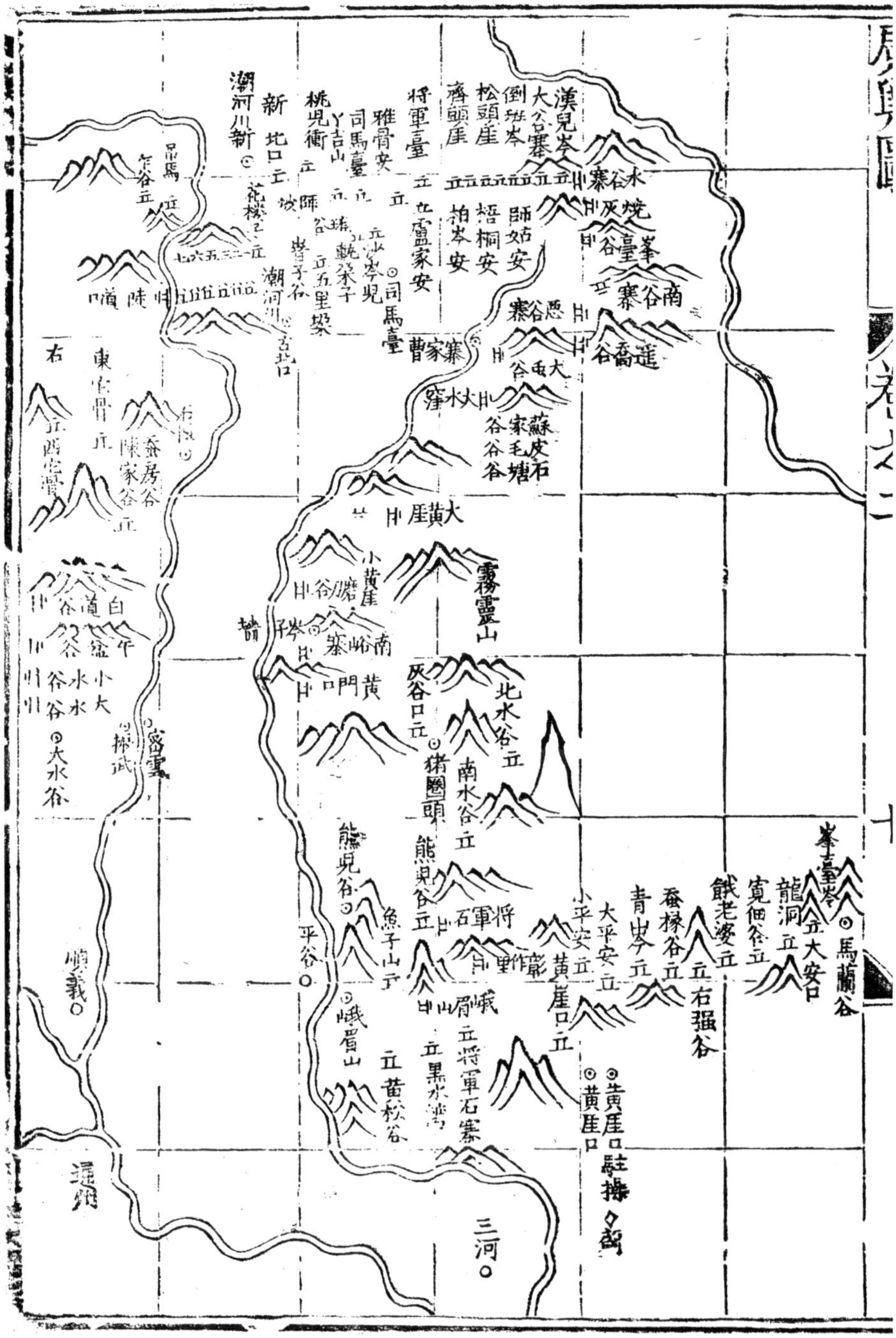
潮河川
將軍臺
司馬臺
曹家寨
大黃崖
霧靈山
蘇家谷
北水谷
南水谷
熊兒谷
大水谷
峨眉山
將軍石寨
黃崖口
馬蘭谷
右强谷
順義
三河

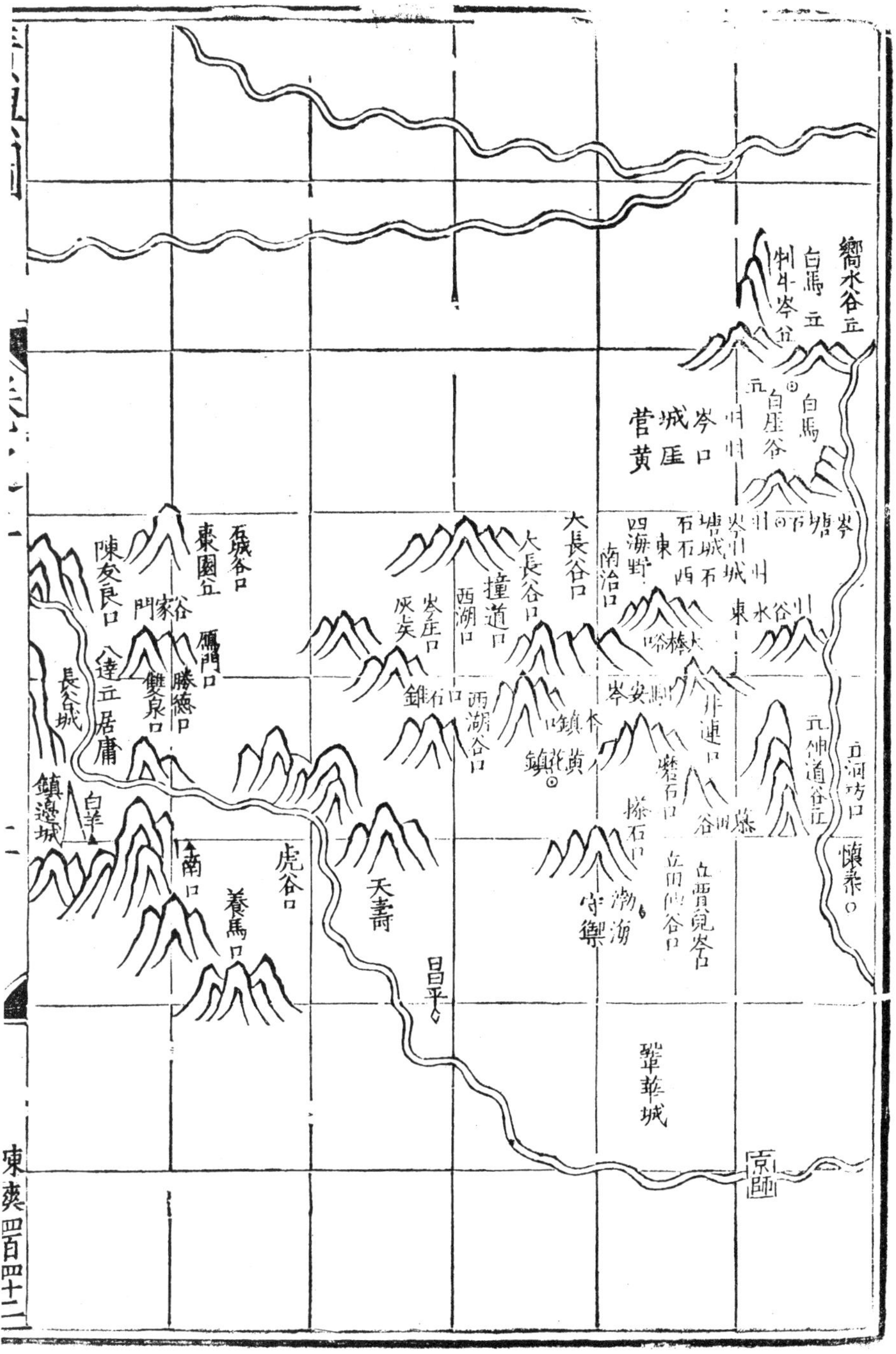
京師
鞏華城
昌平
天壽
虎谷口
養馬口
南口
白羊口
鎮邊城
長谷城
居庸
雙泉口
東園口
大長谷口
撞道口
西湖口
西湖谷口
黃花鎮
四海冶
南冶口
渤海
守禦
懷柔
白馬
東輿　四百四十二

薊州建置

薊州鎮屬關一百一十三寨七十二營四十三堡六十一城一十一馬步官軍七萬八千六百二十一員名糧四十六萬八百餘石料豆六萬七千五百餘石子粒米麥一萬三千七百七十八石六斗布絹折鈔銀二萬兩綿布一十二萬一千六百餘匹綿花絨六萬六千三百餘斤草四十萬三千餘束

山東河南北直隸司府起運夏稅秋糧麥豆三萬四千五百八十八石二斗零布一十三萬三千九百匹綿花八萬一千五百斤絹二千餘匹海運兑軍本折米共二十四萬石軍民屯折色草共銀二十一萬六千九百六十兩有零夏秋二稅本色折絹米一千一百四萬九千二百餘石草九萬七千六百八十四束

欽差總督遼薊都御史一駐薊州

欽差巡撫順天等處都御史一（駐遵化）　密雲兵備副使一（駐薊州）

兵部主事一（駐山海關）

巡按山海關監察御史一（今順天巡按兼）

欽差　將軍總兵官一（駐密雲）　參將五（燕河營一、馬蘭峪一、密雲一、太平寨一、古北口一）　遊擊將軍一（駐建昌營）

都指揮二（通州等處一、居庸關一）　守備八（山海關一、永平一、遵化一、燕河營一、薊州一、涿州一、三河口一、黃花鎮一）

	鎮關寨營堡口	馬步官軍	子粒米
	薊州	一百六十四員名	二百五十石
守備 兵部主事	山海 管五關	一百六十二員名	二百零二石
把總	一片石 管九關	八百八十六員名	三百四十五石
把總	義院 管一十四關	一千三百六十八員名	九百四十六石
把總	界嶺 管一十關寨堡口	一千五百九十二員名	五百七十石
把總	桃林 管九關寨堡口	一千六百一十四員名	五百八十六石
把總	擦崖 管七關	一千一百四員名	九百四十五石

把總	董家管六關寨	一千六百二十五員名	三百一十石
把總	大喜峯管七關寨	七百六十二員名	五百四十三石
把總	洪山管十二關寨	一千四百八十九員名	一百三十九石六斗
把總	羅文管一十七關寨堡口	一千九百八十八員名	一千五十五石
把總	馬蘭管一十五關寨	一千八百五十四員名	二百六十石
把總	將軍石管一十關寨	八百三員名	三百零八石
把總	將軍臺管四十關寨	二千一百五十四員名	
把總	東石管三十四關寨	一千八百八十員名	
內臣指揮 把總守備	黄花鎮管一十一城	三千八百四十九員名	
把總	牛頭管三營	一百九十六員名	
把總	石門管匠營	二千二百一十九員名	六百一十四石
把總	附馬管一營	八十五員名	三百二十四石
把總	界嶺營管一營	三百零五員名	

分守參將 守備	燕河管八十關寨營堡口	一萬六千二百四十一員名	四百八十石
指揮	桃林營管三營	一千二百四十七員名	一千三百二十石
遊擊將軍 把總	建昌營管一營	三千六百八十二員名	三百九十八石
把總	臺頭管一營	四百二十六員名	六百七十石
把總	五重管四營	[illegible]員名	七百四十五石
把總	松棚管四營	五千二百七十六員名	一千二百九十一石
把總	大安管三營	一千三百四十八員名	五百一十一石
分守參將	馬蘭營堡口管七十五關寨營	一萬八千六十九員名	五百零一石
把總	將軍寨管三營	一千四百九員名	二百七十二石
把總	熊兒營管三營	一千四百九員名	二百七十二石
把總	司馬臺管五營	一千三百五十一員名	
把總指揮	石塘管四營	七百七十九員名	
把總指揮	振武管一營	一千三百四員名	

指揮　石匣　管一營　三百五十六員名

右本鎮東自山海關起西迄居庸白洋若鞏華城東西延袤千有餘里往特三衛爲外藩兵衛寡薄近增益漸多又分爲十區區有守備若叅將將以總兵居中都護而永平密雲昌平隆懷諸處又增置兵備道監焉密邇顧屬夷渝虜戎索解弛門庭肘腋可爲戒心則夫伐其謀以携其交脩吾備而固吾圉折衝決勝其必有道乎

又城塞論曰長城應始東北乎曰應始夫　神京在燕大寧淪失天壽與異域爲鄰宣府與遼東隔絕汲汲圖營以實後背猶懼其晚也今當先城宣大而後大城　京役慮版築之屢興則寬其諸役恐三衛之有競則啗以微資土可築則土築而磚甃石可劚則石劚而灰灌自居庸迄山海以爲袤遍其下列堡寨以爲援先之以京營出戍次之以招募成家此當舉天下之力

以事之舉遷都之輕重以較之而不可以勞費論也

按女直永樂初歸附設奴兒干都司衛百八十四所一十四兀良哈永樂初歸附設朶顏福餘泰寧三衛女直許歲一貢三衛歲二貢歲每一千六百人近有數請益貢數又賞賜欵宴給馬價何其費耶此正覊縻之道也若拒而費於攻防而費於守其費亦若相當西有烏思韓胡等設諸衛門亦此意

按朶顏在漁陽塞外福餘泰寧建州海西在遼陽塞外皆我藩籬今皆通迤北爲我邊患恐數年之後北虜兒京東塞外水草蓄牧之利将并朶顏建州我東塞亦與北虜爲鄰如宣府大同矣亟諭東虜毋引賊入室自受其害如景泰時事諸酋或有悔悟者不然憂未已也

内三關邊圖

每方百里

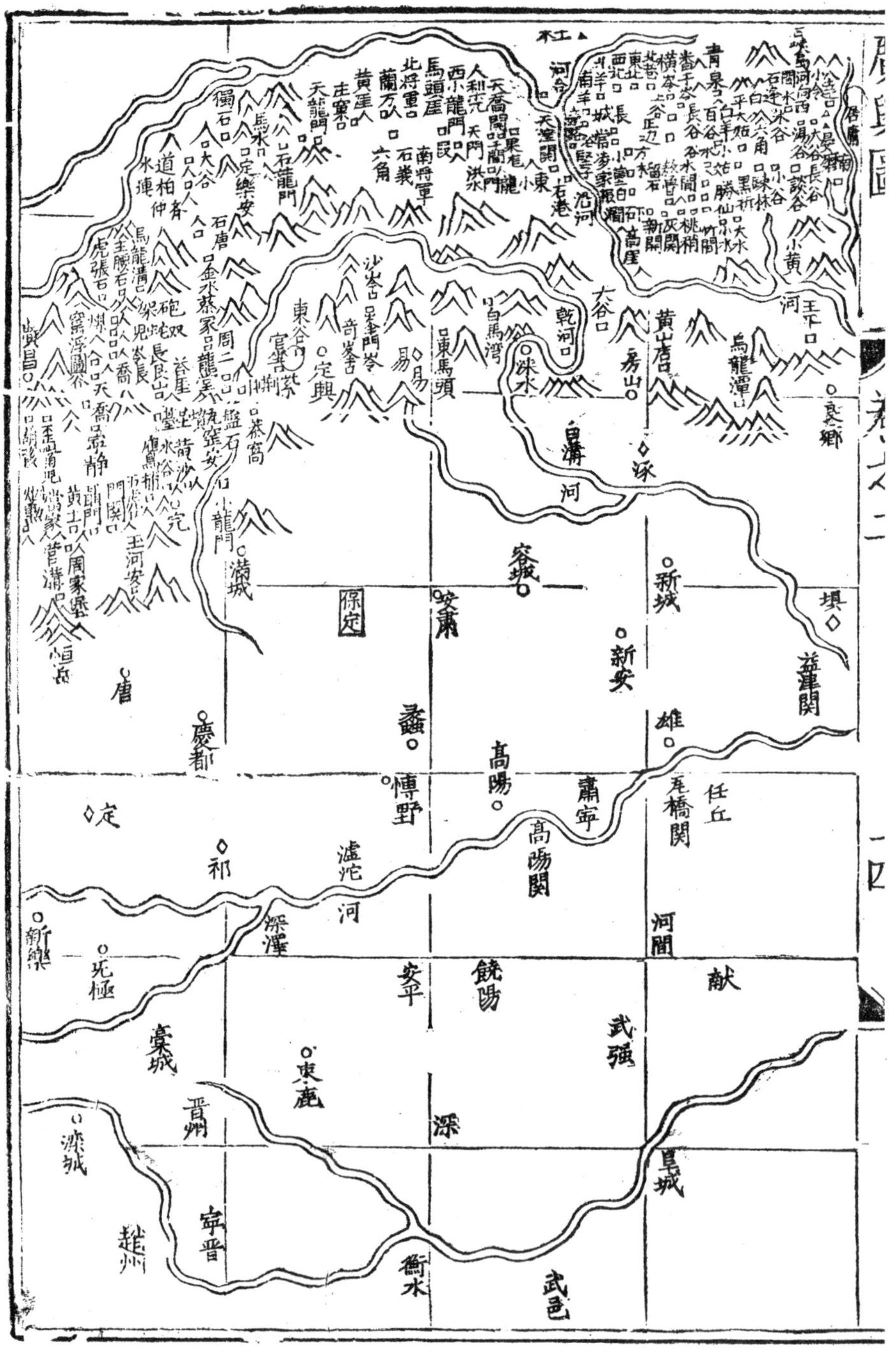

容城
新城
新安
雄
安肅
保定
蠡
博野
高陽
慶都
唐
定
祁
新樂
无極
滹沱河
深澤
安平
饒陽
武強
河間
獻
任丘
高陽關
藁城
束鹿
深
晉州
欒城
寧晉
趙州
衡水
武邑
白溝河
涿
房山
良鄉
易
定興
滿城
完
乾河
拒馬河

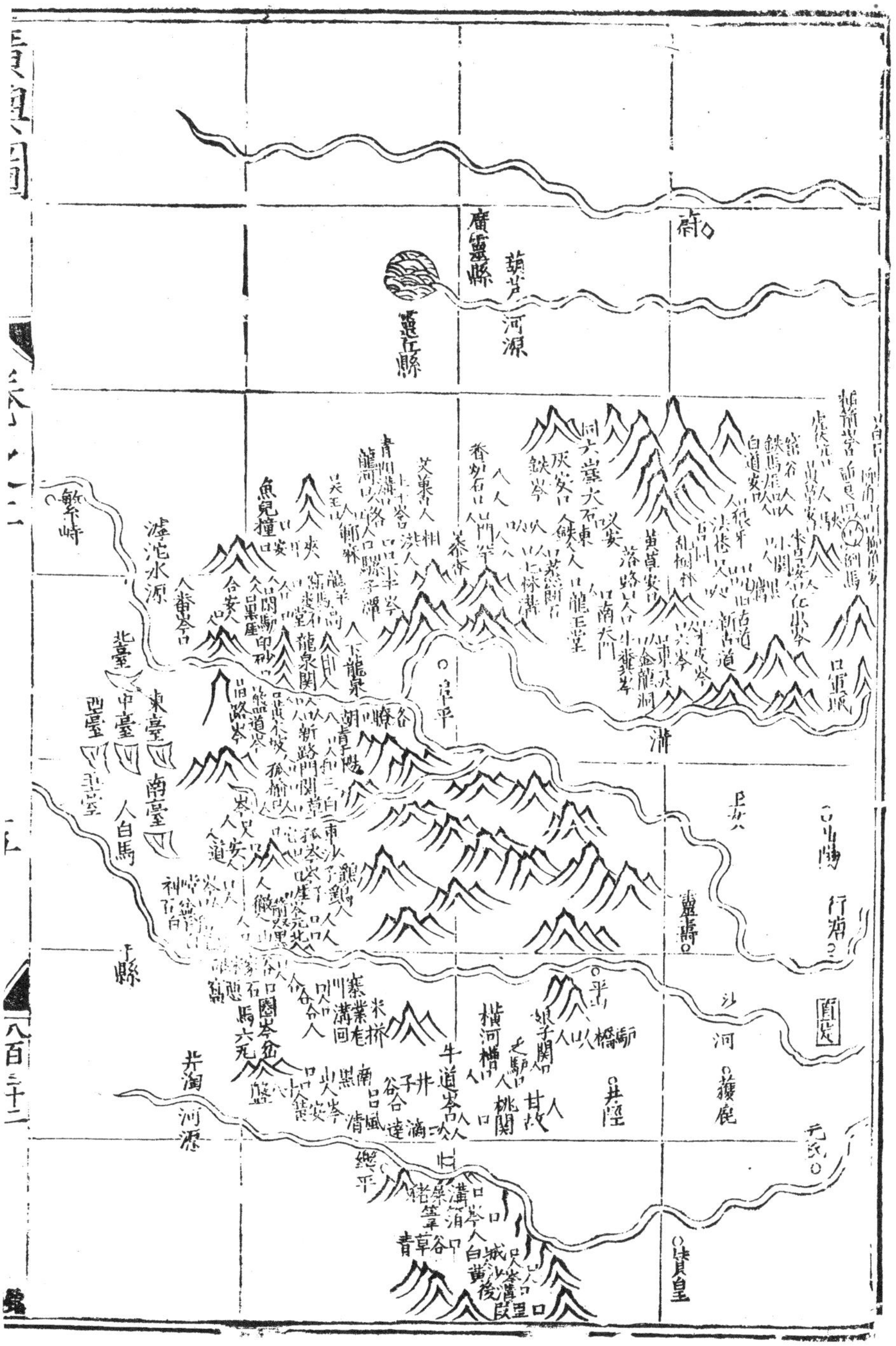
廣寧縣
葫芦河源
蔚
靈丘縣
繁峙
滹沱水源
北臺
東臺
中臺
西臺
南臺
人白馬
魚兒撞口
龍泉關
阜平
曲陽
行唐
靈壽
真定
沙河
獲鹿
平山
井陘
娘子關
横河槽
牛道
樂平
元氏
贊皇

内三關建置

欽差巡撫保定等處都御史一（駐保定）

欽差巡按居庸等關監察御史一（駐京師）

鎮守副總兵一（駐保定）都指揮一（駐居庸）守備五（居庸一紫荊一倒馬一白羊口一浮圖峪一）

居庸關（隸薊州）所轄撞道等口墩寨七十有三城二堡三屬馬步官軍一萬三千七百六十二員名子粒米二千六十石新增餘地折色銀三百五十兩余丁承稔米三百三十石馬四百二十二匹

東路撞道口口一十三（俱無住城横石墻道）共馬步官軍一百七十八員名

中路雙泉等口三十六（俱無住城横石墻一道内除白羊口堡）共馬步官軍七百七十員名

白羊口堡（土城一座）馬步官軍五百八十一員名馬六十匹迤西六墩軍四十名

西路栢峪等口三十七（俱無住城横石墻一道有鎮邊城一座内除長峪城）共馬步官軍五百三十

三員名
長峪城一座馬步官軍二百七十二員名
紫荊關隸保定提督所轄沿河等口七十六屬春秋輪班幷備禦常守
馬步官軍共五千八百八十六員名子粒米一千七十四石
馬四百一十二匹馱鎗馬八十匹
外一層自東而西沿河等口五十二內除浮圖峪口共馬步官軍一千
三十七員名
浮圖峪口　馬步官軍四十三員名馬八十匹
内一層自西而東白石等口二十四　共馬步官軍二百七
十三員名
倒馬關隸保定提督所轄周家堡等口一百一十有五關二屬常守備
冬馬步官軍共五千八百一十三員名子粒米一千六十石
備冬騎操馬一百三十四

東北路周家等口六十六（内除插箭嶺口）　共馬步官軍四百九
十七員名
插箭嶺口　常守官軍三百員名
西南路龍泉等口五十一　共馬步官軍一千四百四十
一員名

薊州内三關總論

薊京師左輔也我
太祖既逐元君迺即古會州之地設大寧都司營州等衛而封寧
王與遼東宣府東西並建以爲外邊又命魏國公徐達起古
北口至山海關增修關隘以爲内邊
神謀逖哉遠矣
成祖文皇帝靖難後兀良哈部落内附迺改封寧王於江西徙大
寧都司於保定散置營州等衛於順天之境而以大寧全地

與之授官置衛令其每年朝貢二次每次衛各百姓往來互市永爲藩籬即朶顔泰寧福餘三衛是也遼東宣府自此隔涉聲援絶矣正統以前夷心畏服地方寧謐但令都指揮或都督於喜峯口密雲等處鎮守驗放别無多官土木之變頗聞三衛爲也先嚮道乃命都御史鄒來學經畧之此後因而添設太監參將等官而夷情亦變詐不同然尚未敢顯言爲寇也弘治中守臣楊友張瓊因燒荒掩殺無辜邊釁遂起正德以來部落既蕃朶顔獨盛陽順陰逆累肆侵噬花當則脅求添貢把兒孫深入虜掠動稱結親迤北恐嚇中國參將陳乾魏祥俱以重兵前後陷没他可知矣故三衛夷情難與往日例論禍機所伏不待知者而知黄花鎮擁護

陵寢京師後門今本兵逃亡止餘二百河間等衛之戍空名無實此其單弱極矣議者謂更當增戍而關外閒田可募爲兵此

亦一策也古北口潮河川俱稱要害而潮河川殘元避暑故道尤爲虜衝作橋則浮沙難立爲塹則漲水易淤都御史洪鍾雖曾設有關城勢孤難守今須塞川大建石墩數十令其錯綜宛轉不礙水路庶幾可以久平喜峯口三衛入貢之路撫賞諸費久累軍丁近聞取諸馬場子粒似矣建昌營自裁革内臣之後以其兵多於燕河營乃復添設遊擊甚爲紕謬夫遊擊之名謂居中乘便四面馳擊也今偏在東隅其謂之何矧東去燕河營參將止五十里西去太平寨參將止六十里不爲贅員且掣肘乎愚嘗謂薊鎮在今當重其事權總兵須與掛印同巡撫駐薊其遊擊駐三屯營若燕河馬蘭密雲三參將則仍舊而以太平寨併入建昌爲一參將則庶乎體統正而緩急有濟矣且設關於外所以防守立營於内所以應援今關營提調既分爲二則關獨當其害但肆爲觀望耳

假令營之提調郎司所直之關責有攸歸其復將誰諉又本鎮額兵原少隘口甚多除分戍之外消耗之餘所在單弱言之寒心是故存留京操之士益募土著之兵設險修關嚴烽遠諜選將練兵足食明法曲突徙薪之計不可一日不講也

又按偏頭寧武鴈門三關乃通南北之路爲大同太原所達東勝城在偏頭關西北地倚狼居背山東勝與三受降城相存亡正統後東勝不守而河套漸失偏頭關因以岌岌寧武處三關之中當華夷之要衝爲東西之援應寔陽方温嶺神地義井之門戶外接八角保内維寄嵐一守備一千戶居之自偏頭徂鴈門似落莫

岢

宣府邊圖

每方百里

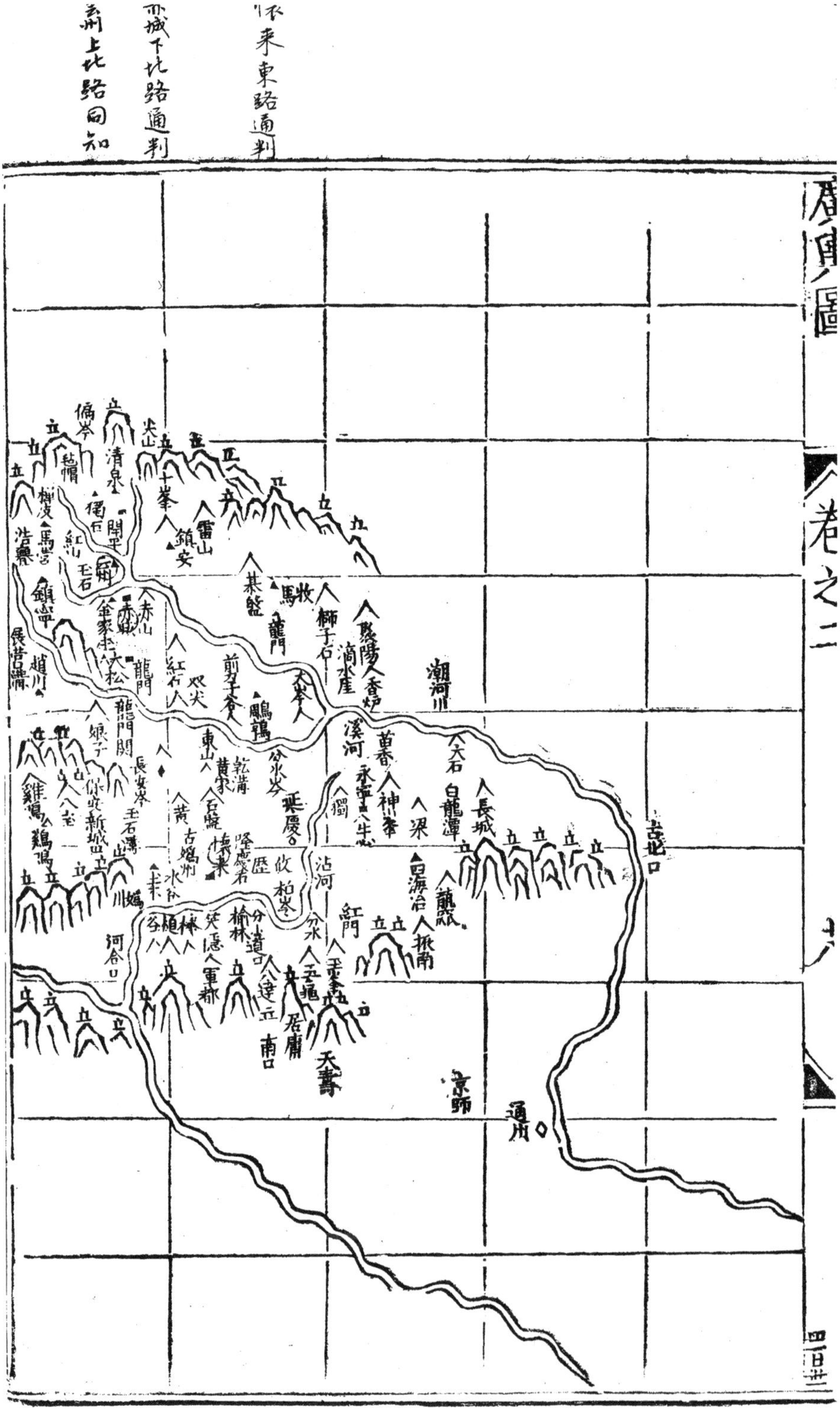
東路通判
城下北路通判
上北路同知
卷之二
潮河川
古北口
長城
白龍潭
京師
通州
天壽
居庸
南口
河合口
分水

鎮左城同知
峪中路通判
全衛上西路同知
下西路通判
聖南路通判

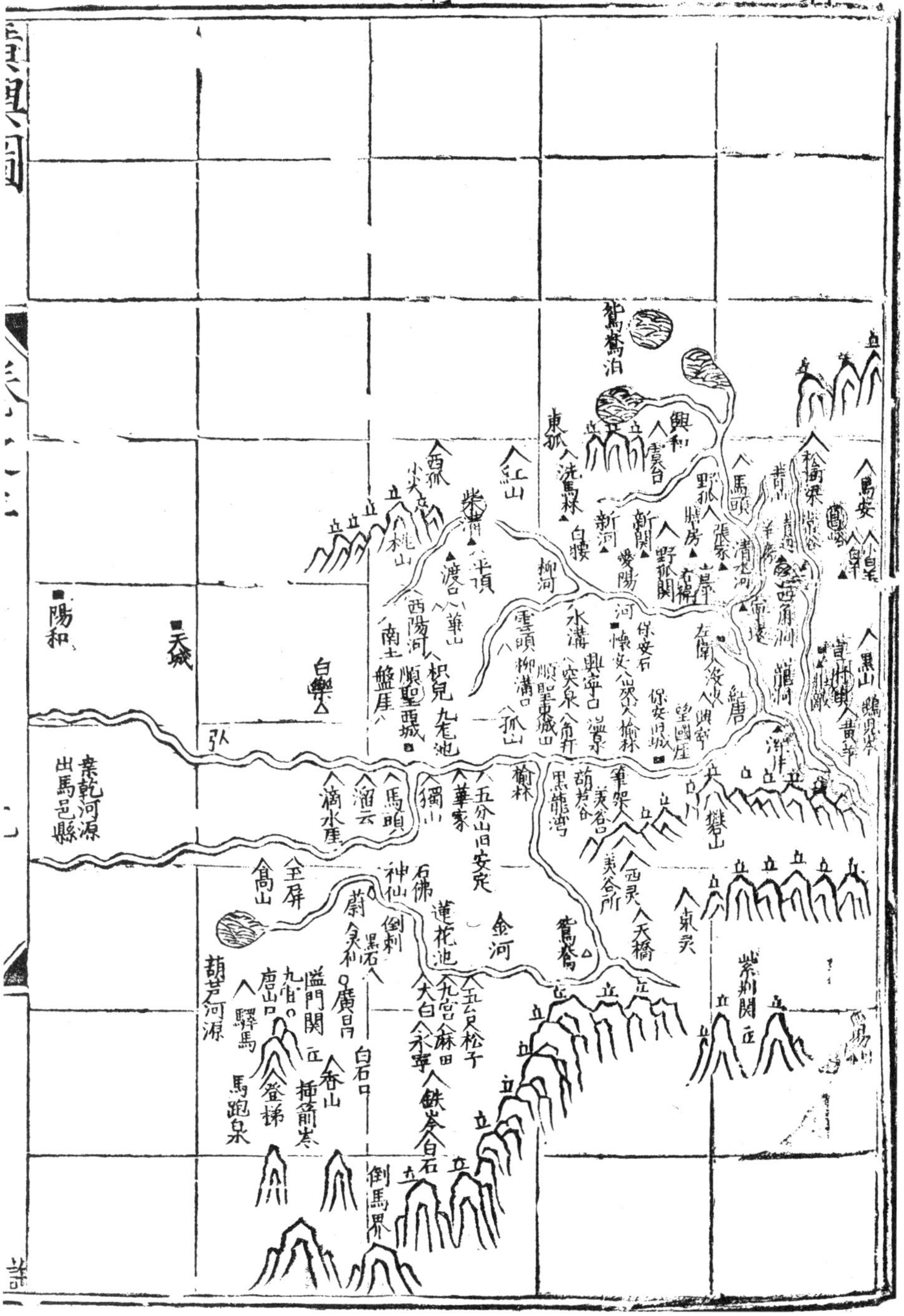

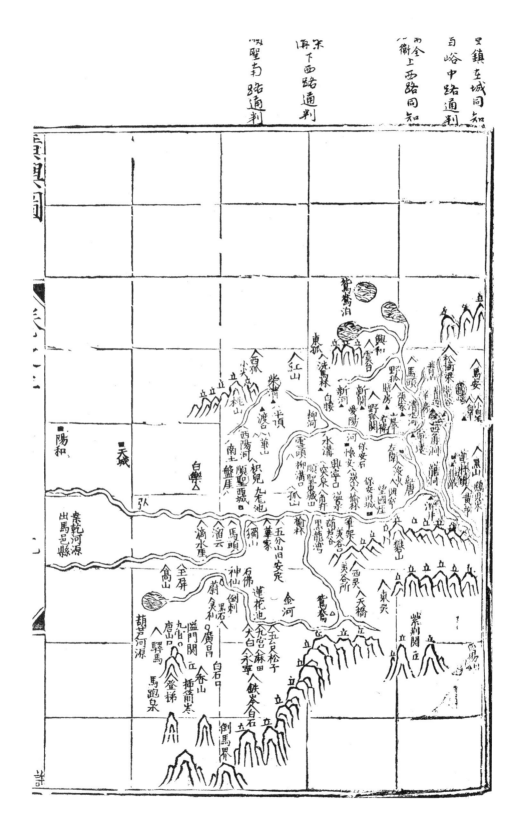

宣府建置

鎮領衛一十有五（屬所六十六）城三馬步官軍一十二萬六千三百九十五員名通鎮馬六萬六千九百八十匹屯糧六萬二千三百零二石地糧三萬九千一百五十三石有零團種糧一十一萬五千八百八十六石有零公務驛傳糧一萬四千三百三十三石稻田徵米一千一百七十九石有零草二十二萬六千九百七十一束

欽差巡撫地方都御史一

鎮朔將軍鎮守地方總兵官一協守地方副總兵官一　參將五（分守東路一駐懷安西路一駐萬全右南路一駐順城北路一駐獨石中路一駐葛峪）指揮三（河南一萬全二）　遊擊將軍二

守備官二十八坐營官六　把總官一百九十八管隊官一千三十五　貼隊官九百二十八（俱駐各城堡）

鎮城衛所關堡 馬步官軍	馬	屯粮	地粮	團種	公務粮	驛傳米	稻田	草

鎮城		三萬[illegible]二千二百七十四員名	一萬[illegible]千八百六十四匹		八萬一千七百七十八石				三萬五千三百二束
宣府前		二千七百六十三員名		八千四百八十一石	三千三百九十一石				三萬一千二百二束
宣府左		三千二百三十四員名		三千八百九十一石	五千七百七十九石				九千七百四十一束
宣府右		一千一百七十員名		三千六百七十二石	一千一百七十石				九千一百八十束
興和		一百八十員名		一千六百五石	五百一十一石				二千六百六十二束
永寧		八千八百八十員名	一千一百七十五匹	二千五百八十石	二百四十一石				六千四百五十束
隆慶左		一千二百五十九員名	一百二匹	四百二十三石	七百一十二石	一千七百二十七石	五百四十二石	五十四石	一千五十束
隆慶右		二百五十三員名	二百二匹	一千二百四十三石	七百九十五石		六百四十八石	一百六十一石	二千八百五十七束
懷來		一千八百八十九員名	六百三十八匹	一千六百九十二石	九百九十五石				四千二百三十束
保安新		三千五百員名	一千三匹	三千七百三十五石		二千八百六十二石			一千二百九十一束
	保安舊城	三百六十七員名	二百九匹		九石四斗	一千四百四石			六百束
	四海冶	一千六十一員名	二百八十九匹		一百二石八斗				
隆慶州		一千二百五十九員名	一百三匹	四百二十三石		五十八石		三十六石	一千三百七十七束

順聖川西	一千四百九十八員名	九百五十匹	三千四百九十八石	三千四百四十七石七斗	一千三百石				八千七百四十五束
順聖川東	一千一百一十九員名	八百一匹	二千五百三石	五千七百三十三石					六千二百五十五束
蔚州	二千一百六十三員名	八百六十匹	六千四百四十四石	五千一百一十七石	四千三百二十石	四百八十石	一百二十石		一萬六千一百一十束
廣昌	一千四十員名	二百一十一匹	二千三十七石	五百四十四石		六百二十五石			五千九十二束
深井	三百九十員名	二百五十匹							
葛峪	八百一十六員名	六百三十三匹			一百八石				九十束
大白陽	二百七十二員名	二百三十二匹			一百一十七石	二十八石			九十七束
小白陽	二百四十六員名	二百七匹			三百五十一石				一百九十二束
青邊口	三百七十五員名	三百一十三匹			二百五十三石	六十六石			一百二十七束
羊房	三百四十一員名	二百九十二匹			一十三石五斗				一十束
常峪	三百五十四員名	三百一十匹			六十三石				五十一束
趙川	二百七員名	一百七十八匹			三百四十二石	七十二石			一百四十二束
	八十七員名	二十匹	一百八十八石	二百零四石	二千四百十六石	八十四石			七百[illegible]束

萬全左	一千八百九十七員名	八百七十一匹	五千八百七十一石	二千二百七石	三千三百四十八石	二百二十二石	一百零八石	五百石二斗九升	萬四千六百七十七束
萬全右	三千八百三員名	三千三百三十六匹	四千六十八石	三千一百九七石	六千一百六十五石	六百九十石	一百四十四石	六百七十七石八斗	一萬一百七十束
張家	三千一百九十九員名	六百二十六匹							
渡口	六百八十員名	四百二十八匹							
懷安	一千九百五十九員名	九百八十七匹	四千九百五十九石	二千一十三石	二千七百五十五石				萬二千二百九十七束
新開	六百六十九員名	三百四十七匹			八十一石				三十五束
洗馬	一千四百六十一員名	六百七十一匹		六石七斗	二千九百三十一石	一百三十四石			一千三百四十六束
新河	九百五十四員名	五百八十九匹			四十六石				一百九十五束
柴溝	一千九百四員名	一千三百八匹		二百六十一石		三百六十石			三千二百一十束
西陽	一千九百四員名	六百四十七匹							
膳房	六百七十七員名	四百三十五匹			五十三石				二十四束
開平	八千八百三十員名	三千四百九十四匹	六百一十四石	三百六十石	四千六百二十石	九十六石	四十八石		四千六百零五束
清泉	二百五十七員名	一百二十九匹							

龍門		三千五百八十六員名	七百二十一匹	一千九十八石			九十六石	三十二石	四千一百一十六束
	馬營	三千二百七十三員名	一千八百九十一匹		八十一石	五千二百七十八石	一百三十石		
	赤城	一千五百九十七員名	四百二十四匹		四十二石	一千七十八石	五十六石	五十六石	
	長安	一千一百六十六員名	二百二十九匹	五百七十石	二百二十五石			六十四石	一千四百三十五束
	鵰鶚	六百五十九員名	二百六匹		二百八十二石	五百五十二石	三十二石	六十四石	
龍門		二千三百三十三員名	七百六十匹	一百八十八石	二百四石	二千四百一十六石	八十四石		七百五束
	牧馬	二百十二員名	二百二十六匹						
	鎮安	四百四十九員名	二百十六匹						
	滴水	五百一十三員名	一百七十四匹						
	雲州	一千七百九十員名	三百四匹	六十石	六十八石	八百四十五石	五十六石	五十六石	四百五十束
	金家	四百一十二員名	二百二十七匹						
	鎮寧	四百二十九員名	二百九十五匹						

宣府總論

宣府漢上谷郡也

國初常忠武王破虜于漠北即元之上都設開平衛守之置八驛東則涼亭沈河賽峯黃崖四驛接太寧古北口西則桓州威虜明安隰寧四驛接獨石

成祖文皇帝三犂虜庭皆自開平興和萬全出入嘗曰滅此殘虜惟守開平興和太寧遼東甘肅寧夏則邊境可永無事矣後大寧既以與虜興和亦廢而開平失援難守宣德中遷徙衛於獨石棄地蓋三百里土木之變獨石八城皆破雖旋收復而宣府特重矣宣府山川糾紛地險而狹分屯建將倍於他鎮是以氣勢完固號稱易守然去京師不四百里鎖鑰所寄要害可知北路獨石馬營一帶地雖懸遠然長阻長安嶺虜難徑下中路之葛峪大白陽青邊諸堡西路之柴溝洗馬林

萬全諸城南路之東西順聖皆稱虜衝警屢至焉東路永寧
四海治及龍門所則三衛窺伺之地而四海治上通開平大
路下連橫嶺兒又要地矣今考塞垣所據險亦幾盡第時異
勢殊有不可不為之經畫者若曰補長峪城鎮邊城之募軍
重浮圖峪插箭嶺之防守留茂山衛京操之士以益紫荊築
李信屯交界之堡以固兩鎮此豈容已乎且宣府軍士素稱
敢戰矣乃近年參將都勲出境燒荒遇虜二十騎而潰關山
王經前後陷没此猶可諉也若滴水厓郭舉之叛及諸軍告
糧而譟此則漸不可長況伊邇大同耳目習染可不慮哉是
故有撫綏之將而後有節制之兵有節制之兵而後有疆圉
之固籌宣府者此其大計矣至於邊儲一節則員外楊守謙
所論蓋得權宜之術附見於後以備一時參考云守謙曰嘗
聞弘治中宣府各城粟麥之積多至有六七年者少亦不下

三四年今則止數月耳倉廒僅存瓦礫塲地鞠爲茂草或勢家佃以爲業邊鎮敝壞乃至此極使遇也先火篩之變將何以待之宣府至京師僅三百餘里有必不得已之事則空運之策可行也此盖

先朝所已試者又按邊軍月餉法曰折色者六月本色者六月在邊者折銀七錢在内者折銀六錢又曰本折間支此諸邊之通例也然春夏禾稼未登粟價騰踊邊臣苦於蓄積之未多也則固與之折銀秋冬粟價稍平倉廩稍積則始與之本色當其騰踊也銀一錢或止易粟六七升或四五升是一月折銀猶不及半月之粟如之何其不饑而疲且死也說者謂宜於歲例之外每鎮發銀十餘萬兩遇大熟之歲則於歲例招買之外糴粟六七萬兩中熟亦糴三四萬兩俱别儲之每春夏粟價騰踊若歲例之粟尚足支持者勿動惟騰踊之甚

不可支持者借支二三月秋熟之後卽於歲例内招買者補償仍别儲之如此則士得實惠而所省亦且數倍卽緩急亦有所濟矣

按興和在萬全都司野狐嶺之外乃陰山之脊元之中都地宜耕牧居民亦盛宣德間棄守龍門虜踰野狐嶺過宣府又開平去獨石遂失桓州興州與安宜興肥要邊地開平四日程則有玻瓈谷諸要地興和四日程則有哈剌罕之險哈剌罕卽五雲關關内諸山乃陰山之脊澗壑天塹能守玻瓈谷以衛開平戍五雲關以固興和大興耕牧則萬全勢重京師益壯宣府阻山崎道守力亦勁西達不能繞而東下榆林以西虜入止以防守迂道腹裹勢不迫敵患在大同爲華戎捷徑直抵紫荆更無重險順聖東西二城爲宣府奉地且邇大同陽和天城失守不惟警困都邑抑爲宣府切近之災偏頭

寧武鴈門三關乃通南北之路爲大同太原所逹東勝城在偏頭關西北地倚狼居胥山東勝與三受降城相存亡正統後東勝不守而河套漸失偏頭關因以岌岌

又按大同地勢平衍無據且增套虜而腹裏間道直衝京輔其鎮西衛朔州諸路四衝保德嵐河曲及太原平陽甚易議者欲於三岔路口八柳樹堡嚴戍之若三關緊要已已之變徵調七千餘去又河南山西歲運掛籌屯糧逋負給馬弊弊昔許襄毅裁占役禁掊尅恤調遣有益地方而梁總兵家丁雖能畏虜今反資虜近又有私賂黑毛虜法事流大壞以守正君之其誠爲難矣

大同外三關邊圖

每方百里

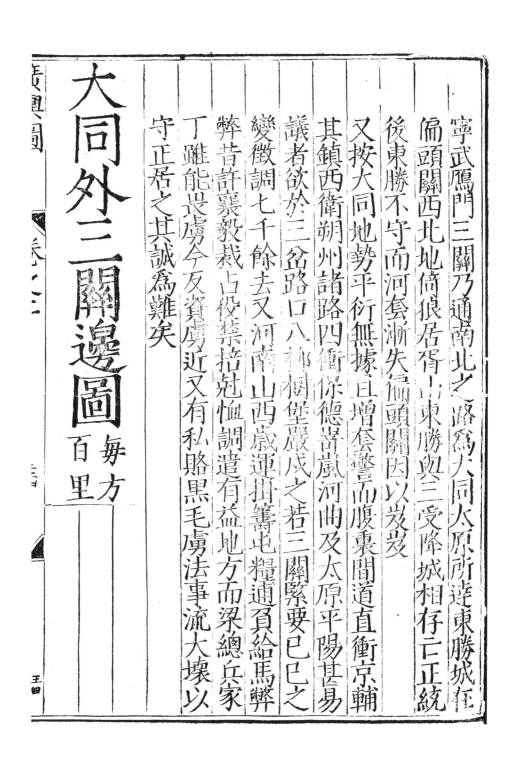

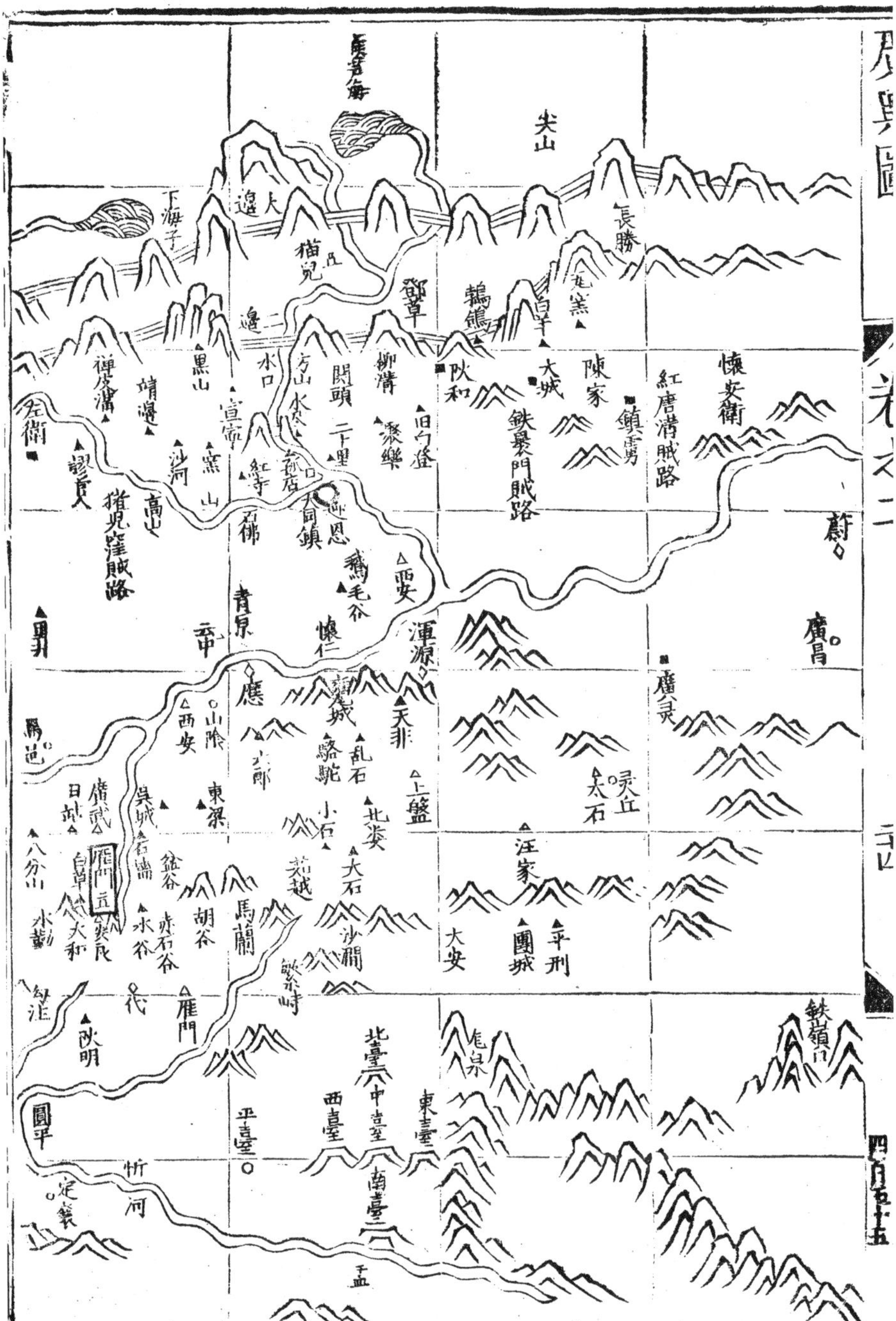
尖山
下海子
長勝
懷安衛
紅唐溝賊路
陳家
大城
鎮虜
黑山
沙河
靖邊
高山
猪兒窪賊路
閻頭
聚樂
大同鎮
懷仁
青泉
渾源
廣昌
廣靈
西安
山陰
應
天非
上盤
太石
汪家
大石
團城
平刑
大安
馬蘭
胡谷
雁門
代
北臺
中臺
西臺
東臺
南臺
忻河
定襄
原平
左衛

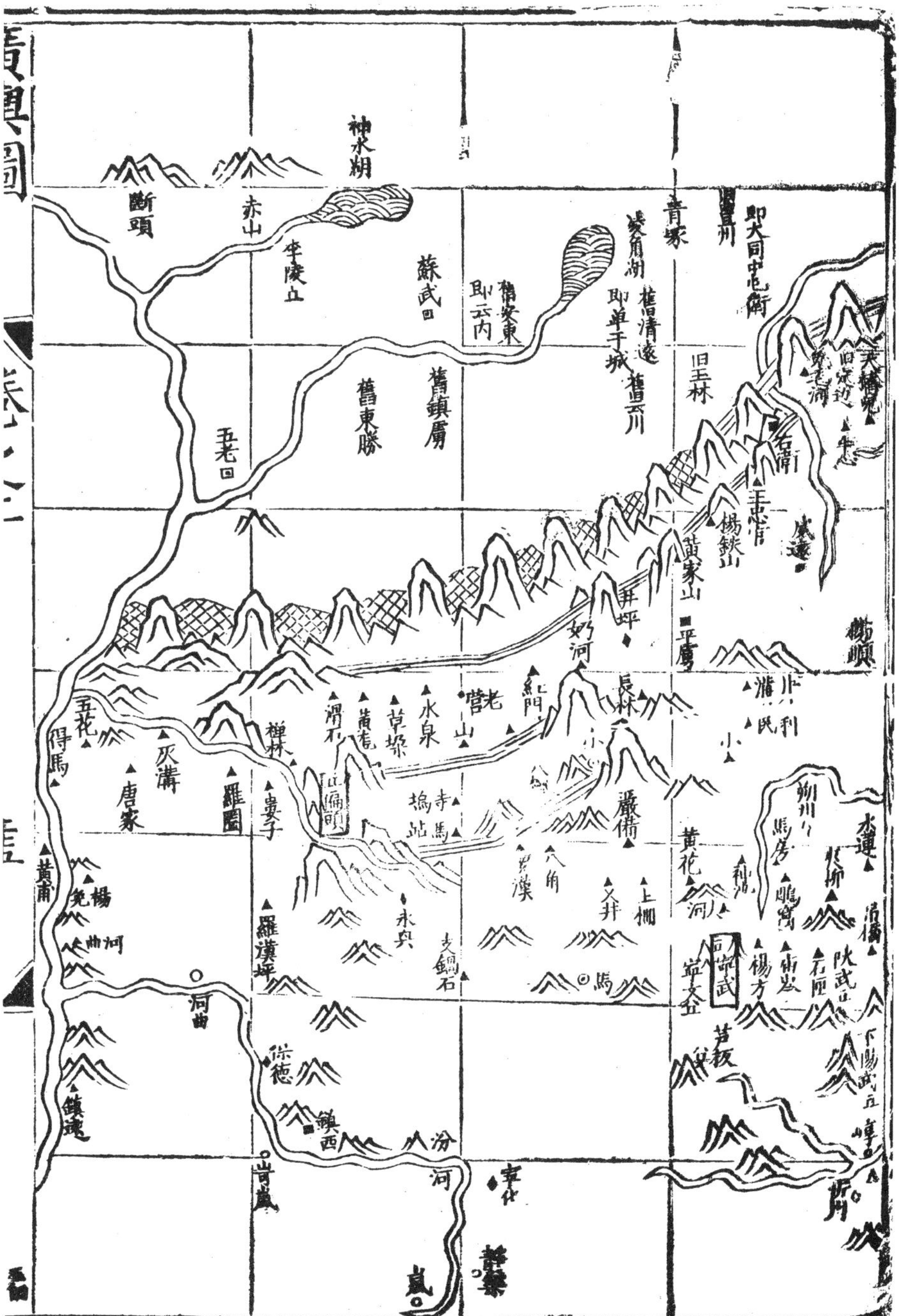
神水湖
斷頭
赤山
李陵立
蘇武
舊東勝
舊鎮虜
五花
得馬
灰溝
唐家
羅圈
黃甫
河曲
保德
鎮西
汾河
岢嵐
靜樂
長林
黃花
羅漢坪

大同外三關建置

大同鎮屬衛八所七堡五百八十三馬步官軍舍餘土兵共五萬四千一百五十四員名糧料布花屯糧屯草及京運年例通共銀七十七萬五千一百八十八兩七錢五分屯糧一十二萬七千七百一十一石（每石折銀八錢）屯草一十七萬六千四百一十一束秋青草三十七萬二百一十束（每束折銀三分）年例銀七萬兩例盐七萬引馬四萬六千九百四十四匹（每匹折銀三錢）山西起運夏秋二稅糧料二十九萬一千四百七十五石（每石折銀一兩）夏秋稅糧折布一十八萬二千五百疋（每疋折銀）綿花絨八萬斤草二百四十四萬四千八百五十束（每束折銀八分）河南起運小麥九萬六千石（每石折銀四錢）

欽差巡撫地方贊理軍務都御史一　管糧郎中一（俱駐鎮城）

欽差征西前將軍一　守地方總兵官一　協守地方副總兵一

俱駐鎮城

分守參將四（東路一駐陽和　西路一駐平虜　中路一駐右衛弘賜堡一）　遊擊將軍二（一駐大同）

行都司都指揮三　內掌印一　僉書二　備禦指揮二（山西一　河南一）

守備二十二（靈丘一　陽和一　天城一　左衛一　右衛一　威遠一　平虜一　朔州一　應州一　井坪一　廣靈一　渾源一　懷仁一　山陰一　馬邑一　聚落一　高山堡一　鎮川堡一　鎮邊堡一　鎮虜一　鎮河一　弘賜堡一）

鎮衛所	堡	馬步官軍	屯糧	馬	草
大同	轄聚落等堡九十二				
左衛	轄高山等堡三十五	五千一百九十三員名			
右衛	轄弘賜等堡七十五	六千三百二員名			
威遠	轄鎮邊等堡七	二千二十三員名			
平虜	轄甘蒲等堡八	二千四百七十六員名			
朔州	轄妨河等堡三十二	三千四百七十一員名			
天城	轄趙家屯等堡六十二	四千六百三員名			
應州	轄下舍等堡二十六	九百六十六員名			
陽和	轄柳林等堡四十九	四千九百五員名			

井坪	轄細水兒等堡三十二	一千七百五十四員名
廣靈	轄風西等堡三十五	四百員名
渾源	轄李峪等堡三十九	五百八十一員名
懷仁	轄窪村等堡六十九	六百三十八員名
靈丘	轄台頭等堡七	四百六員名
山陰	轄西小河等堡四十九	三百二員名
馬邑	轄西河底堡二十五	二百八十六員名

山西外三關

屬堡三十九口一十九馬步官軍舍餘共二萬七千五百四十七員名子粒米六千二百二十七石布政司派徵解邊銀三十八萬餘兩新增歲用銀五萬八千七百一十兩料一十六萬七千九百四十石馬一萬五千五百四十三匹草五百五十八萬九千餘束

欽差提督三關兼巡撫山西都御史一（駐太原防秋移代州）兵備副使一（駐代州）

鎮守山西兼提督三關副總兵一（駐寧武關）叅將二（一駐代州　一駐偏頭）遊擊將

軍二（北樓口一　老營堡一）守備八（鴈門一　寧武一　偏頭一　廣武一　平刑一　利民一　老營一　神池一）

關	馬步官軍	子粒米	馬	草
鴈門（轄水峪寺堡一十九）	一萬一千四百六十五名	三千八百三十石	七千五百匹	四月至十月不支草料軍自行牧放十一月至三月支每匹每月支草三十束料九斗
寧武（轄羊房寺堡十一）	一萬一千八百二十二名	二百七石	六千一百九十九匹	
偏頭（轄羅漢寺堡二十八）	一萬一千二百二十八名	二千一百九十石	六千七十五匹	

大同邊總論

大同古雲中地川原平衍故多大舉之寇西則平虜威遠中則右衛水口等處皆稱要害蓋虜南犯朔應諸城必窺之路也東則天城陽和爲虜入順聖諸處之衝而平虜西連老營堡與偏關近虜纔出套便涉其境故大同稱難守焉先年邊政嚴明警備差緩自多故已來大邊已失二邊之內棄爲王庭墩軍驕惰

程斉付

警報不明至有與虜通貨入而後報者他可知矣以地利言則議者曰五堡決不可不復高山聚落之戍是宜當增以人事言愚以爲正紀綱明法令今第一義也夫張文錦之敗是彼處置乖方而激成之也李瑾之死則是處文錦之事未善而養成之耳今日之事愚又有隱憂矣默化潛奪不震不驚爲天下回觀聽非豪傑之士忠義之臣其孰能任之吁可易言哉夫修五堡有三利焉藩屏外固内地獲安一也沃土茂田富庶可期二也二邊旣復宣寧等縣棄地亦可漸理三也文錦失處而致變後人懲噎而廢食可乎高山聚落二堡葢在鎮城兩腋間實爲東西虜衝募軍分駐則按伏之費省犄角之勢成無容議矣顧募軍之糧所宜亟補耳北虜貢路例在大同先襄毅巡撫時三年三貢各邊寧謐者數年往歲榆林款塞說者謂似涉和議拒而不納豈典章未諳邪夫北虜稱款難也反自疑阻然則歲歲侵

暴而勞費者是當然邪河南山西歲運多不及額而屯田又多逋負是故足食之計非側外發銀專官糴買吾無策矣若大馬之哀耗弊在各城搶兑此在軍之言當事者不可不知耳偏頭寧武鴈門三關各稱要害而偏關逼近黃河焦家坪娘娘灘羊圈子等處皆套虜渡口往來蹂躪歲無虚日尤爲難守今防守之兵半是民壯馬又小弱非太僕寺所乂者扶傷救死之不暇而責以敵愾之氣難哉或謂己巳之變大同徵山西之兵防禦者蓋幾七千今在鎮城止供薪水門户之役而坐糜糧餉分毫無益若改戍三關給以太僕寺之馬民壯數千盡爲除革此不惟邊防有賴而所省亦且不貲矣夫魏尚李廣皆守雲中尚給士卒饗軍吏無所不至廣遠斥堠就水草頓止人人自便是以能用其衆以制匈奴今之邊臣有能愛將士若此者乎先襄毅巡撫之日雖不敢擬之古人至裁占役禁掊尅恤調遣優死傷

未嘗不誠心以求之是以鎮人至今不能忘焉今平日恩德既無以結其心臨時節制又無以宣其威不幸有變遂因而爲姑息之政姑息必疑疑則阻威之不服而恩之不感是成驕悍之習雖魏尙李廣豈能馭之哉由今之道馭今之兵厝火積薪因以爲安吾不知大同所終也

按東受降城在廢東勝州東北八里

中受降城在大同府城西北五百里秦漢九原縣地

西受降城在古豐州西北八十里相距各數百里

又按成化間余子俊奏大同山西宣府一帶邊關內外文武守臣隨方經畧躬率士馬遍歷邊關登高履險凡四十餘日度地定基東自四海冶起西至黃河止長竟一千三百二十里二百三十三步舊有墩一百七十座內該增築四百四十座大約今年八月始事明年四月可以告成工視昔延綏修邊之費雖曰

有加實一勞永逸之功也
上然之卽　勅所司預備器物是奏也子俊欲以築墩責成於邊臣而以閱實付任於科道計功算數行之惟艱且自欲還京而以重付人盖不近人情之甚者是後物議諠然不平盖有自云
余子俊奏大同宣府并偏頭關等處欲大發兵夫修築墩臺計用糧一十五萬四千八百石防護官軍馬用豆共八萬五千五十石銀七萬七千四百兩塩二十五萬八千引請詳議措置奏至戶部會議軍民轉運疲敝未可再勞宜往已運宣府者除放支外見在者不必轉運卽補作宣府來年修造之數其大同亦儘見在者放支以候來年會計子俊原擬于山東等處添派俾足前數其銀以糴糧料內摘撥塩於順聖川煎辦給用從之

榆林邊圖

每方百里

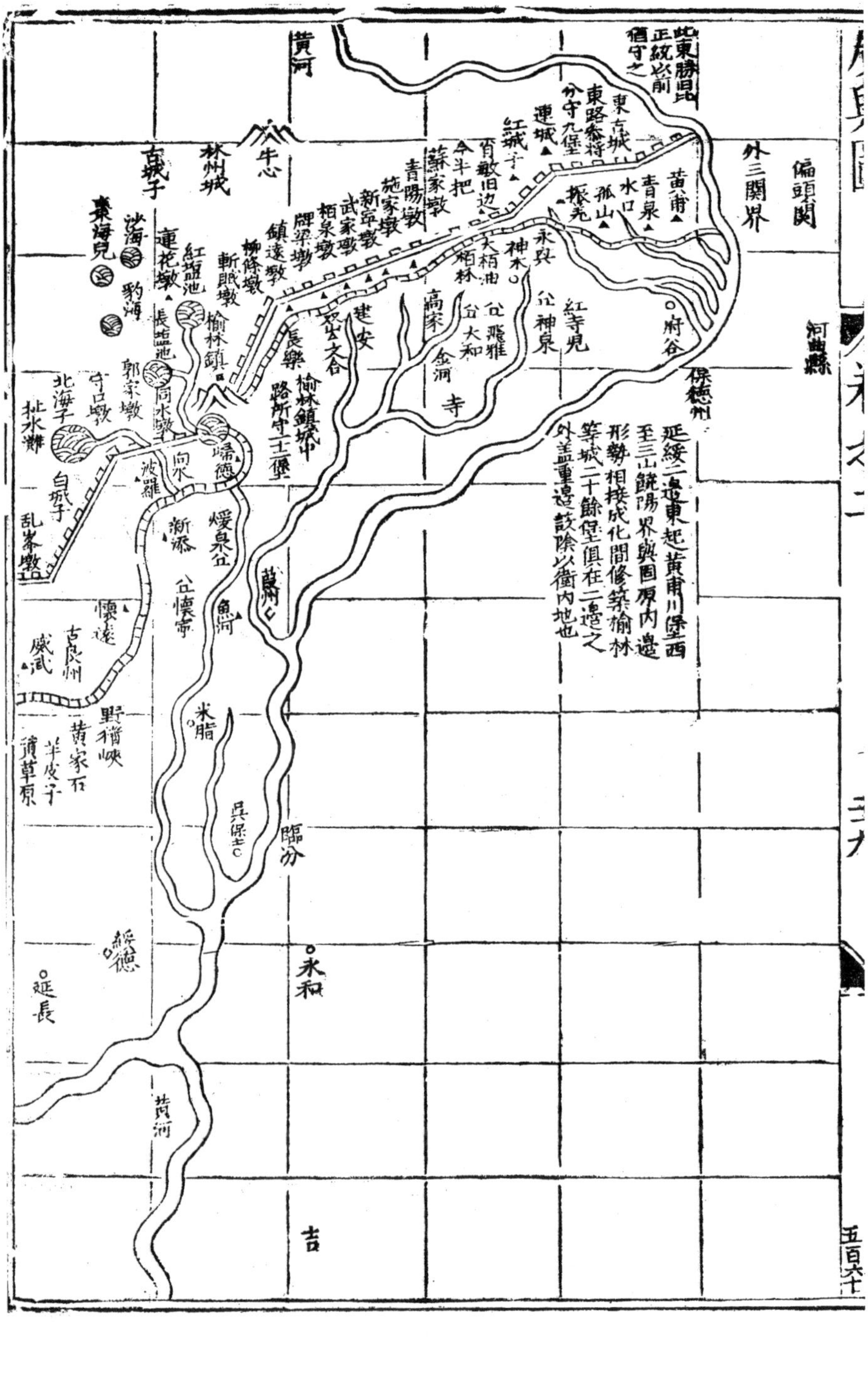
此東勝昆
正統以前
循守之
東路泰將
分守九堡
東古城
連城
紅城子
黃河
牛心
林州城
古城子
沙海
豹海
紅鹽池
長鹽池
榆林鎮
長樂
榆林鎮城中
路所守十一堡
建安
夲生之谷
高家
金河
寺
神木
大柏油
柏林
飛雅
大和
永與
神泉
紅寺兒
府谷
保德州
黃甫
青泉
孤山
水口
振武
外三關界
偏頭關
河曲縣
延綏二邊東起黃甫川堡西至三山鹻陽界與固原內邊形勢相接成化間修築榆林等城二十餘堡俱在二邊之外盖重邊設險以衛內地也
北海子
扯水灘
鄭家墩
波羅
向水
歸德
綏德
懷遠
魚河
綏德州
清澗
威武
古良州
黃家石
米脂
臨汾
吳堡
永和
綏德
延長
黃河
吉

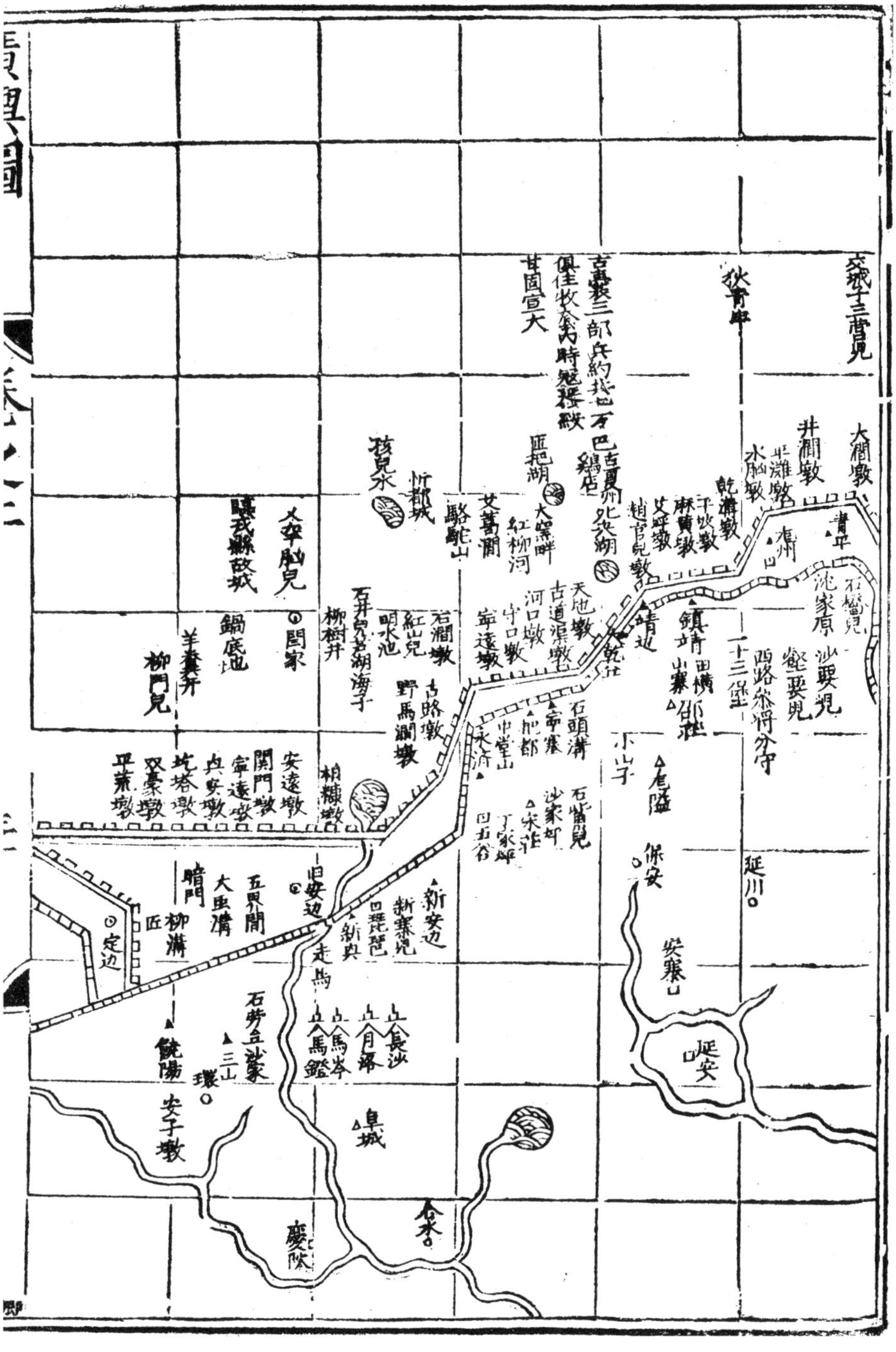
大澗墩
井澗墩
清平
沙興兒
西路叅將分守
靖边
鎮靖
乾溝墩
天池墩
紅柳河
駱駝山
古道渠墩
河口墩
石頭溝
小山子
保安
延川
安塞
延安
新安边
旧安边
定边
柳溝
柳門兒
鍋底池
野馬澗墩
安遠墩
石嘴兒

榆林建置

榆林鎮屬營六堡二十有八馬步官軍四萬九千二百五十員名馬二萬四千四百四十六匹糧料一十八萬九千七百二十八石有零民糧三千九百有零草八十八萬一千二百六十束

欽差巡撫都御史一駐鎮城陝西管糧僉事二鎮城一靖邊一監收通判三鎮城一靖邊一神木一

總兵官一副總兵一俱住本鎮分守東路參將一駐神木分守西路參將

一駐新安邊遊擊四駐本鎮都指揮三駐本鎮守備一駐定邊把總指揮三十一高家一建安一雙山一常樂一歸德一魚河一響水一波羅一懷遠一威武一清平一黄甫一清水一木瓜一孤山一鎮羌一永興一大栢油一栢林一龍州一鎮靖一靖邊一寧塞一把都河一永濟一田安邊一新興一澇池一三山一饒陽一塩塲一

坐堡官三十一把總管隊官全　印屯局捕首領官全

千戶所官全

鎮	營	堡	備禦馬步官軍	馬	糧料	民糧	草
榆林		一	三萬三千七十七員名	一萬一千二百三十二匹	三萬三千五百六十八石	三千九百三石七斗六升	五十束

高家	九百九十四員名	三百七十四匹	四千一石八斗	三萬二千一百二十三束
建安	七百零一員名	四百零一匹	五千三百七十石四斗	一萬四千八百二十一束
雙山	八百三十四員名	四百零九匹	九千七百三十五石	九千九百四十九束
常樂	七百七十六員名	三百四十三匹	四百五十石	三千六百八十二束
歸德	三百六十六員名	一百六十七匹	三千三百六十二石六斗	二萬二千七十六束
魚河	六百三十二員名	三百一十二匹	一萬四千六百七十二石一斗	一萬七千六百一十束
響水	五百七十三員名	二百五十五匹	一萬一千四百七十石	八千三百六十束
波羅	六百九十二員名	三百六十四匹	六千五百四十八石九斗	三萬三千二百四十三束
懷遠	四百二十四員名	五百二十一匹	四千三百五十九石四斗	一萬五千六百四十四束
威武	三百二十五員名	三百五十三匹	四千六百一十三石三斗	一萬二千三百六十三束
清平	六百二員名	二百四十匹	二千二百五十二石一斗	二千四百一十八束
神木	三千七十七員名	一千二百四十八匹	二萬四千九百六十一石三斗	九萬一千三百六十一束
黃甫	三百六十九員名	二百一十四匹	五百八十五石	三萬一千一百二十束

清水	七百一十四員名	六百七十二匹	一千三百五十石	九萬七千八百六十束
木底	四百三十六員名	二百六十八匹	一千五百二十石	四萬一千二百五十束
孤山	六百五十九員名	四百四匹	四千一百一十石	六萬五千二百束
鎮羌	六百五十九員名	五百六十七匹	五百六十石	八萬六千七百五十束
永興	七百六十二員名	四百七十八匹	四千三百二十石	八萬四千六百四十四束
大栢	二百九十員名	一百八十一匹	四百六十六石一斗	一千二百零一束
栢林	五百六十員名	一百九十五匹	三千八百五十二石九斗	三萬六百一十三束
新安	一千四百四員名	七百八十二匹	一千石	六千束
龍州	五百七十二員名	三百七十七匹	二千七百七十四石一斗	一百二十一束
鎮靖	一千八十七員名	五百零三匹	二千七百石	一萬七千九百四十五束
靖邊	九百七十六員名	五百三十五匹	一萬九千二百六十七石	一萬七千九百四十五束
寧塞	九百八十三員名	五百七十匹	二千三百二十八石四斗	二萬九千九百二十四束
把都	六百二十二員名	三百二十五匹	五千八百石	八千二百九十束

永濟	七百零三員名	三百零三匹	六百七十石六斗	一萬四千一百八十八束
舊安	九百五十四員名	四百六十六匹	六百石	一萬五千二百束
新興	三百八十四員名	八十九匹	三千三百八十四石七斗	八千束
澇池	四百二十六員名	一百九十五匹	六十二石三斗	六十六束
三山	三百二十員名	二百五十四匹	二千二百七十八石七斗	一百四十六束
饒陽	一百八十八員名	一百八十八匹	六百二十五石	三千八百三十五束
定邊	八百四十四員名	四百三十三匹	五千八百石	三萬八千二百八十二束
鹽場	一百二十五員名	一百一十八匹	三百五十石	三千束

榆林總論

榆林舊治綏德而棄米脂魚河等處於外幾三百里虜輕騎入掠鎮兵出禦之每不及而返虜得投隙焉成化九年都御史余子俊建議徙鎮榆林堡襟吭既據内地遂安邊墻東起黄甫川西至定邊營長亘凡千二百餘里連墩勾堡横截河套之口内

復塹山湮谷是曰夾道地利亦得矣彼時虜少過河軍士得耕牧套內益以樵採圍獵之利地方豐㢈稱雄鎮馬自虜據套以來邊禁漸嚴我軍不敢擅入諸利皆失而鎮城四望黃沙不產五穀不通貨賄於是一切芻糧始仰給腹裏矣弘治中布政文貴奏改西延慶三府本鎮之稅爲拋荒折色者二萬餘石正德中侍郎馮清又改三府本色盡爲折色自是軍用始窘遂會米珠草桂之謠況有節募新軍而糧未增尚在額內支給又邊邑周僘災傷所免及拖欠者復百有餘萬焉得不窮困至於今日之極也嘉靖七年鎮城餓莩幾萬言之痛心嗚呼此鎮將士懷忠畏法死無怨言敢勇善戰虜所素憚迺令年年枵腹不得一飽傷哉傷哉脫有黠虜窺知虛實以重兵壓境及客兵既集日費益廣更以一軍駐魚河之地卽糧道阻絕不兩三月而榆林坐困矣今之司計者不憂積薪之火猶待燃眉之救豈知此鎮

迫於冦門糧道險遠急卽束手臨時雖予金如山不可食也況今鹽法已壞飛輓之計失在官糴買一費數倍戊子之歲束草價至二錢有餘他可知矣愚故以爲論榆林者急在蒭糧他非所慮愚又以爲本色不復則榆林未可知也至於募軍之糧及災傷所免戶部處補自是當然何令邊臣乞哀之不已乎夫事有改作而後善者不可執一論也今三邊蒭糧至難處矣愚謂黃河自陝州而上至綏德近境春初時皆可舟行若計沿河郡縣改徵本色水陸接運而上則榆林其少蘇乎再於延寧甘固適中之地另設倉場各以戶部官一員主之每鎮每年予鹽銀十餘萬令其糴買儲蓄專備客兵之用出入稽考一歸戶部邊官無得那移借貸倘客兵一年不至則有一年之積如是數年或可少裕也視今日各邊有事而後徵兵請糧及內帑至則糧價正踊錙爲銖用所省又當萬萬矣套地長幾二千

里横至數百里亦漢武朔方地也唐猶内屬韓公築三城於河外史稱其功夫拒河爲守尚不能固乃能遏虜於河外其置烽堠千八百所所須萬人而史云減戍此皆不可曉者近有復套之議謂當循唐舊又謂當復守東勝則榆林東路可以無虞審時度力愚不知計所出矣西路最稱要害而安邊定邊連接花馬池更爲衝劇築墻設險事有不容已者若沿邊困悴之邑唇齒相依當擇賢令旌以異等令其撫綏招來庶幾可以保全乎夫榆林地險而防嚴將士敢勇戰不貫胄虜呼爲駱駝城人馬見則畏之四方征調所向有功更多將材有節氣視他鎮爲最馬第鎮城遠處乎不毛軍衆待哺於腹裏生理既難糧道又遠倘人事不修則六邊之廢其首在兹乎愚故云榆林者急在芻糧他非所計也

按天順中延綏用兵日久户書楊鼎上疏曰阿羅出住牧河套

日入寇掠殆今三年請師古人自黃河轉運爲便倉法且言三門之上有小河可通延綏如以所運糧草各貯水次泝流償運庶幾不乏且可順帶鮮塩數十萬以充淮課則國利大有增益
詔悉從之然以衆議竟沮不行

按正統初創築榆林城堡外築瞭望墩臺內植軍民種田界石後以守土軍官私役官軍招引逃民於界石外墾田因而召寇

又按榆林地乏耕牧所籍河套自套失數千里膏腴盡爲胡有榆林由是失所養榆林無險可據左右大同寧夏勢非所及雖設遞左烽墩五十六遞右烽墩九十二而軍食兩難諸邊鎮榆林最忠義每懷復套之憤志以時移漸委無事

寧夏固蘭邊圖

每方百里

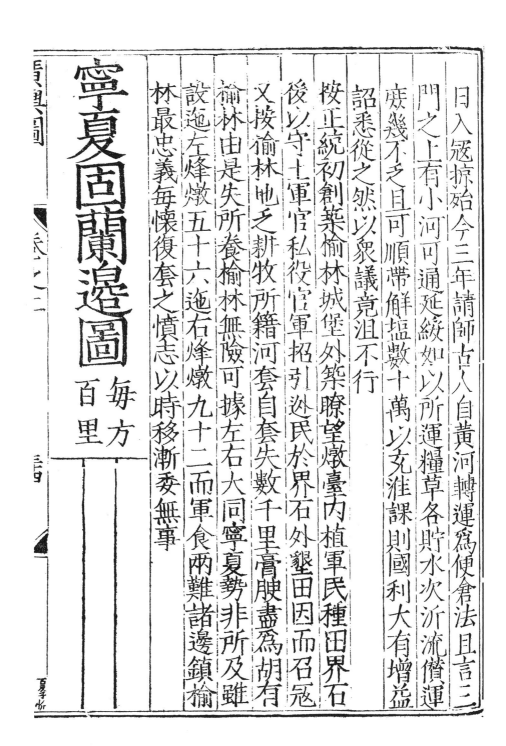

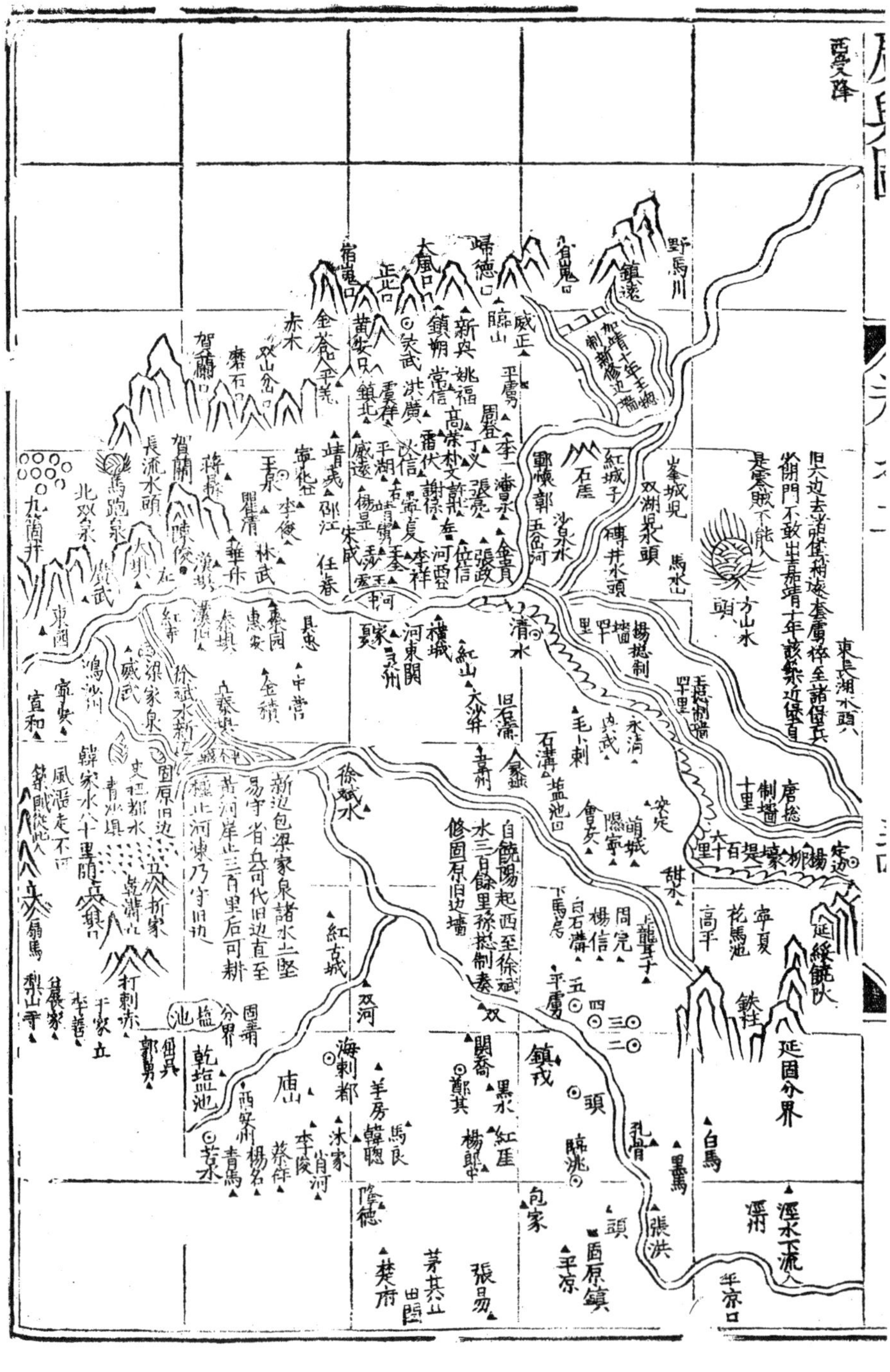
野馬川
鎮遠
歸德口
威正
新興
鎮朔
臨山
清水
紅城子
河東關
橫城
徐斌水
鎮戎
固原鎮
平涼
張洪
白馬
涇州
延綏鎮
乾鹽池
海剌都
隆德
九箇井
長流水頭

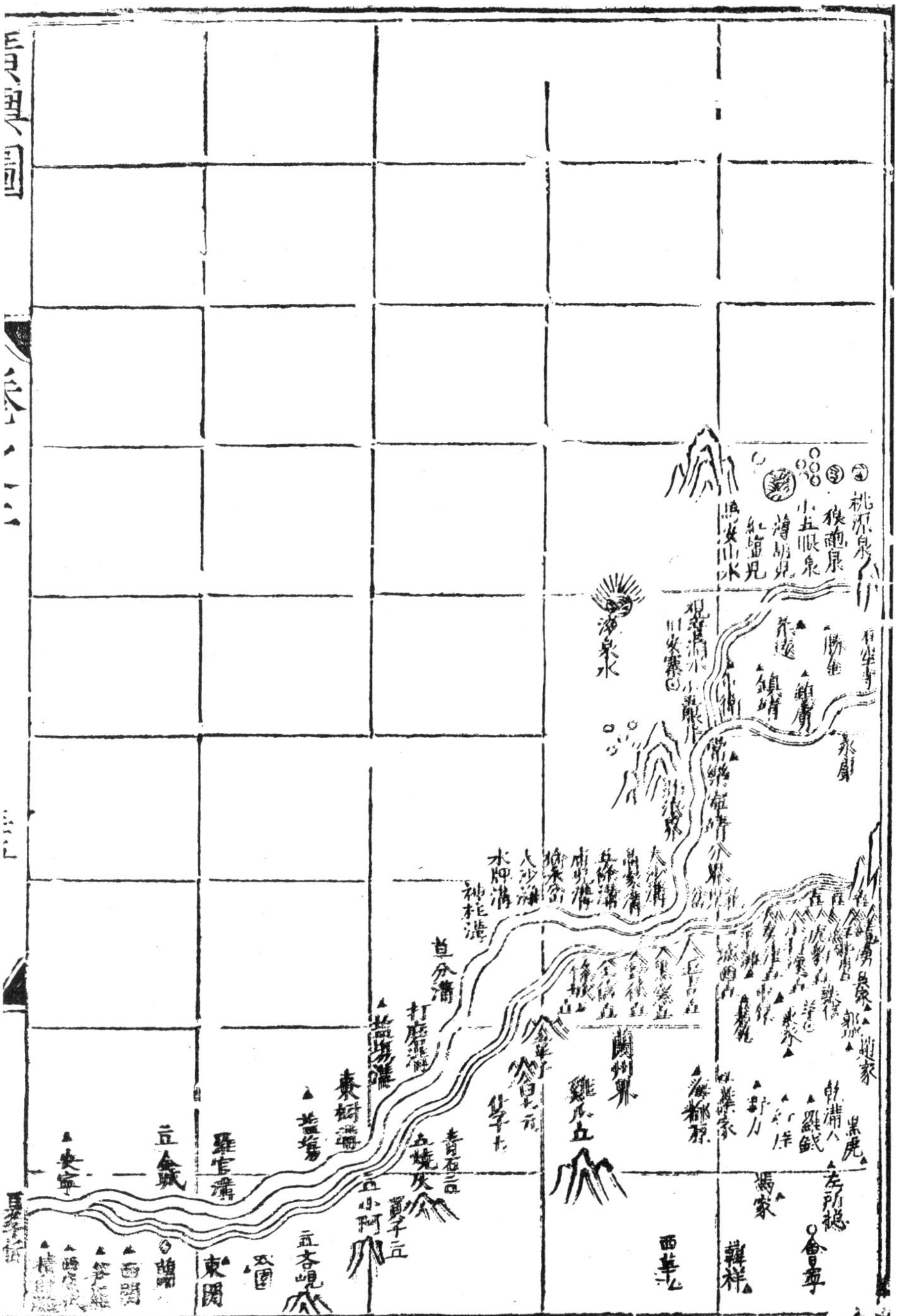
桃泉水
小五眼泉
湧泉水
鎮靖
永寧
大沙溝
蘭州界
雞爪山
乾溝
羅鐵
馮家
會寧
西華山
韓祥
打磨溝
東關
金城
安寧
小阿

寧夏固蘭建置

寧夏鎮屬衛二所四營四堡一十有八備禦馬步官軍三萬七百八十七員名馬四千一百八十匹糧料二十萬七千五百五十七石有零民糧四千六百九十石有零草一百三十六萬一千五百餘束

欽差總督軍務都御史一督理糧儲郎中一（駐寧夏後衛）管糧僉事一（駐本鎮）管糧通判二（後衛一中衛一）監守通判一（駐本鎮）

欽差巡撫都御史一

總兵官一副總兵一遊擊一方面坐營正奇遊千總都指揮三（俱駐本鎮）分守東路參將一（駐後衛）分守西路參將一（駐中衛）把總管隊官全

印屯局捕首領官全

鎮	衛	所	營	堡	備禦馬步官軍	馬	糧料	民糧	草
寧夏	一	一	一	一	一	一	一	一	一

後衛	七千一百一十五員名	一六百五十五匹	一萬四千一百四十九石	四千六百九十石三斗八升	三十一萬九千一百七十六束
高平	二百零二員名				
安定	一千七百三員名	一百三十三匹	一千三百六十一石		一萬八千束
鐵柱	四百三十一員名	九十六匹	九千二百七十三石八斗四升		一萬三千四百束
協同 興武	二千二百八十員名	三百五十二匹	五千八百六十四石		五十三萬六千束
永清	三百一員名				
毛卜	三百一員名	六十四匹	九千四百四十六石		
分守中路參將 靈州	三百九十二員名	五百八十二匹	四千八百五十七石		六千八百六十八束
清水	五百零九員名	一十七匹	三萬二千二十一石		四千一百束
紅山	二百五十一員名	五匹	六千六百八十五石		一萬二千四十二東
橫城	三百二員名	一十八匹	二千七百六十三石		一十萬二千四百十二束
小塩	六百四十四員名	八十一匹	九千九百五十四石		五千二百束
紅寺	三百七十二員名	二匹	一千二百三十石		一千五百三十束

漳州			一千一百二十員名		二萬一千二百三十石	五萬四千七百六十六束
	平虜	守備	七百七十二員名	五百六十五匹	五千一百一十二石	五萬六千三百四束
	威鎮		二百五十一員名	一十一匹	二千四百九十五石	三萬七百三十四束
	鎮朔	把總	二百二十七員名	二十九匹	一百七十九石	二百四十八束
	洪廣	把總	二百零一員名	一十六匹	八百石	四千八百二十束
	鎮北	把總	二百零一員名	六匹	一千八百七十三石	一萬三千三百八束
玉泉		把總	二百員名	一十三匹	二千三百五十五石	一千五百三十束
	平羗	把總	二百員名	一十五匹	一千八十九石	三千八百束
	邵綱		五百一十八員名	二百六十七匹	八千七百六十四石	一十萬一千六百二十束
	大壩	把總	二百零一員名	一十匹	八百四十八石	一千二百二十五束
廣武			一千五百二十員名	四百八十四匹	一萬四千三百九十四石	一萬一千七百四十束
	棗園		一百員名	三十八匹	二千五百石	一萬四百三十四束
中衛			七千六百一十四員名	七百八十七匹	三萬三千九十三石	一萬一千九百五十二束

鳴沙	四百員名	二十四匹	七千一[illegible]七石	一萬六千四十束
石空	五十八員名	三十二匹	六千三百石	二千九百九十八束
鎮虜	三十五員名	二十六匹	三千石	九千六百四十四束

固原鎮屬衛三所四營一堡一十五馬步官軍二萬八千八百三十員名馬八千六百七十三匹糧料一十三萬九千九百一十五石折色糧并折草銀一十四萬九千五百八十兩年例銀五萬兩草三十二萬八千一百三十七束布五萬七千九百零四疋綿花二萬六千七百三十四觔京運年例銀五萬兩

欽差總督軍務都御史一駐鎮城　兵備副使二鎮城一蘭州衛一　督理糧儲郎中一　監收同知一俱駐蘭州衛　監收通判二鎮城一靖虜衛一

欽差將軍總兵官一駐鎮城　叅將一駐蘭州　遊擊二東路一西路一　守備二鎮城一靖虜一　把總管隊官全印屯局捕首領官全俱駐本鎮　千總中軍把總官全印屯局捕

首領官全（俱駐蘭州衛）

鎮衛所（關寨馬步堡）	官軍	馬	屯糧	折色糧并銀易折草銀	糧	草（并銀易草）	布	綿花
㝢	四千八百一十員名	一千八百五十五匹	三萬五千八百五十七石	十三萬三千八百十二兩		二十一萬二千二百四十五束	五萬四千六百七十二疋	一萬三千二斤
要	一千零九員名	四百五十四匹	一千八百石		二千六百二十四石七斗零	五萬五千五百四十束		
鑲	一千三百九十一員名	三百一十一匹	一千八百三十石		三千二百五十五石	三萬六千四百四十五束		
蕭	一千二百五十三員名	五百五十九匹	一千八百七十六石		七百八十五石八斗零	五萬四千八百八束		
莿	七百五十五員名	四百九十二匹	粮草總積固原					
海剌	八百四十九員名	四百六十四匹	一千六百一十四石零		一百三十一石五斗九升	三千五百束		
白馬	一千二百九十五員名	四百二十七匹	一千五百九十二石		三千八百六十三石六斗	一萬七千二十束		
下馬	八百一員名	二百八十一匹			一千四百二十石	二萬一千二百束		
紅古	一千一百二十八員名	四百九十一匹	二千一百四十石		二千八百六十三石零	一萬束		
靖虜	三千一百三十員名	九百八十九匹	一萬五千七百七十石	一萬五千七百六十三兩		四萬四千八百九十束	一萬九百二十疋	四千九百零五斤
乾塩	九百四十九員名	四百七匹	三千二百三十四石			四千八百五十一束		

打剌	二千零五員名	三百七十五匹	[illegible]石			二千九百三十九束		
平難	九十八員名	二十四匹	三百六十石			銀易草一萬束		
蘭州	九千八百一十五員名	一千六百四十八匹	七萬七千六百六十八石			四萬六千三百六十九束	一萬二千三百十二疋	九千六百三十七觔
一條	三百四十五員名	二百二十八匹	三千三百四十九石			二萬一千三百二十束		
什字	四十員名	八十匹	三千四百三十二石三斗七升			一萬五千七百二十四束		
把石	三百員名		粮蘭州支					
買子	九十員名	一十二匹	粮草俱蘭州支					
鹽場	四百四十二員名	三百六十四匹	粮草俱蘭州支					
安寧	九十員名	一十二匹	粮草俱蘭州支					
西古	九十員名	一十二匹	五百石					
積難	九十員名	一十二匹	二千三百一十石一斗八升			二萬七百九十六束		

寧夏總論

寧夏亦朔方地也鎮城所據賀蘭山環其西北黃河在東南險

固可守漢唐舊渠皆在厥田上上人易為生成化以前虜患多在河西自虜據套以來而河東三百里間更為敵衝是故窺平固則犯花馬池掠環慶則由花馬池之東入靈州等處則清水營一帶是其徑矣築墻畫守始自巡撫徐廷璋此千古卓然之見而總制楊一清王瓊唐龍皆常增築更益敵臺足禦竊發矣顧兵寡勢分難當大舉之寇豈人謀地利有未盡耶今之論者以固原為堂奧響石溝至花兒岔為二門花馬池一帶為三門謂有重險矣不知賊已入大門則堂奧無用風雨飄忽之所及內地村聚之民急欲收保而無由也嘗聞之弘治以前虜住套不常間有連歲不入者我邊毋歲於河凍時決其出入入則戒嚴出即解嚴蓋冰泮後則不復能出入矣今虜渾脫飛渡數萬立濟經年住套安為巢穴逋逃教誘盡知我內地虛實此可與往日論哉而花馬池一帶適其利涉之境遊騎出沒無日無之

宜乎延寧固靖終歲不得少息也試嘗籌之若擇花馬池便利
之地大建城堡添設參遊移總制居之分屯重兵于清水武興
等營令三百里之間旗幟相望刁斗相聞其鐵柱泉等處水草
大路盡建墩堡此不惟得扼吭先制之計東援榆林西援寧夏
亦常山蛇勢也又洪武以來虜出入河套往來甘涼皆自賀蘭
山後取道自總兵杭雄敗後遂以山前爲通衢趙瑛周尚文禦
之皆敗由此不已愚不知寧夏所終也或曰舊墩瞭望直出山
外有警即聞易於遏絕今皆廢矣或又曰赤木黃峽等口舊皆
疊石固塞防守有人今亦不然是以莫之禦虜也夫敗軍法背
水陣也嘗聞先襄毅云成化中敗軍法重無苟免者是以邊臣
知畏地方少事弘治中太平濫觴稍已解弛至正德則一故事
耳今寧夏失機屢矣而舊將晏然無事求之各邊無不然者此
不可爲邊民痛哭哉鎮城南北僅百里東西止二百餘里耳王

瓊廢鎮遠關而城平虜棄地蓋八十里一何易也今虜患愈近而民利益窘善謀者一至是乎若山南作塹以遏西來之寇則得之矣中衛偏在西隅雖地狹易守顧山後之虜窺靖虜者數數有之尋討故事云自賀蘭山直西至鎮番內皆漢武舊地今棄之矣果如所論而城守之則莊涼靖固中衛俱安枕矣嗚呼豈易言哉豈易言哉

固原總論

固原開城縣地也成化以前套虜未熾平固安會之間得以休息所備者靖虜一面耳自弘治十四年火篩入掠之後遂為虜衝于是始改立州衛以固靖甘蘭四衛隸之設總制參遊等官屹然一巨鎮矣鎮與寧夏為唇齒花馬池一帶邊人謂之大門若併力堅守花馬池則固原自可無虞而響石溝至靖虜一帶修築又在所緩蓋力分則勢弱寇已入門主人束手故愚以為

總制不駐花馬池則固原未可息肩也靖虜一帶每歲黃河氷合一望千里皆如平地若賀蘭山後之虜踏氷馳踔則蘭靖安會之間便爲禍階調兵防守候在氷凍而西鳳臨鞏之卒多未經戰豈能捍禦愚又以爲不添沿河之堡不屯常戍之兵則固原又未可息肩也徵調客兵他鎮有事則然無事則已若固原防守之戍每歲凡四閱月而芻糧不爲之處尚在本兵額內支給如之何其不告乏乎小鹽池批驗舊在固原盖來商旅納貨賄期以填實此地而王瓊移置下馬房其見偏矣夫固原中制之地總督所在戎務攸關此特一隅之論耳若夫任將任官足食足兵之計孰不知之孰不能言之體權盡變存乎其人焉耳

莊寧涼永邊圖

每方百里

常山
松林
千崖
分水
小溝
大沙
廟兒
小石
松山
鹹水河源
黃河
金城
洪水
張家寺
神樹
降墩
青寺
紅城
孤野
小山
竹林
黑城
艾灣

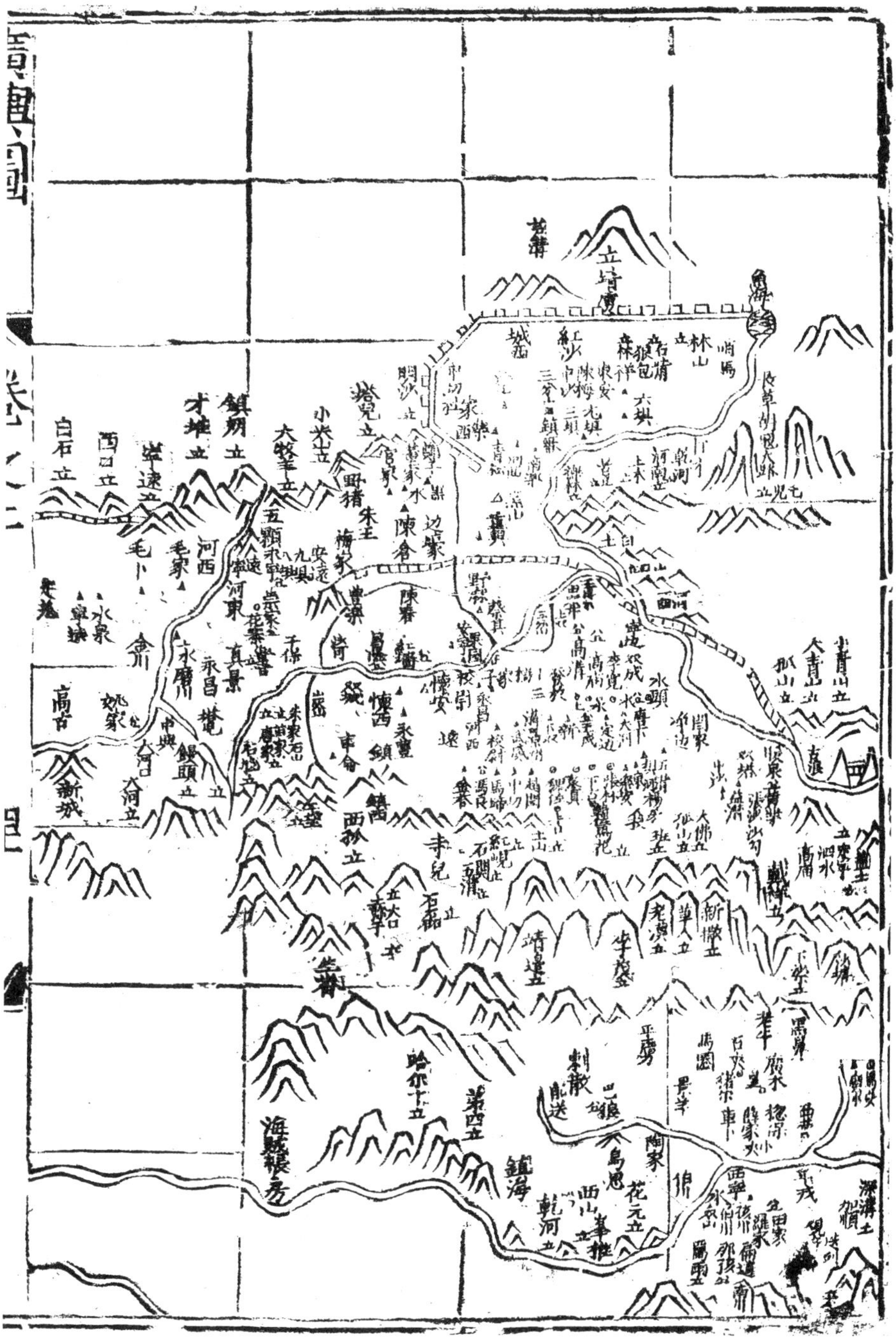

廣輿圖
白石立
西口立
鎮朔立
河西
河東
高台
新城
鎮海

莊浪西寧建置

莊浪衛屬堡一十一漢土馬步幷召募官軍共一萬八百五十六員名馬共三千四百六十七糧料二萬三千九百一十三石民運糧銀三萬一千九百九十一兩二錢兼支銀四千四百四兩四錢塩糧一萬四千四百四十九石三斗塩糧銀四千六百五十兩草二十八萬六千一百九十四束布一萬一千一百八疋綿花四千一百六十五觔

監收判官一

參將一守備二（紅城子一 鎮羌一）把總指揮一（駐岔口）防守官六（沙井兒一 苦水灣一 野狐城一 青寺兒一 南大通一 武勝一）

把總管操管隊官全印屯局捕首領官全（魯民土官五十六員名 俱世襲左守忠勇）

衛管堡 備禦官步官軍 馬 糧料 民運糧銀 兼支銀 塩糧 塩糧銀 草 布 綿花

七千七十二 二千二百 一萬七千七百二十 三萬五千七百 [illegible] 一萬四千四百四十四百 七萬七千二百 三萬一千一百 四千一百六

濃 一員名 四十四 三百石五斗 九千兩錢 四千九石三斗 百二千束 零八疋 十五觔

紅城 名 一千三百員八百八十 四疋 七十石 三千三百 二百八十六兩 六錢六分 三萬三千八 十束

鎮羌	八百八十三員名	二百五十二匹	三千四百九十五石	三百四十九兩七錢	三千七百五一石　四萬九二五百六十束
岔口	四百員名	八十匹	一千五百八十九石六斗	五十三兩	九百兩　五萬一千五百束
沙井	四百員名	二匹	三千四百七十石	三千一百三兩	二萬四百九十五束
苦水	二百員名	二匹	二千五百八十七石四斗	一千六百十三兩錢	三萬二千四百六十束
野狐	二百員名	二匹			
青寺	一百員名				
南大	二百員名	二匹	四百八十八石六斗		四千九百八十五束
武勝	一百一員名	二匹	四百六十九石		一萬一百束
通遠					
西大			六百二十九石六斗五升		七千六百六十三束

西寧衛屬所一堡五馬步并召募官軍八千五百員名馬并新買共四千七十二匹糧料三萬三千四百一石有零塩糧五千二十八石四斗草三十七萬二千七百九十一束年例銀六百二十五七錢

二萬五千四百五十兩七錢布一萬九千六百五十四疋綿花七千四百六十四觔

兵備副使一監收判官一（俱駐西壘）

守備一把總管操管隊官全印屯局捕首領官全（俱駐西壘）操守一印

操官全（駐硤伯）按伏官二（氷潚一古鄀一）守堡官三（平戎一老鴉城一巴州一）

衛所營堡	備禦馬步官軍	馬	糧料	鹽糧	草	餉	布	綿花
壘	四千八百八十四員名	三千五十九匹	一萬七千四百九十五石七斗	五千三十八石四斗	三十萬八千四十束	二萬千一百五十兩七錢	一萬九千六百五十四疋	七千四百六十四斤
硤伯	五百七十五員名	二百四十九匹	四千一百六十石七斗		四萬六千三百五十七束			
氷潚	五十員名	一匹	七十石		七百束	六百兩		
古鄀	五百員名	二匹	一千三百八石八斗五升		一萬三千四百五十束	一千二百兩		
平戎			二百二十六石三斗		二千五百四十束	七百兩		
老鴉			七十石		七百束	一千二百兩		
巴州			七十石			六百兩		

涼州永昌建置

涼州衛屬所一堡八馬步官軍一萬八百五十八員名馬二千五百二匹糧料四萬五千五百二十三石七斗四升民運本折色糧銀四萬一千三百九兩三錢八分塩糧一萬六千四百八十三石九斗二升草四十一萬五千一百八十六束年例銀二萬兩兼支銀三十三兩三錢七分布一萬九千九百六十四疋綿花八千四百四十五觔

分守參政一監收通判一判官一（俱駐涼州）縣丞二（一駐古浪）

副總兵一遊擊一指揮一（俱駐涼州）守堡官八（雙塔一靖邊一大河一武威一懐遠一柔遠一黑松一安遠一）操守一（駐古浪）千總中軍把總管操官全印屯局捕局操首領官全

衛所堡	備禦馬步官軍	馬	糧料	民運折色銀	塩糧	草	年例	葽布	綿花
涼	八千六百二十七員名	二千二百三十九匹	三萬二千九百三十六石八斗	三萬四千一百六十五兩六錢	一萬四千四百四十四石四斗	二十七萬一千八百九十八束	二萬兩	一萬八千八百三十二疋	七千三百六十二斤
雙塔	八十七員名								

靖邊	五十一員名		一千五百石			三萬束				
大河	一百三十九員名		二千石			二萬束				
武威	七十三員名									
懷遠	四十九員名		二千石							
柔遠	五十七員名		三千五百九石七斗			二萬五千束				
古浪	一千三百八十五員名	二百五十八匹	一千六百五十五石六斗四升	六千三百四十七兩七錢	四千二十九石四斗五升	二萬六千三百五十八束			一千三百二十疋	六百八十七斤
黑松	一百六十八員名	三匹	一千九百三十石二斗七升			萬二千六十五束		三十三兩三錢七分		
安遠	二百二十二員名	三匹								

鎮番衛屬堡二馬步官軍四千九員名馬一千四百七匹糧料七千四百三十八石有零民運本折色糧銀五千二百一十二兩塩糧一萬三千四百二十一石一斗草一十八萬九千九十七束布九千八百一十六疋綿花三千七百一十五觔

監收判官一

守備一（駐鎮番）守堡官二（三岔一 黑山一）把總管隊官全印屯局捕首領官全

	衛	三岔堡	黑山堡
備禦馬步官軍	三千六百三十九員名	一百零五員名	一百八十五員名
馬	二千一百四十六匹	一百五十一匹	一百一十匹
糧料	六千八百八十七石三斗	四百三十四石三斗	二百七十六石五斗
民運本折色糧銀	五千二百一十兩		
塩糧	一萬三千五百三十石四斗		
草	一十八萬三千五百九十束	四千三百四十二束	一千一百六十五束
布	九千八百七十六疋		
綿花	三千七百一十五斤		

永昌衛屬堡五馬步官軍八百三十二員名馬一千三百三十九匹糧料一萬四千八百三十九石民運本折色糧銀一萬三千二百二十九兩四錢五分塩糧一萬三千六百一石三斗草一十三萬五千八百一十七束布八千四百零四疋綿花三千一百五十一觔

監收判官一

遊擊一守備一（俱駐永昌）掌堡官五（真景 水磨 永寧 水泉 高古城）千總管司管隊官全印屯局捕首領官全

衛	奮					
堡		真景	水磨	永寧	水泉	高古
備禦馬步官軍	五千九百九十六員名	八十四員名	六十七員名	一百一員名	三百八十四員名	二百員名
馬	一千二百一十七匹			一百匹	一十九匹	二匹
糧料	七千三百二十石六斗六升			三千一百六十四石一斗	四千三百五十四石	
民運本折色糧銀	二萬三千五百二十九兩四錢					
鹽糧	萬二千六百二石三斗七升					
草	一十萬三千四百三十六束			一萬七千三十一束	一萬五千三百五十束	
布	八千四百四十四疋					
綿花	三千一百五十一斤					

按延綏紀功兵部郎中楊琚奏延綏慶陽二境東接偏頭關西至寧夏花馬池相去二千餘里營堡迂踈兵備稀少以至河套達賊屢爲邊患近有百户朱長年七十餘自幼熟游河套親與臣言套内地廣田腴亦有鹽池海子葭州等民多出墩外種食正統間有寧夏副總兵黄鑑奏欲偏頭關東勝關黄河西岸地

名一顆樹起至榆湍速迷都六鎮沙河海子山火石腦兒鹻石海子回回墓紅鹽池百眼井甜水井黃沙湍至寧夏黑山觜馬營等處共立十三城堡七十三墩臺東西七百餘里實與偏頭關寧夏相接惟隔一黃河耳當時議者以為地土平漫難據已之後總兵官石亨又奏欲將延綏一路營堡移從直道是雖不免暫勞一時軍民之力實為萬世防邊之長策也上曰楊琚所奏移堡防邊具有証據其言有理兵部郎會官議處以聞

甘肅山丹邊圖　每方百里

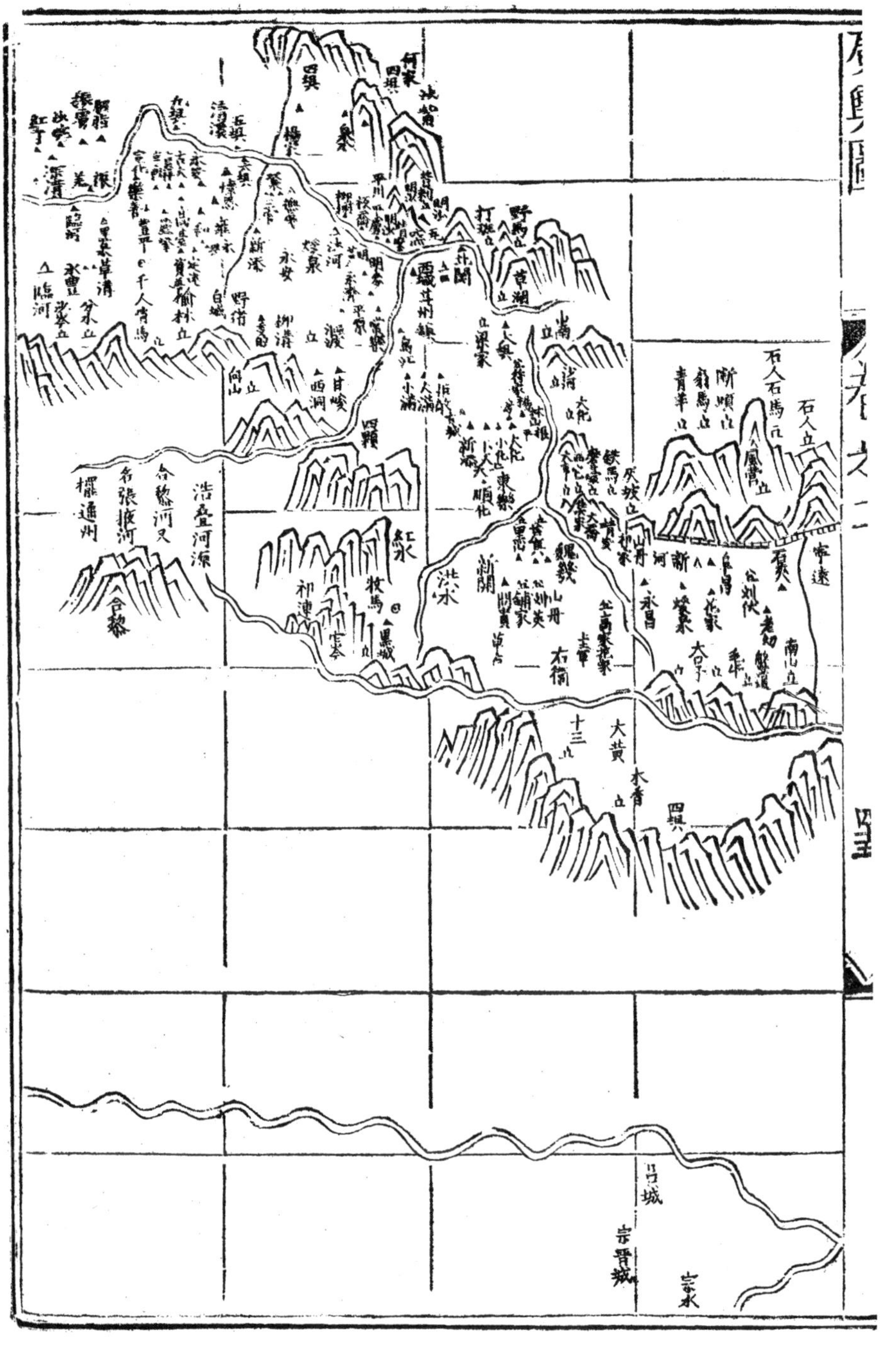
浩亹河源
石人石馬
南山
大黃
十三
新開
牧馬
祁連
黑城
臨河

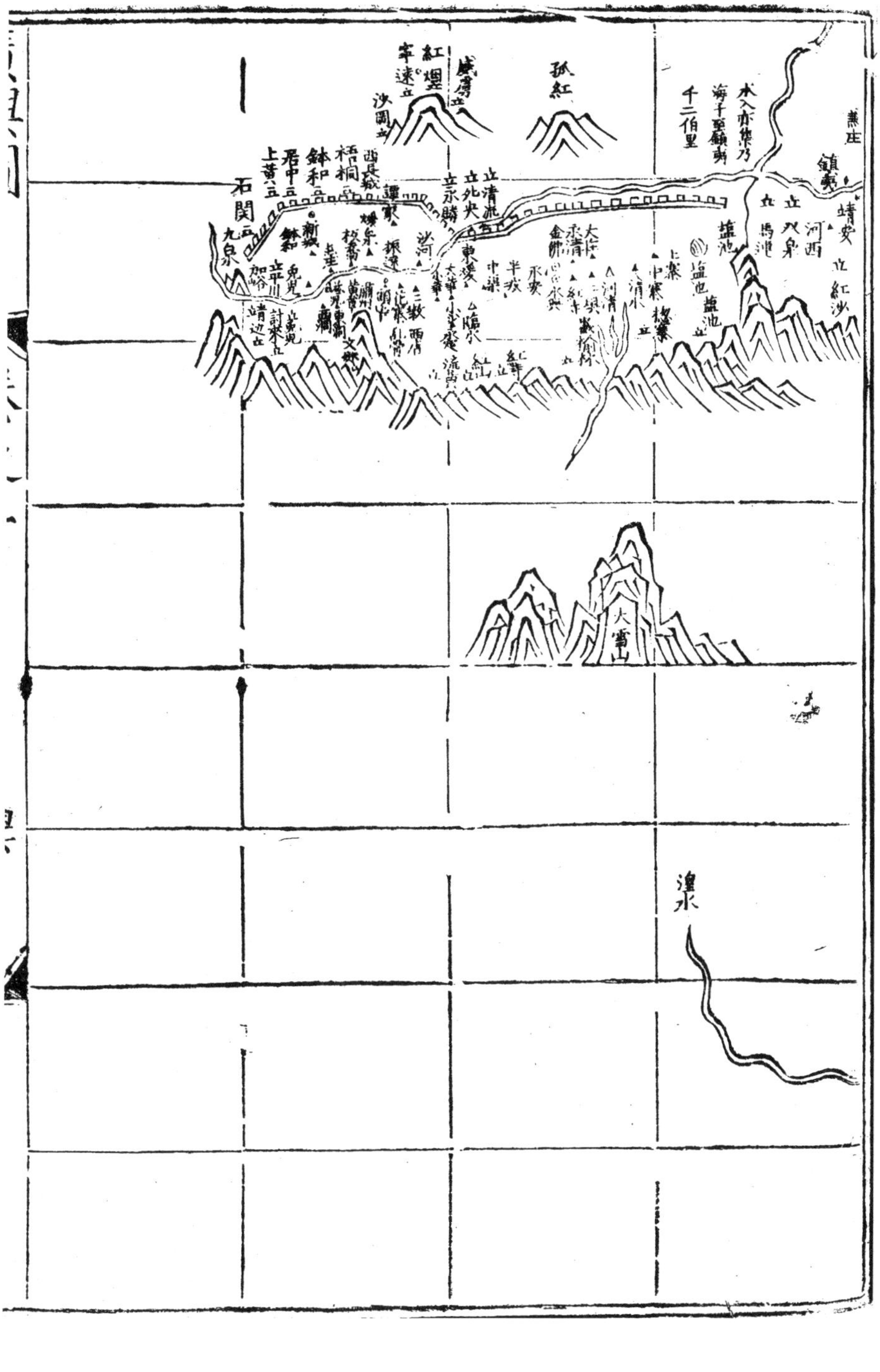
孤紅
大雪山
湟水

山丹甘肅建置

甘州衛屬堡八馬步官軍三萬三千八百九十四員名馬八千七百五十一匹糧料六萬五千七百九十七石有零民運本折糧布銀一十萬七千三百九十五兩一錢二分鹽糧二萬六千八百一十四石八斗草一百一十萬一千四百八十九束年例銀四萬兩

欽差巡撫都御史一太僕寺卿一分巡副使一寺丞一主簿一監收通判一判官一俱駐甘州

總兵一副總兵一俱駐甘州守備一駐洪水指揮五黑城一板橋一平川一甘峻一古城一掌堡官二東樂一沙河一坐營管千總管司把總總管隊官全印屯局捕首領合屬官全

衛	堡	備禦馬步官軍	馬	糧料	民運本折糧布銀	鹽糧料	草	年例銀
肅		三萬一千七百八十七員名	七千八百三十五匹	五萬三千一百三十七石六斗	二十萬七千二百九十五兩一錢	三萬二千一百三十二石	九十一萬四千三百六十七束	四萬兩

赤〃	八十五員名	四百九十五匹	六千一百三十七石五斗九升	八萬四千四束
黑城	三百三十三員名	二百三十一匹	三千一百六十二石四斗	三萬三千三百九十五束
板橋	二百七十四員名	七匹	五百五十九石二斗	一千五百四十九石三斗 二萬六千一十四束
平川	三百二十五員名	一百九十四匹	二千八百九十六石	三萬八千七百九十四束
計峻	二百員名			
古城	二百員名			
東樂			六百五十六石四斗	一千八百八十石四百九束 六斗
沙河			一千二百五十七石八斗	一千二百五十三石七斗 五千五百一十三束

山丹衛屬所一堡八馬步官軍八千五百八十二員名馬二千七百七十八匹糧料一萬七千五百一十三石六斗民運本折糧布銀一萬二千五百三十二兩五錢鹽糧四千九百三十二石草三十六萬四千一百七十束

監收判官一（駐山丹）縣丞一（駐高臺）

守備一駐山丹 指揮三石硤一花寨一 操守一駐高臺 掌堡官一駐新河 防守官五黑泉一八壩一九壩一紅崖一鎮羌一 把總管操管隊官全印屯局捕局操首領官全

衛所	堡	備禦馬步官軍	馬	糧料	代運本折粮布銀	鹽糧	草
肅		六千五十四員名	一千二百六十六匹	四千七百三十一石二斗	一萬一千八十四兩五錢	二千四百四十三石	一十一萬六千八百七束
	石硤	六百二十四員名	二百二十四匹	三千一石九斗六升		一千三百八十二石八斗	四萬二百五十九束
	花寨	二百六十員名	二百七十匹	一千八百六十四石九斗			三萬一千九百九束
	新河			一千二百五十三石八斗三升			一萬二千五百三十八束
	高臺	一千四百九十員名	一千二百二十匹	六千六百六十一石八斗	一千四百四十八兩	一千二百六石二斗八升	一十五萬一千六百五十八束
	黑水			一千石			萬束
	八壩	五十員名					
	九壩	五十員名					
	紅崖	二十五員名					
	鎮羌	二十五員名					

肅州衛屬所一關一堡四馬步官軍一萬一千二百六十七員名馬四千六百五十四匹屯糧料二萬七千五百九十六石有零塩糧一萬六千九百四十石有零民運銀一萬三千二百二十一兩草五十三萬四千七百八十七束折色草銀一百七十九兩五錢布二萬一千三百二十二疋綿花八千四百八十八觔毛襖五百六十二領

兵備副使一（駐肅州）　監收縣丞一（駐鎮夷）

分守參將一（駐肅州）　把關指揮一（駐嘉峪）　操守一（駐鎮夷）　按伏官二（金佛寺一　馬營一）　守堡官二（深溝一　塩池一）　掌堡官一（駐臨水）　把總管操管隊官全印屯局捕撫夷首領官全

衛所關堡	備禦馬步官軍	馬	糧料	民運	塩糧	草	折草銀	布	綿花	毛襖
肅	九千一百八十九員名	三千八百八十匹	一萬九千三百三十九石九斗	一萬四千三百二十兩	一萬四千六百五十石	四十萬五千五百六十束	一百三十四兩	一萬六千六百十二疋	六千五百二十二斤	四百領
嘉峪	三百八十八員名		二千一百五十三石斗			一千一百五十一束				

		鎮夷		
金佛	歸水		馬營	深溝
二百員名	一百一員名	一千二百九十員名	五十員名	四十三員名
		七百七十四匹		
	一千一百三石三斗	四千九百八十石五斗		
		三千二百八十九石八斗七升		
	四萬九百四十七束	六萬七千一百五十四束		
	四上五兩錢			
		四千七百一走		
		一千九百五十齐		
		一百六十二領		

甘肅總論

甘肅卽漢之河西四郡武帝所開以斷匈奴右臂者盖自蘭州爲金城郡過河而西歷紅城子莊浪鎮羌古浪六百餘里至涼州爲武威郡涼州之西歷永昌山丹四百餘里至甘州爲張掖郡甘州之西歷高臺鎮夷四百餘里至肅州爲酒泉郡肅州西出嘉峪關爲沙瓜赤斤苦峪以至哈密等處則皆燉煌郡地也洪武五年宋國公馮勝下河西廻以嘉峪關爲限遂棄燉煌焉自莊浪岐而南三百餘里爲西寧衛古曰湟

中自涼州岐而北二百餘里爲鎮番衛古曰姑臧此河西地形之大略也夫以一線之路孤懸幾二千里西控西域南隔羌戎北遮胡虜經制長策自古已難况茲凋敝之餘非豪傑任事之臣其孰能爲之且哈密甘肅藩籬諸番領袖成化以來陷于土魯番恢復之議至勤

累朝顧在今日有難者二有當緩者四不可例以往日何也哈密累敗之餘喪亡略盡譬之垂死之人身不自持縱令復國豈能固守此一難也恢復之計曉諭不從必須聲討虛喝謾恐難以震動試言今日可復能爲先襄毅深入之事乎此二難也往建哈密以其能制諸夷爲藩蔽也今不能矣立之何益是故哈密者昔爲要區今爲散地盛衰之會殊强弱之形異耳當緩一也哈密轉徙之衆已長子孫身事讐國遣我以難是彼無共天之義我有同舟之急此何爲乎當緩二也

累朝以哈密之故勞費萬狀議論無已是以夷人視之爲奇貨以爲中國一日不可無哈密也今日索金幣明日求進貢今日送金印明日還城池譬之以果啗兒舞弄在手假令自今不復言哈密恢復事彼當何爲乎以爲將遂有哈密也則豈待中國棄之而後取之以爲不能則哈密猶舊也況閉關絶貢可以制諸夷之命乎當緩三也赤斤蒙古安定曲先等衛亦皆中國藩蔽赤斤等衛破于土番安定等衛破于海賊何不聞爲彼恢復而切切于哈密乎當緩四也審于六者之間則哈密可復不可復宜復不宜復圓機之士必當破衆說而建長策矣至於亦不剌者迯北逋寇盤據西海吞幷屬番爲西南患頃歲已許内附尋因其敗弱而棄之頗爲失計何也甘肅之患北虜倏去倏來南番坐守之夷耳惟土魯番自兩犯甘肅以來累肆茶毒漸不可長若收海上之虜置之哈密近

境結以恩德西制土番北制朮剌此千載一時也倘有成績即令職西域之貢何所不可議者秪恐別起事端而不思遠地無干秪云夷心叵測而不知窮虜易用視今日自據西海散處河岷何如邪殆以虛糜得實用借虜地爲干城得失利害不較可知又今河西屯田敝矣二千里內計丁一萬七千耳防守不設耕種難也累遭殘破生聚難也脧削無已休養難也是故人益貧口益耗食益歉兵益弱而屯田益不與矣近日差官添築新堡廣招佃種似矣豈有舊堡未充有更能實新堡者乎豈有不爲防守而敢遠耕者乎豈有將不休養而人得生聚者乎又譬之家政農桑薪水賓客祭祀之類動必相連豈有餘事皆廢而一事獨舉者乎是故有將而後有兵有兵而後有人有人而後有土有土而後有財有財而後兵益振屯益舉矣他如李淮之議曰欲將見堡量給以馬無

事令其瞭望而耕耘有事得以聯絡而馳逐拯溺救焚此其近策矣蘭州舊有管糧郎中而不司支放與宣大事體少異已失事宜或又令其歷在催徵不更遠乎若以省參一官專駐蘭州以督邊課如近時山東河南京運事例而移郎中於甘州如宣大例則稽察歸于戶部催科便於本省是或一道也西寧控十三番族四堡六千戶所近又益以海寇之擾亦要地矣不令屬莊浪而另設參將易贊之議是也若我

成祖以夷治夷建寺立僧之法蓋有深意今有講其故者乎西域之貢番文動數百紙詐冒相仍騷擾無益若給符限年勒以名數庶可久可繼之道也嗚呼病于塞而求通傷于困而思起今日之甘肅豈一事邪舉其大者聊以見緩急而已

按往時恃番為藩虜猶有忌今大被殘戮率為所收脅指益多爪牙加利矣重以道回寄寓所在成丘一線院途邊警諸喉

咽有物爲梗喘息弗繼矣故覈實政以屯田修農事以積穀
相泉脉而鑿井不可以一夕弗講也
按甘州古張掖郡肅州古酒泉郡極西北重鎮地倚合黎山
山丹界甘肅之中馬支山在山丹東南五十里祁連山在酒
泉張掖南連亘一帶古匈奴失此地嘗曰亡我祁連使我六
畜不蕃亡我馬支使我婦女無姿
本朝設行都司於甘州以肅州爲都司門庭肅州城西六十里
爲嘉峪關乃强胡要塞關外卽沙州衛古三危山在焉有羈
縻六鎮古煌燉地土番所居西北有鎮夷所尤孤危其地雖
險溥於塩利華夷欲之

洮河邊圖

每方百里

莊浪衛界
金城關
蘭
靖虜衛界
會寧
定西
臨洮
渭源
南關
南川
伏羌
通西
通遠
秦安
天門關
安遠鎮
洛門鎮
松麻嶺
大潭寨
天水軍
古城州
九池
青泥
横麻嶺
平落鎮
安化鎮
鐵場
臨江
麻瓜寨
龍門
大安
陽城
萬方關
武興
鳳凰
雞頭
空同
西和
鳴水
七方關
龍
陵

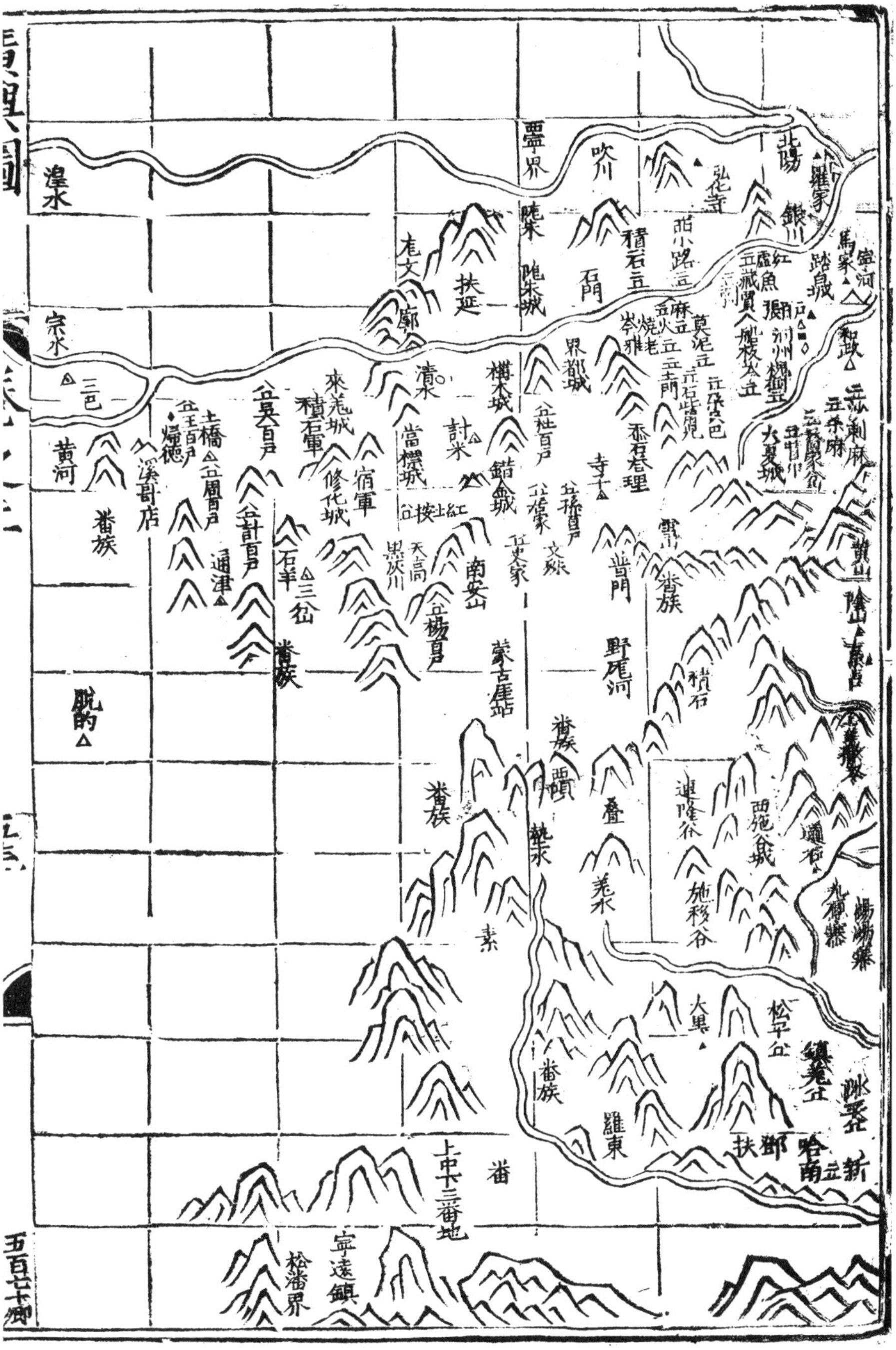
湟水
宗水
三巴
黃河
番族
吹川
扶延
積石
通津
石羊
三岔
來羌城
積石軍
修化城
宿軍
當標城
南安山
蒙古僉站
文縣
野狐河
番族
素
番
上中下三番地
寧遠鎮
松潘界
大巢
松平
羅東
哈南
黃山
陰山
施移谷
羌水

洮河建置

洮州鎮屬衛一關五寨二堡二十四馬步官軍六千一百七十五員名新舊召選舍人土兵民夫八百名馬三千七百一十六匹各處民運糧三萬五千九百六石有零草八千七百五十九束民屯糧三千九百四十九石有零布八千四百疋綿花三千三百觔

洮州監收通判一

叅將一　總巡指揮四東路北路西路南路　把總管隊官全印屯局推首領官全防守官一十八駐各寨堡

衛關寨堡	馬步官軍	舍人土兵	馬	民運糧	草	民屯糧	布	綿花
洮州	五千六百二十二員名	八百名	三千六百九十八匹	三萬五千九百六石	五萬八千五十九束	三千九百四十九石五斗	八千四百疋	三千三百斤
高樓等關	七十二員名		二匹					
濟洮等堡	四百五十一員名		一十六匹					

楊昇等寨　三千貞名

岷州鎮屬衛一所三寨七十堡八馬步官軍一萬四千九百三十八員名召募民壯四百四十五名馬二千一百九十二匹各處民運糧折銀二萬九千五百八十七兩三錢三分額徵民屯糧二萬八千五百九十四石有零布三萬七千七百五十一疋綿花一千三百二十二觔草二萬三千一百九十束

岷州邊備副使一駐岷州

守備三本鎮一階州一西固一總巡千戶五階州二文縣三總巡指揮三東路一西路一南路一把總管隊官全印屯局捕首領官全印操首領官全防守官一十七

衛所寨堡	馬步官軍	召募民壯	馬	民運粮銀	額徵民屯粮	布	綿花	草
岷州領紅椎等四十一寨堡	七千一百五十四員名		一千四百三十九匹	二萬三千七百十七兩一錢二分	二千七百八十四石	三萬六千一百六十三疋		
階州領水磑峪等十一堡	二千七百五十二員名		一百五十九匹	三千七百十兩一錢一分	五千六百九十九石二斗			

文縣　領陰平等十二寨　三千三百九十三員名　一百六十匹　二千一百兩　五千一百七十五石　一千五百八十六疋　一千三百二十二斤　七千六百七十束

階州　領沙川橋等十三寨　一千六百三十九員名　四百四十五名　四百四十四匹　一萬四千九百三十五石九斗四升　一萬五千五百八十三束

河州鎮屬衛一所一關二十四堡三馬步官軍九千二百一十七員名新舊召募壯丁二千二百九十二名馬二千三百六十四匹各處民運糧一萬八千六百八十石草六萬一千九百六十束本處民屯糧二萬九千八百七十五石屯草折糧一千六百七十七石本色鹽糧三千三百六十石折色鹽銀二千一十二兩五錢

監收通判一

守備一　把總管隊官全印局捕首領官全歸德所印操官全總巡指揮二（西路一南路一）防守官一十七（駐各關堡）

衛所關堡	馬步官軍	召募民壯	馬	民運糧	草	民屯糧	屯草折糧	本色鹽糧	折色鹽銀
洮	七千七百員名	二千二百九十二名	二千二百五匹	一千六十三石	一萬三千百六十束	四萬三千三百九石六升	二萬六千五百四石九升	一千三百二十七石	三千三百六 二千十二兩五錢

騐	積石關等一十三	大通河堡等三
二百四十八員名	二百九十三員名	九百十六員名
五十五匹	二千四匹	千四匹
		三千百十一萬八千六 六石四斗 百束
三千三百六 三百五十三 十六石 石四斗		

謹按洮州鎮皇蘭峙其南黃河經其北有長城之險河州鎮東遶洮河西峙積石南盤雪嶺北距黃河此皆天造地設以屏翰全陝者也昔嘗陷於吐蕃今皆歸我版圖設官分職鎮以重兵但其地竊近番虜人性勁悍好習弓馬以畋獵爲生茲雖設憲臣於岷州屯戍卒於重鎮恐承平日久人心懈弛況邇者俺酋禮佛建寺盤據河外往來張掖酒泉威劫屬番睥睨茶馬官是地者其防預之策可容已乎可容已乎

松潘建昌邊圖

每方百里　安撫招討从○宣府从◇堡从▲長官从△站从△驛从△

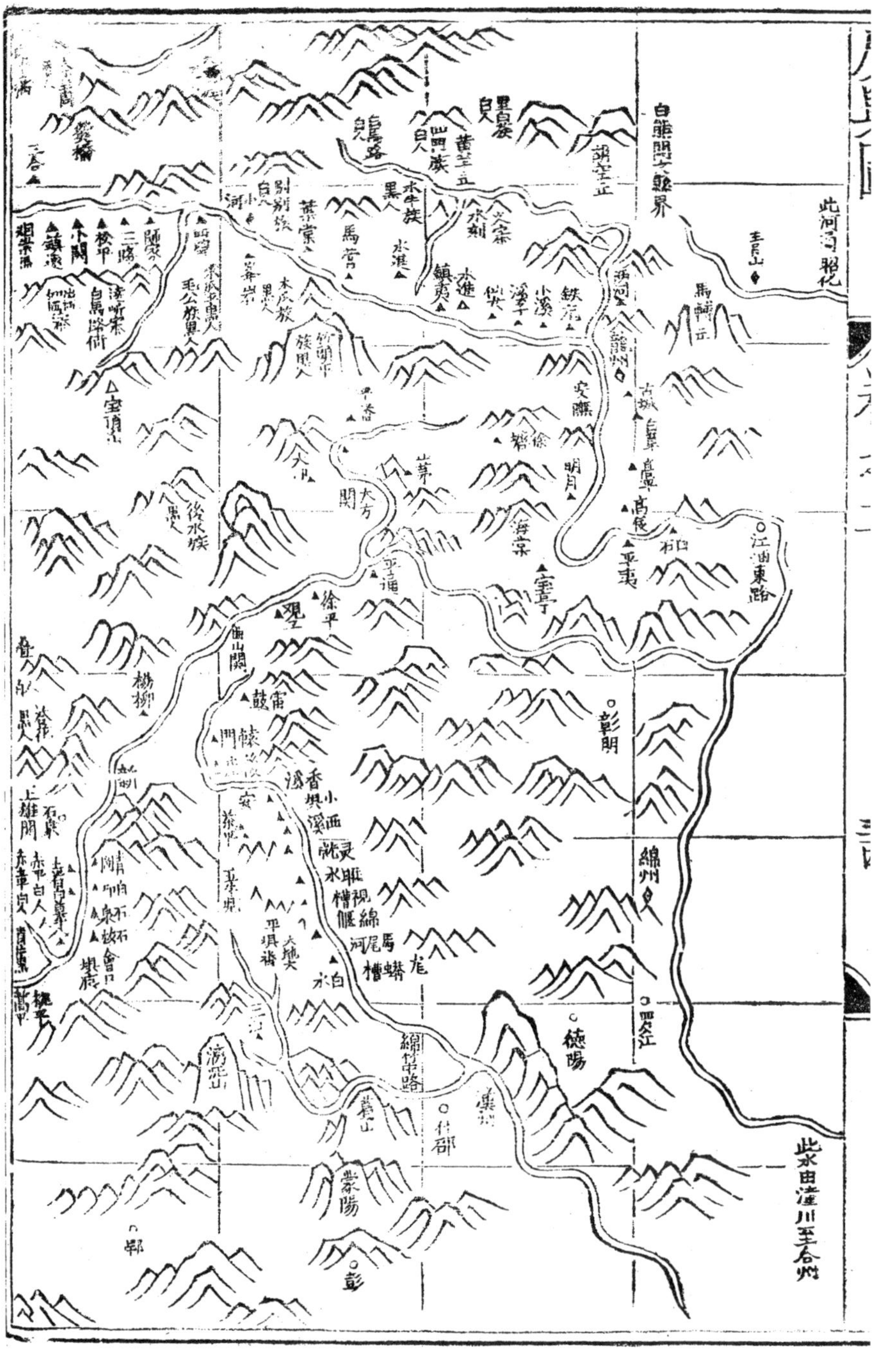
江油東路
彰明
綿州
德陽
綿竹路
什邡
蒙陽
彭
此水由瀘川至合州

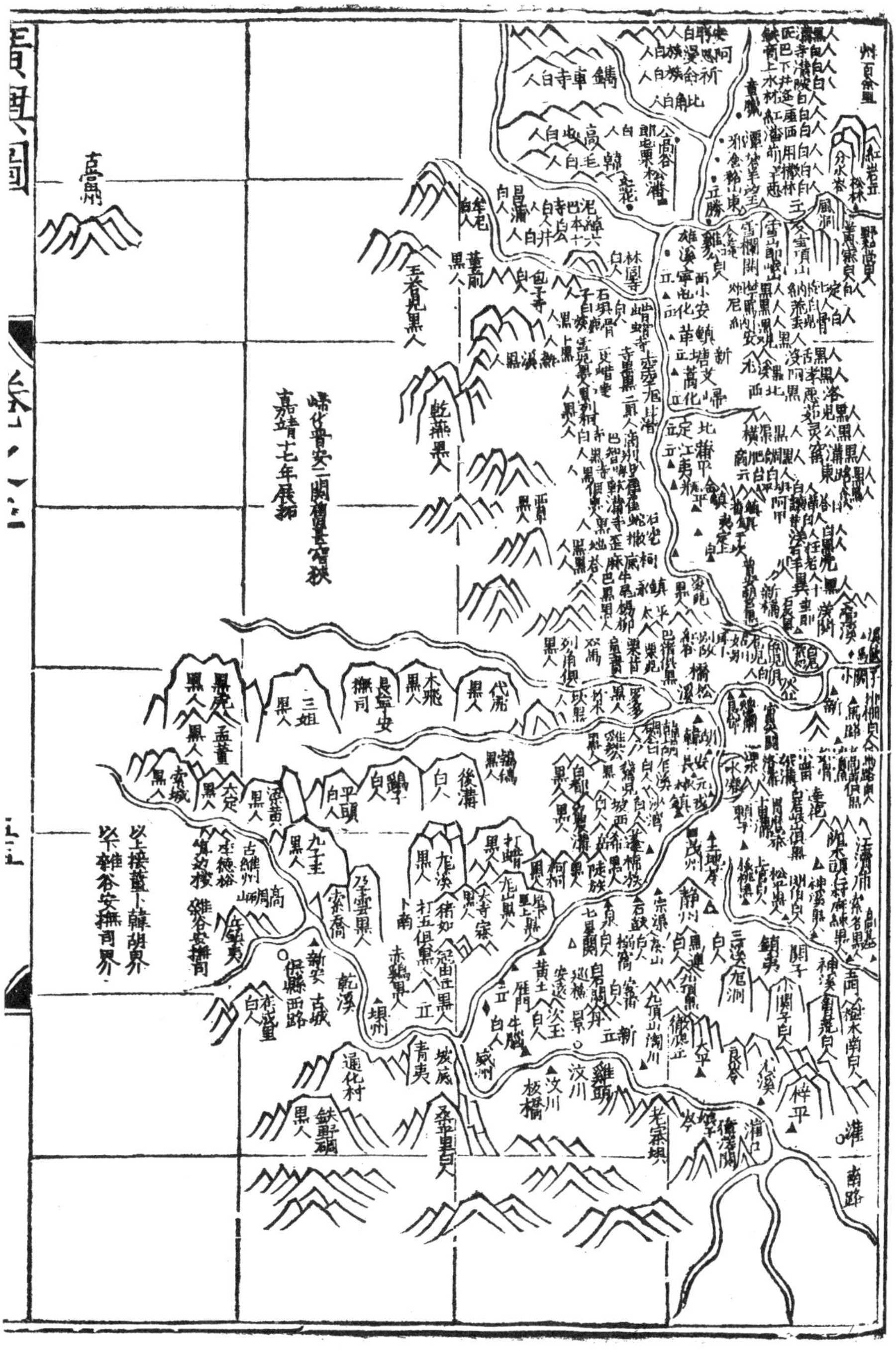
嘉靖十七年展築
以上接藍卜韓胡界
以下雜谷安撫司界

建昌圖

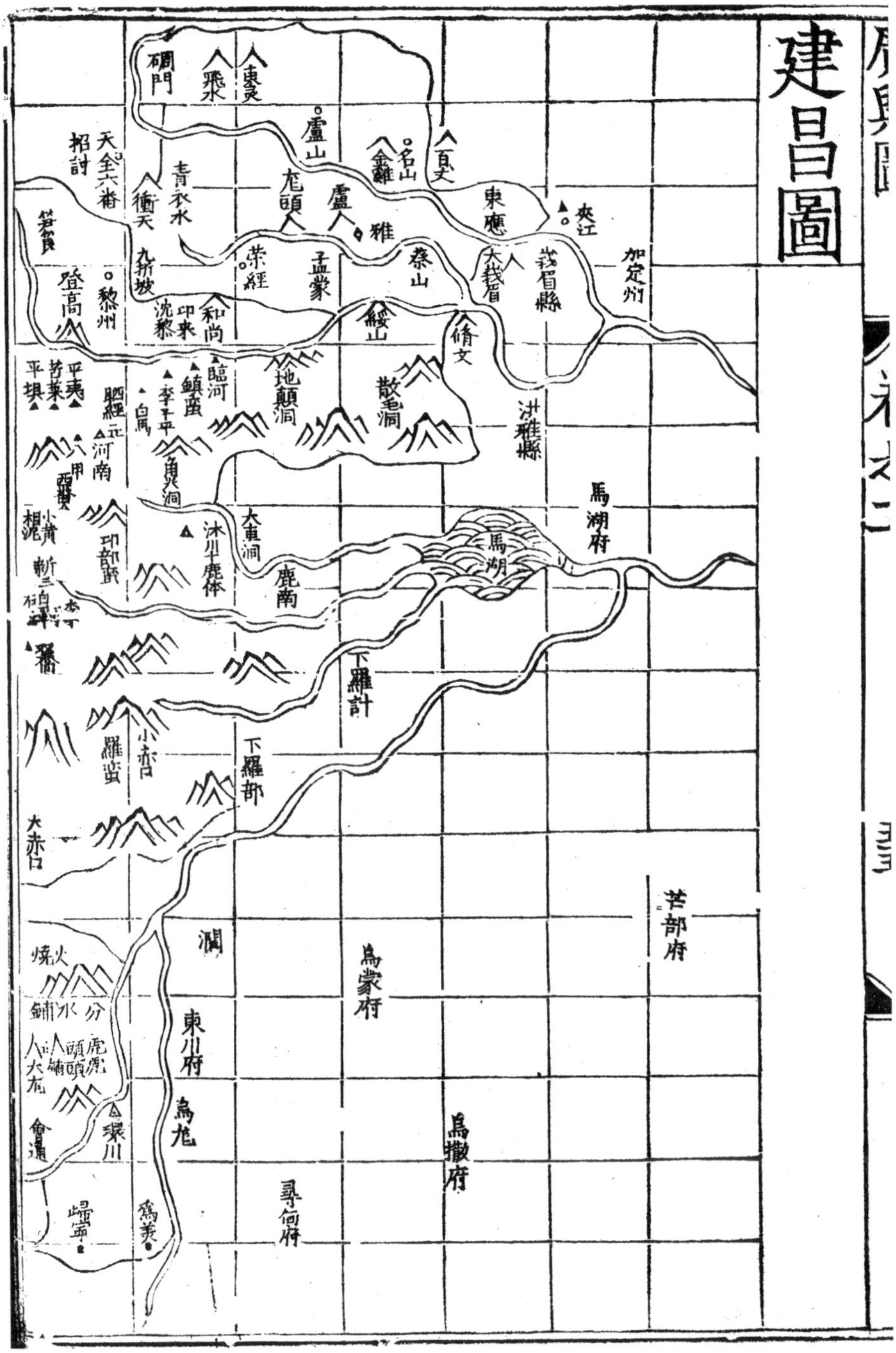
建昌圖
盧山
名山
雅
東應
加定州
馬湖府
馬湖
下羅計
下羅部
鹿南
沐川
地顛洞
東川府
烏蒙府
烏撒府
芒部府
尋甸府
黎州
青衣水
和尚
臨河
鎮蛮
河南
印部
羅蛍
分水鋪
會通

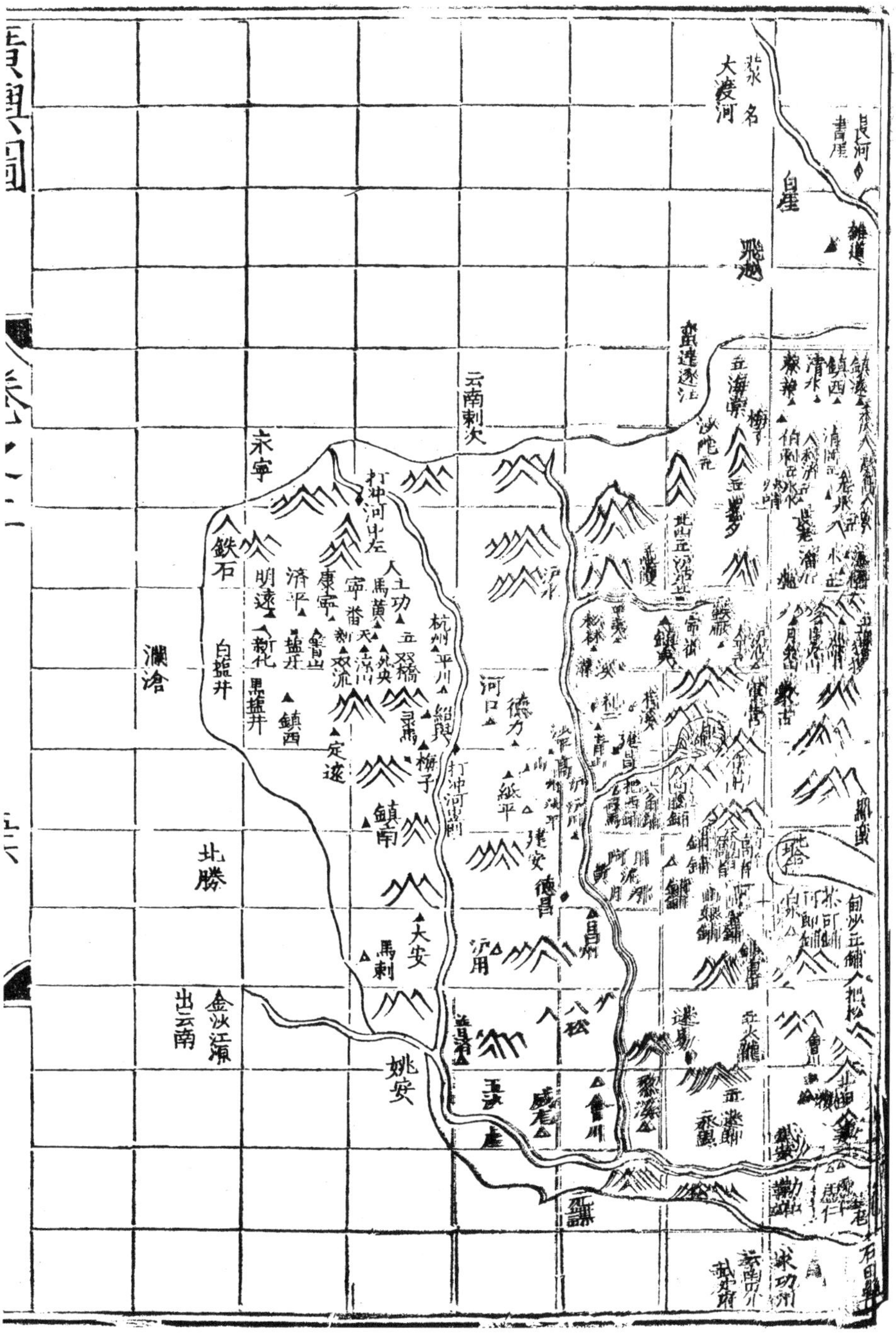
大渡河
云南剌次
永寧
鐵石
明遠
白塩井
黑塩井
鎮西
定遠
瀾滄
北勝
金沙江源出云南
姚安
鎮南
大安
馬剌
河口
德昌
會川
八松

松潘建昌建置

松潘等處軍民指揮使司（隸四川及川西道）領守禦所一（小河）宣撫司一（龍州）安撫司四（八郎　麻兒匝　芒兒者　阿角寨）長官一十七（牟力結　蠟匝　白馬路　山洞　阿昔洞　北定　麥匝　者多　班班　祈命　勒都　包藏　阿昔　果兒　阿用　潘幹寨　占藏先結）

茂州衛（隸四川都司）領守禦所二（疊州　威州）安撫司一（長寧）長官司五（靜州　隴木頭　岳溪　蓬隸　茂州　疊溪　鬱即隸疊溪）

松潘衛小河所三路新舊屯田二千八百五十九頃七十畝有零主客官軍各兵一萬一千六百八十四員名額坐各倉糧九萬九千三百八十一石　布政司原額茶課一十九萬二千九百四十四斤零原額鹽課銀七萬八十四兩零

茂州衛并疊溪威州灌縣四路土客官軍各兵一萬四千一百

五十二員名守禦所新舊屯田八百五十六頃七十四畝額
坐各倉糧一十萬三千九百一十七石外倉二十收糧一十
萬三千九百一十七石
安綿壩底石泉四路各官軍各兵六千四百五十二員名額坐
各倉糧三萬一千一百一十八石
欽差巡撫四川兼理松潘安綿建昌等處邊備都御史一駐四川
欽差整飭松潘威茂安綿等處兵備按察司官三松潘一駐松潘威茂一駐茂州安綿一駐綿州
欽差分守松潘等處副總兵一駐松潘協守左參將一駐小河堡底轄守備一提督指揮五右參
將一駐威州轄提督指揮三千戶一鎮撫一協贊遊擊將軍二東路一駐龍州轄江油至漢関南路一駐疊溪轄鎮平六土至茂州

提督五	關	屯堡	墩	寨	民快土兵	屯田原額	新增屯糧	倉糧	麥	馬
一領東勝等九堡		東勝熊旗紅花谷栗高屯羊裕塘舍譚廠牌朋			五百九十 皂名	九百六十六頃 三百七十九畝	一百十七頃 二十石	三千八百七 一百十二石零	九萬三千二 四石	一千七十 四百八十 七匹

一領蒲江等六關堡　蒲江北定　艾蒿鎮華
歸化　小屯
一領新塘等二關　新塘安化
西寧
一領平定等六堡　平定靖夷鎮番
鎮平金瓶平夷
一領望山等十三關堡　望山雪欄　松林三合鎮遠小關
以上付揔轄　風動　松丫三路師家四望
一領峯崖等六堡　峯崖葉棠馬營
水進鎮夷鉄龍
一領曲山等十五關堡　曲山小垻　擂鼓後莊香溪疊溪百溪
睢水　三江長寧觀神馬鬃泉石蟒
一領觀子等八關堡　大　徐平觀子平通大印
方　茅堆山茅徐塘
一領石板等八關堡　石板　垻底石泉白印
上雄　青岡石泉城
一領平番等三堡　平番奠酒埡
以上左𠅘轄　赤土
一領永鎮等九堡　永鎮大坪普安新橋漢關
疊溪城馬路小關新堡
一領徹底等九關堡　徹底鎮夷　灌縣保縣新安
堡子　乾溪垻州汶州

一千四百三
十八員名
四百七十　五十五　一千三百頃　六百九十　四千八合　九十四
八員名　名　頃　九十石　匹
一百八十五　一千二百四　一萬三千
八員名　十七名　四十五石
四百七十五　八合四升
八員名　七名
七百九十三　一千三百三
八員名　十七名
五百員
名
五十八頃五　一千五百九　九十七
十一畝　十石　匹
六十二頃　一百四十頃　三千三百五
四畝　四十畝　十六石

一千領七星等十五墩七	石鼓雁関	[illegible]七百九十四二百八十五三千九百[illegible]一	一千六百二十一	一	一百五十
堡　星	青坡	[illegible]一百八名　名　八畝	十四石		六匹
		[illegible]			
		文鎮[illegible]			
一鎮領土地等六堡	上地鎮夾開子	七百九十六二百七十			
	神溪七門飛坪	一百八名　三名			
一領實大等八関堡　實	穆肅長寧松溪韓胡	一千七百六四十三名	三百四十頃二百八十三	萬五千五十一萬五千	五百四十
以上右參轄　大	長安椒園鎮戎	一百八名	五十畝	頃有零　百七十石　六十石零	九匹

四川行都司領衛六屬所七關七堡五十有四總爲里六十有七屯糧五萬六千七百四十三石夏秋米一萬八千七百四十五石九斗塩課米三千六百石有零

欽差整飭建昌等處兵備兼分巡上川南道地方四川按察司僉事一駐建昌

欽差督理糧儲兼管上川南道四川布政使司參議一駐雅州

以都指揮體統行事守備二寧越一黎雅鎮西一

衛	所	關	堡	營	屯糧	倉糧
建昌					九千六百四十二石	
	禮州中後		瀘房沪州高山 沙平德力黃泥	鼎	一千四百一十三石	
建昌前					六千八百七十四石	
	打沖前		青山松林 平蠻鎮夷	威龍 普濟		八百六十六石六斗
寧番					一萬八百七十四石	四千二百石
	冕山	沪古太平 王橋	鉄廠北山冕山巡哨 李子奴橋白石		三千一十五石	一千八百五十石
越巂 賨渡河					二千四百九十石	五千四百四十石
	鎮西	炒米	青岡蔡葉木爪 坪垻苦菜平夷	鄱	六百一十八石	三千二百石
	德昌		八里河南晒經白馬鎮蠻李子臨河 小哨長老溜水黃泥新添九盤		二千九百七十六石	
會川	迷易		虎頭旬 沙迷郎		一萬一百四十石	

明所谓偏沅者也

彝	打冲 左	箐口双橋涼山列火新添馬喇 双橋杭州紹興六馬鎮南定遠 新化明遂 清平康寧	七土功 鎮西 馬剌	七千三百九十八石	二千六百十一石三斗 五百七十八石

謹按天全六番等處無險而險在雅州故禁門紫石二關以雅州所屬之巴蜀地居極高而烏蒙特甚烏蒙南臨六詔東控諸蠻故畀備諸種羅羅土獠蠻夷人悉聚疊州生吐番界四川松潘陝西洮州之中且東接陝西岷州其地山多層疊番虜出沒爲患不細

麻陽圖

每方百里

營从⊙　寨从岦

長官司从▲

廣輿圖　卷之二

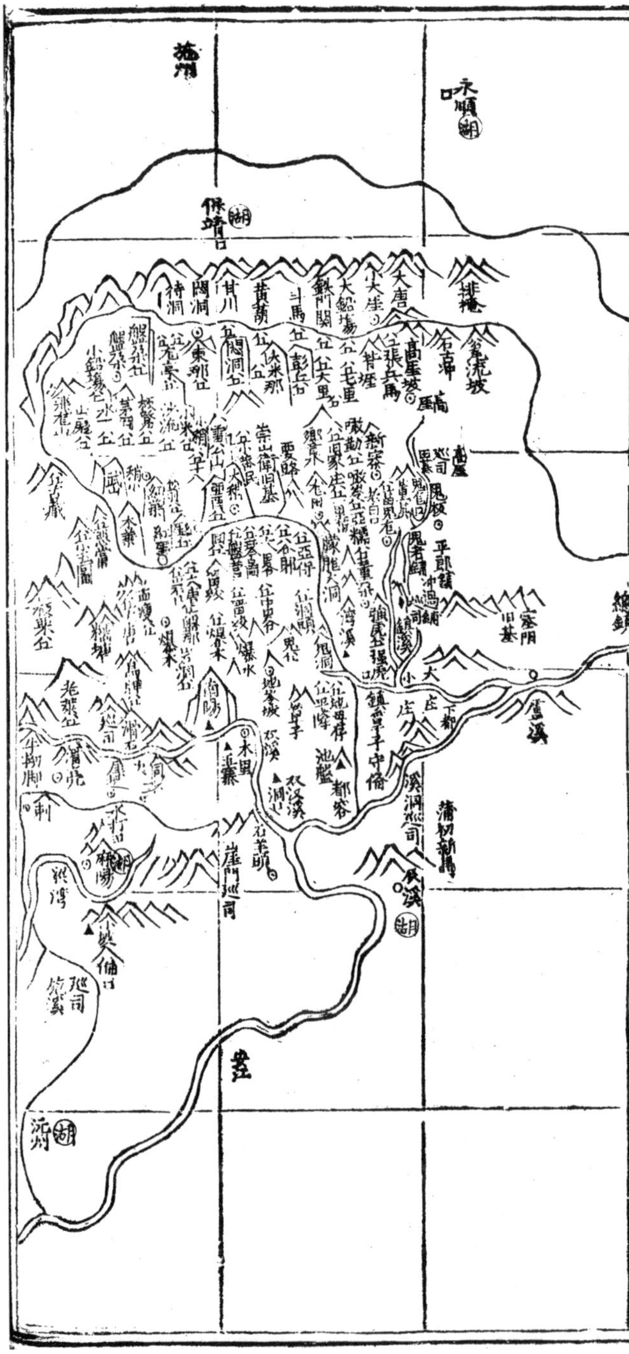

鎮溪㪷苗二十董朶董其亞糯㪣冷㪣勒亞酉十八箭紅崖卜稍小米沙流板凳𦬊岡下水彪山小鉛場盤朶椎亭得洞東那等寨　箅子平叛苗二十七洞頭中寨留紋亞保谷駐大㬰琴凿盤营回寨大塘爆木岩口盤那孟瘦大唐池巴烏牌小五凿惡黨古蕻板栗冷水排那廖鉄烏巢老葉岩洞等寨貴州叛苗二十七黑潭乾溪鼎苗吕喝罵冲地所塘寨蜈公地遒平頭地恨老條椎塘尚腦山忿栗凹治古麥吔坳木老見目逞普杓田坪烏牌平茶麻峒木坪等寨

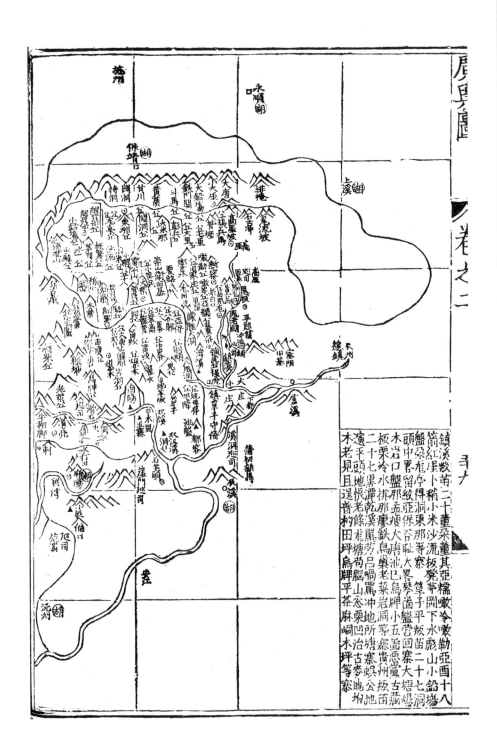

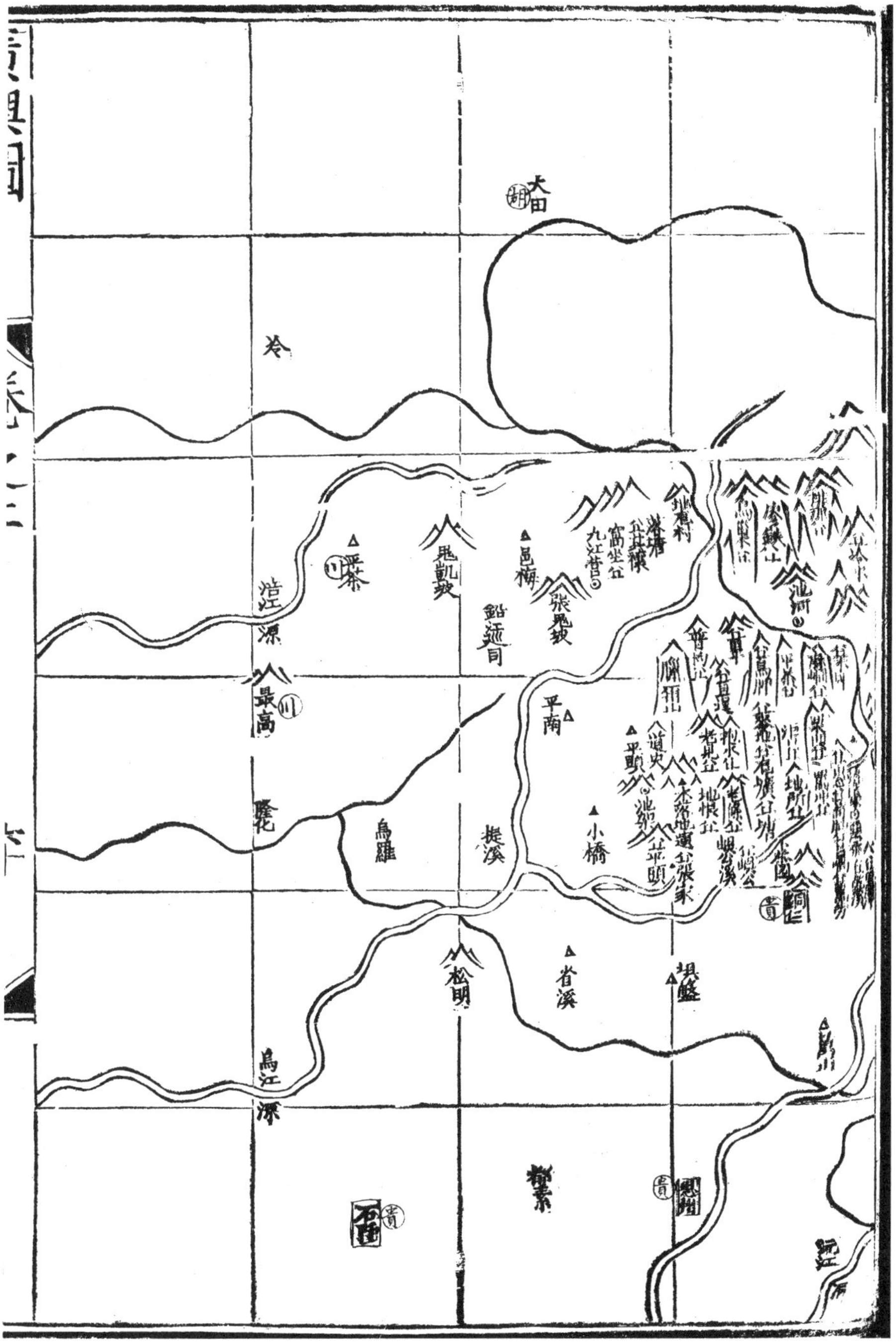
大田
平茶
鬼觀坡
邑梅
張飛坡
最高
平南
烏羅
提溪
小橋
松明
省溪
烏江源
石阡
都素
思州

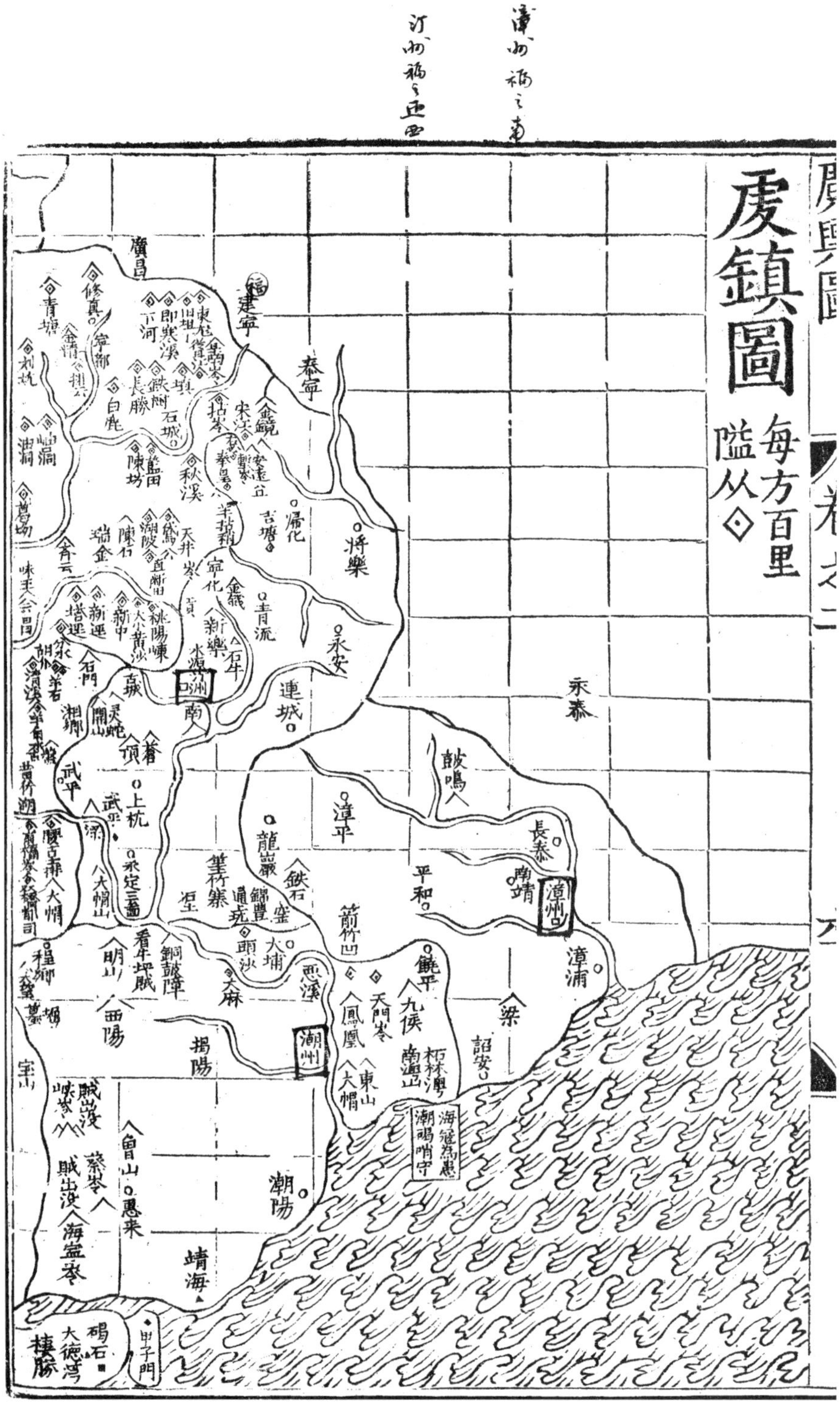
廈鎮圖
每方百里
漳州
潮州
長泰
平和
南靖
漳浦
詔安
揭陽
潮陽
靖海
永安
連城
將樂
歸化
寧化
清流
上杭
武平
永定
龍巖
漳平
海寇為患
潮碣哨守
甲子門
碣石
大德灣

潮州惠州 廣东之东南

南安 贛州 江西之南

南雄 韶州 廣东之北

郴州 上湖南

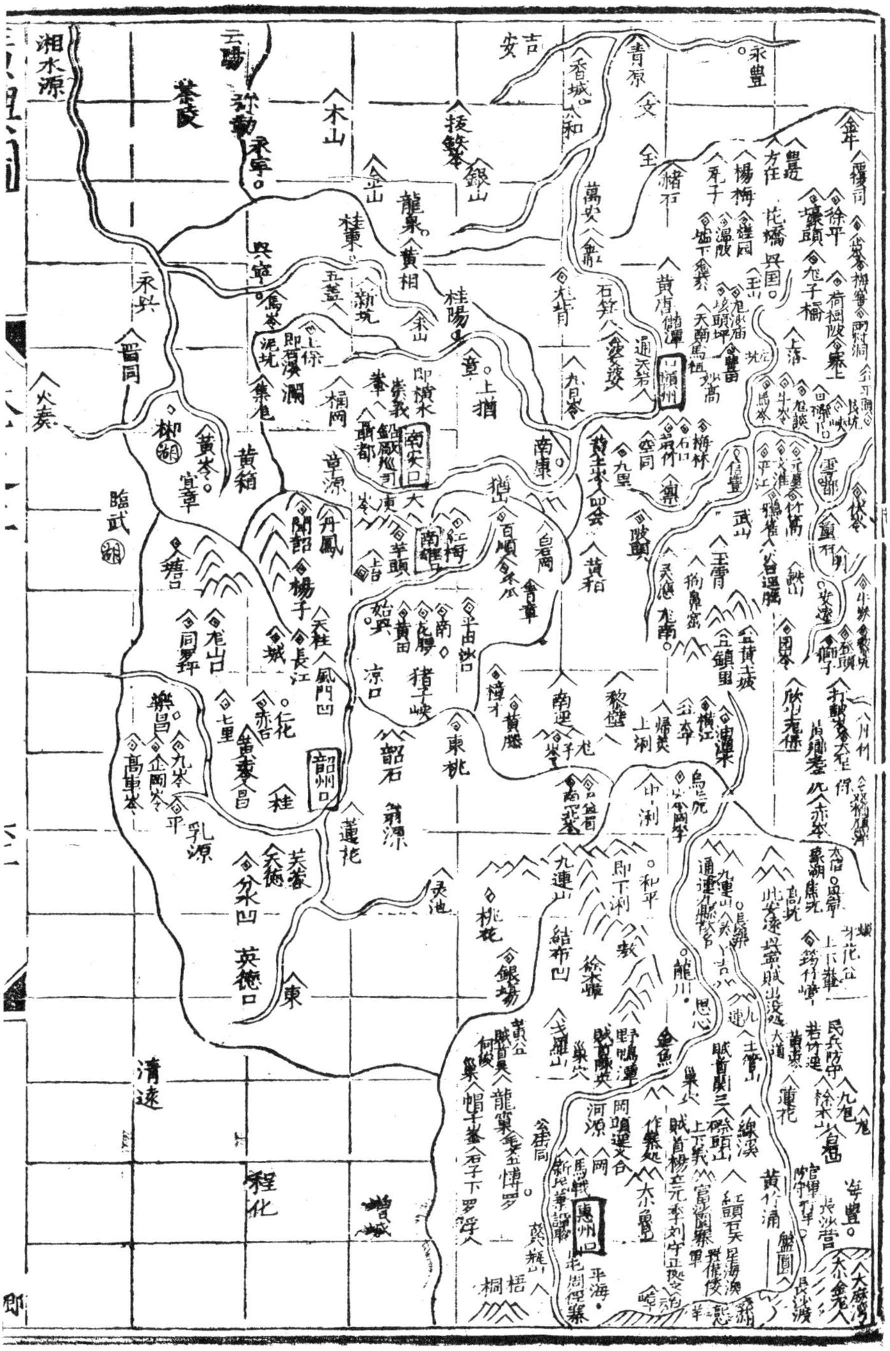

虔鎮建置

虔鎮轄布政司四府九州一縣六十有五衛七（屬所十有二）通共官六百一十四員軍三萬八千七百二十三名寨隘共二百五十六處

欽差巡撫南贛汀漳提督軍務都御史一（駐贛州）

江西湖西道贛州兵備兼管嶺北道廣東嶺東道嶺南道福建武平道福寧道漳南道湖廣上湖南道郴桂等處兵備道（嶺北駐贛州　嶺東駐長樂　漳南駐上杭　郴桂駐郴州　餘駐各省）

守備以都指揮體統行事有五（南贛一惠潮一南韶一汀漳一郴桂一）

衛所	官	軍	隘
贛	七十三員	三千九百二名	贛縣（文灘黃十婆婆）
信豐	十八員	一千八十七名	興國（龍子劉坑梅窖衣錦油洞南村温陂峽田龍沙坟頭向樹仚嶺堀下槎園花橋廻龍象頭方石愓梅）
會昌	十四員	七百七十四名	寧都（東龍留埠青塘白鹿長勝排雲下河多寶）

	[illegible]	十二員	七百名	雩都	磜下龍灘馬嶺峽口左坑牛嶺豐田佛嶺嵩圳
潮州		五十三員	二百五十四名	會昌	牛券芊前湖界清溪分水羊石
	程鄉	九員	一百七十五名	信豐	石口平岡陂頭竹篙鴉鵲九里
	靖海	八員	三百三十名	龍南	黃藤南逕樟木橫江汕灘龍子嶺
	大城	八員	二百二十五名	安遠	火石大石黃鄉双橋鴉洋南橋腰鼓滋溪尋鄔
	蓬州	八員	二百一十八名	石城	埧口偉岡鉄樹南嶺站嶺藍田秋溪
	海門	五員	二百五十四名	瑞金	新中黃沙大黃沙水桃楊車斷湖陂鵝公平地桐水
碣石		二十七員	一千二百五十名	大庾	石源浮江宰屋栗山
	海豐	六員	四百八十五名	南康	峿嶺古樓
	捷勝	八員	五百五十名	上猶	上稍三門賴塘疋抱盧王大甯
	平海	五員	八百一十名	崇義	長流上保長塘茈頭流泱大聶都閩田穩下小坑茶寮
	甲子	十員	三百六十名	長汀	古城九際黃峰鵝龍分水長橋桃楊鎮平佛子
惠州		四十八員	四千四百八十名	寧化	石壁鳳凰巖塘

	河源	三員	二百六十九名	上杭	盧豐南坪斧闢軍營郭公長嶺寨腋銀凹鮮水溪檀嶺桃排彩眉羊蹄校寮
	龍川	十員	一千一百一十九名	連城	秋家廖天横仙朗村新泉烏石石固
	長樂	二員	一百四十一名	武平	蟠龍鄭家湖界磜頭檀嶺
	南雄	七員	三百八十六名	歸化	鉄嶺伍通下坊三溪水口
汀州		四十員	一千八百九十名	龍溪	椰營福河龍嶺華封苦竹汰口良村宜招溪口
	武平	十二員	七百一十名	龍巖	水漕黄坑東坑狥背山緣倒嶺白坑
	上杭	十一員	六百八名	長泰	鷓鴣林口磨鎗白桐上岸
漳州		四十二員	四百八十五名	南靖	峰蒼寒渡
	南詔	六員	四百四十四名	漳平	三峰華口右門南坑卓安白泉永頭虎山吳崎流溪高星東坂三陽東邊雲洞朝天華下馬脊樹石碓馬街火燒
	龍巖	十三員	四百一十七名	平和	象湖朱公蘆溪東赤棟高際半地三角
鎮海		五十六員	九百三名	保昌	平田白石紅梅聞韶黎冬林溪南畝孔地百順
	六鰲	十九員	五百九十三名	始興	花腰猪子桂丫河溪凉口上臺楊子沙田黄塘
	銅山	十三員	五百二十三名	仁化	風門城口赤石七里

南雄	五員	七百一十	九名	翁源 銀場 象桃 北嶺
韶州	十五員	四百七十	六名	樂昌 銅鑼 龍口 象牙 黃土
郴州	十五員	六百二十	六名	長樂 錫坑 古樓 榕樹 平塘 鮮沙 芙蓉 象鼻 董源 大別 秋溪
桂陽	十九員	五百六十	四名	興寧 四都 大坪
廣要	十一員	二百五十	一名	桂東 燕塘 九磴 八面 猴子
寧章	七員	二百六十	二名	

按圖考牒贛東南境盡界閩汀漳廣韶潮惠慶諸府地重巒複嶺巖峭巉絕錦歷盤紆奚啻千里其人皆依負險阻恃嶺頑悍猊今所稱大帽岑岡高沙下歷浰頭橫江諸巢穴唇齒相輔脈絡貫通其之用本不易加以財力訕乏拘攣牽顧益難矣全賴

皇靈震疊臺憲修明牧守威懷本強內實則先聲屈折馴擾彈壓寖寖革心矣故標本緩急內外療治醫國者必致詳焉

黃河圖

每方百里

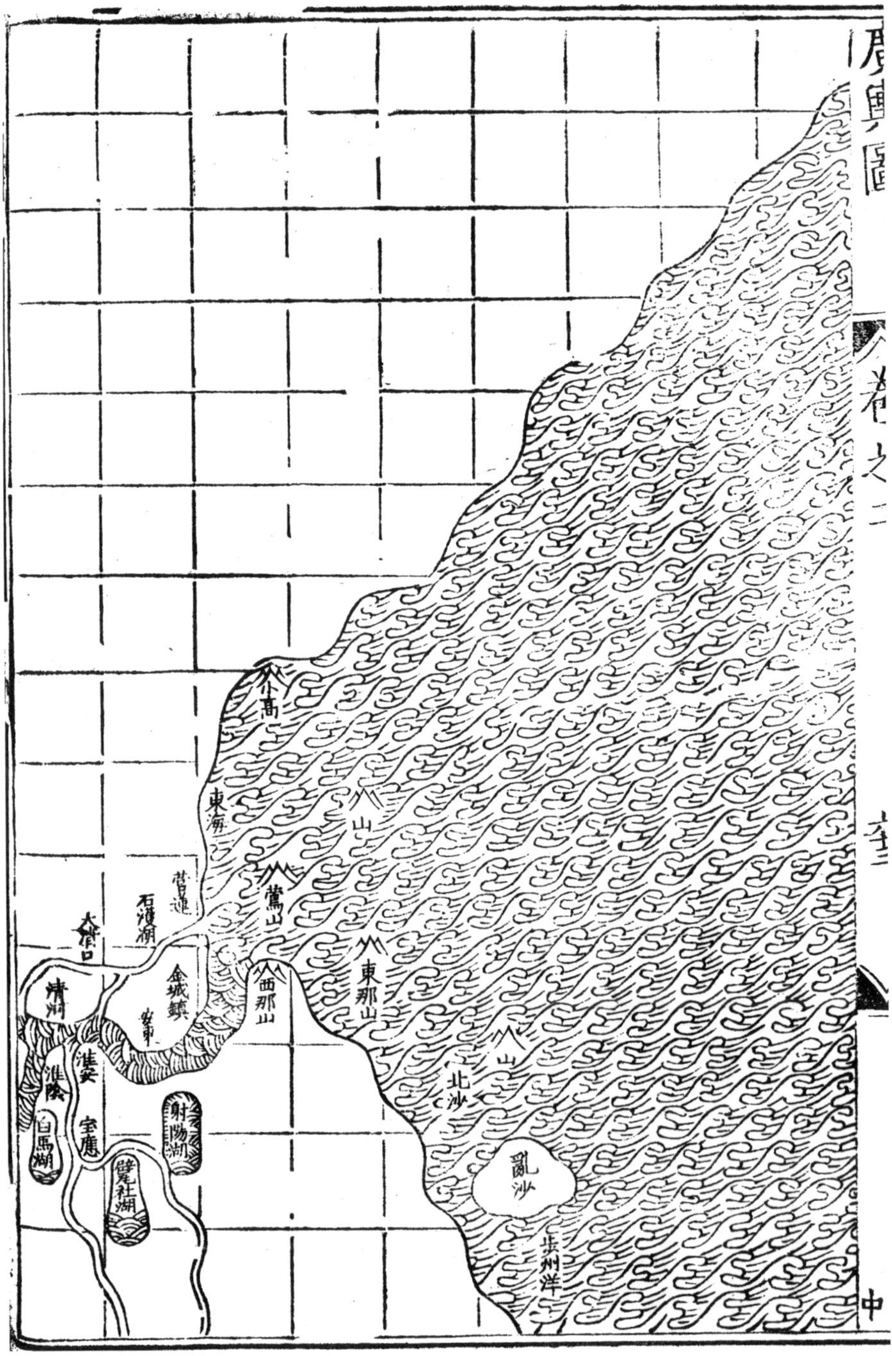
廣輿圖
卷之二
中
小高
東海
山
鶯山
西那山
東那山
山
北沙
亂沙
清河
金城鎮
安東
淮安
淮陰
白馬湖
寶應
射陽湖
甓社湖

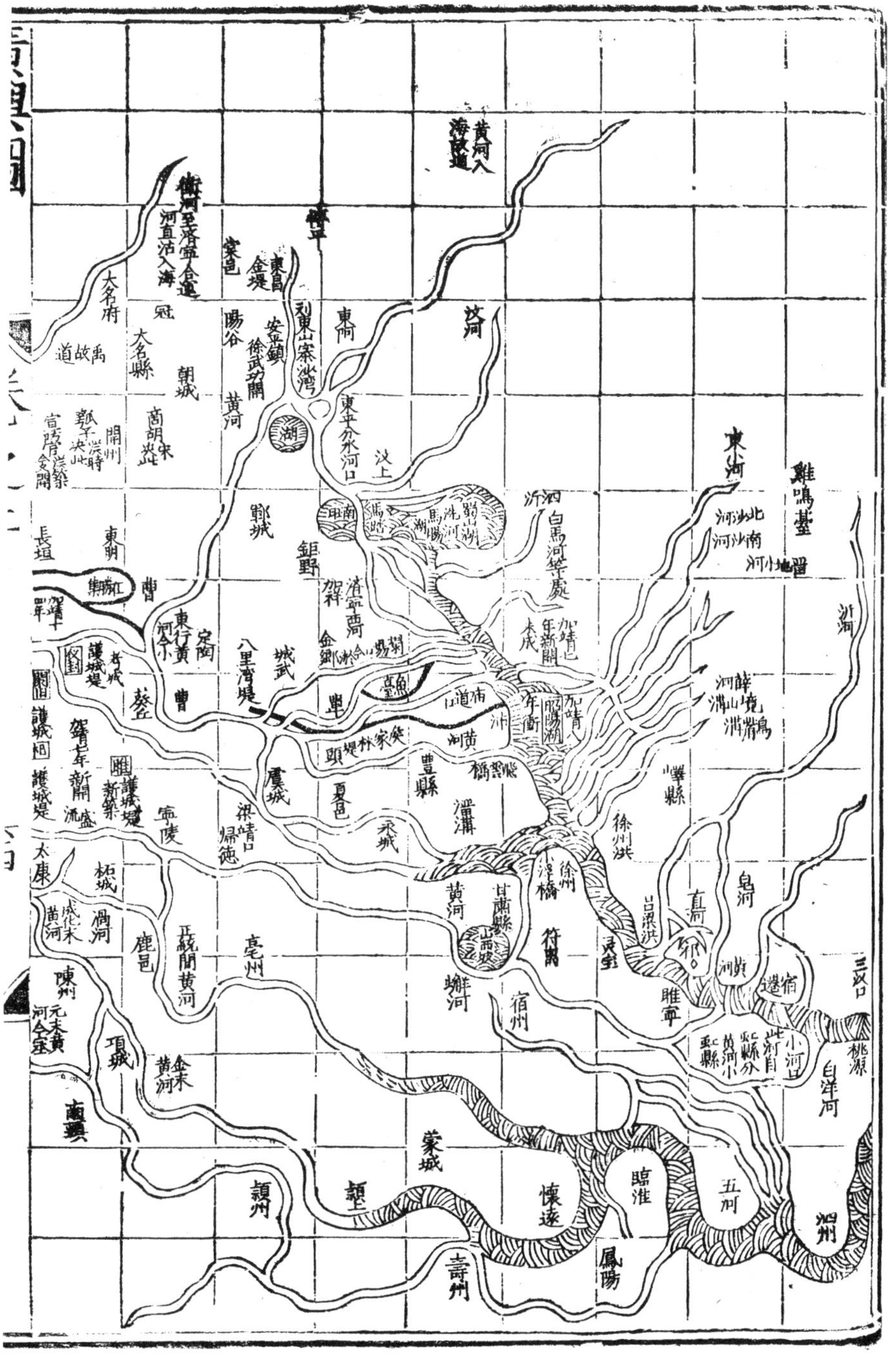
黃河入海故道
衛河至濟寧合運河直沽入海
大名府
禹故道
冠
大名縣
朝城
東昌
陽谷
安平鎮
黃河
汶河
東河
汶上
鄆城
鉅野
嘉祥
濟寧
金鄉
單
曹
定陶
長垣
考城
虞城
夏邑
豐縣
沛
雞鳴臺
沂河
徐州
徐州洪
蕭縣
邳州
睢寧
宿州
宿遷
桃源
白洋河
泗州
五河
臨淮
懷遠
鳳陽
壽州
潁州
蒙城
亳州
鹿邑
項城
陳州
太康
柘城
渦河
歸德
永城

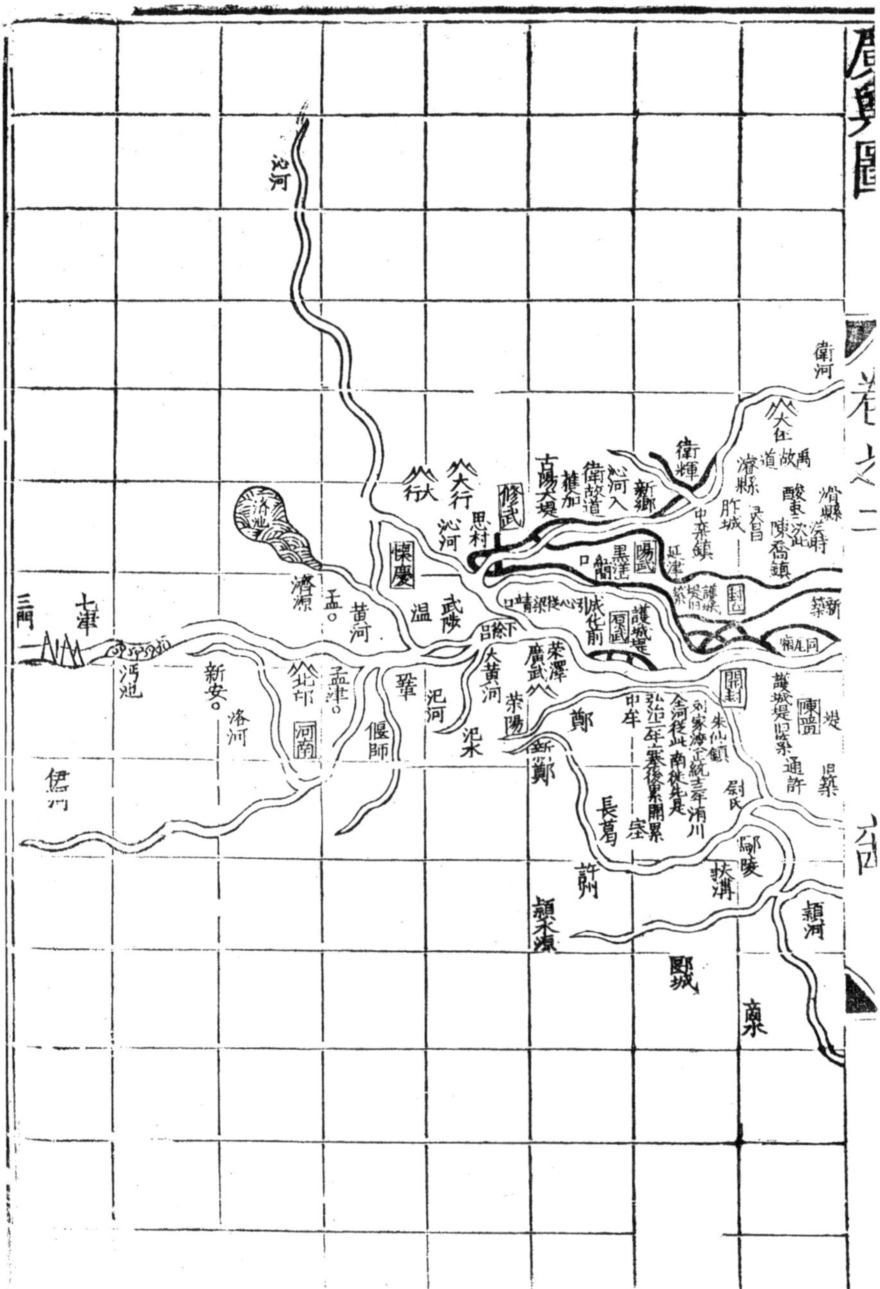
廣輿圖
卷之二
沁河
濟源
孟
黃河
溫
武陟
懷慶
修武
新鄉
衛輝
衛河
滑縣
胙城
原武
陽武
開封
鄭
中牟
滎陽
滎澤
河南
偃師
鞏
汜水
新安
洛河
孟津
長葛
許州
鄢陵
扶溝
郾城
尉氏
通許
潁河

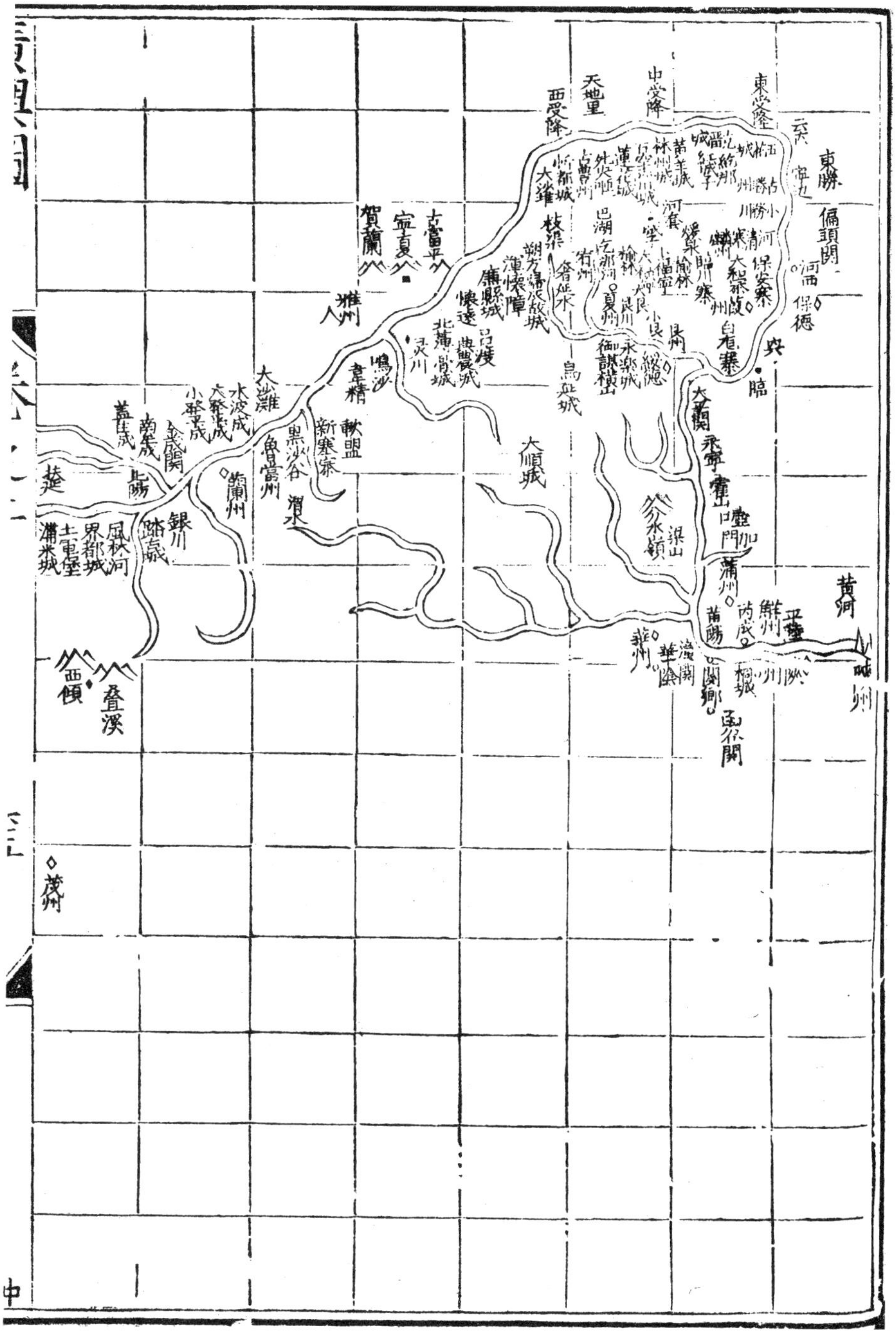

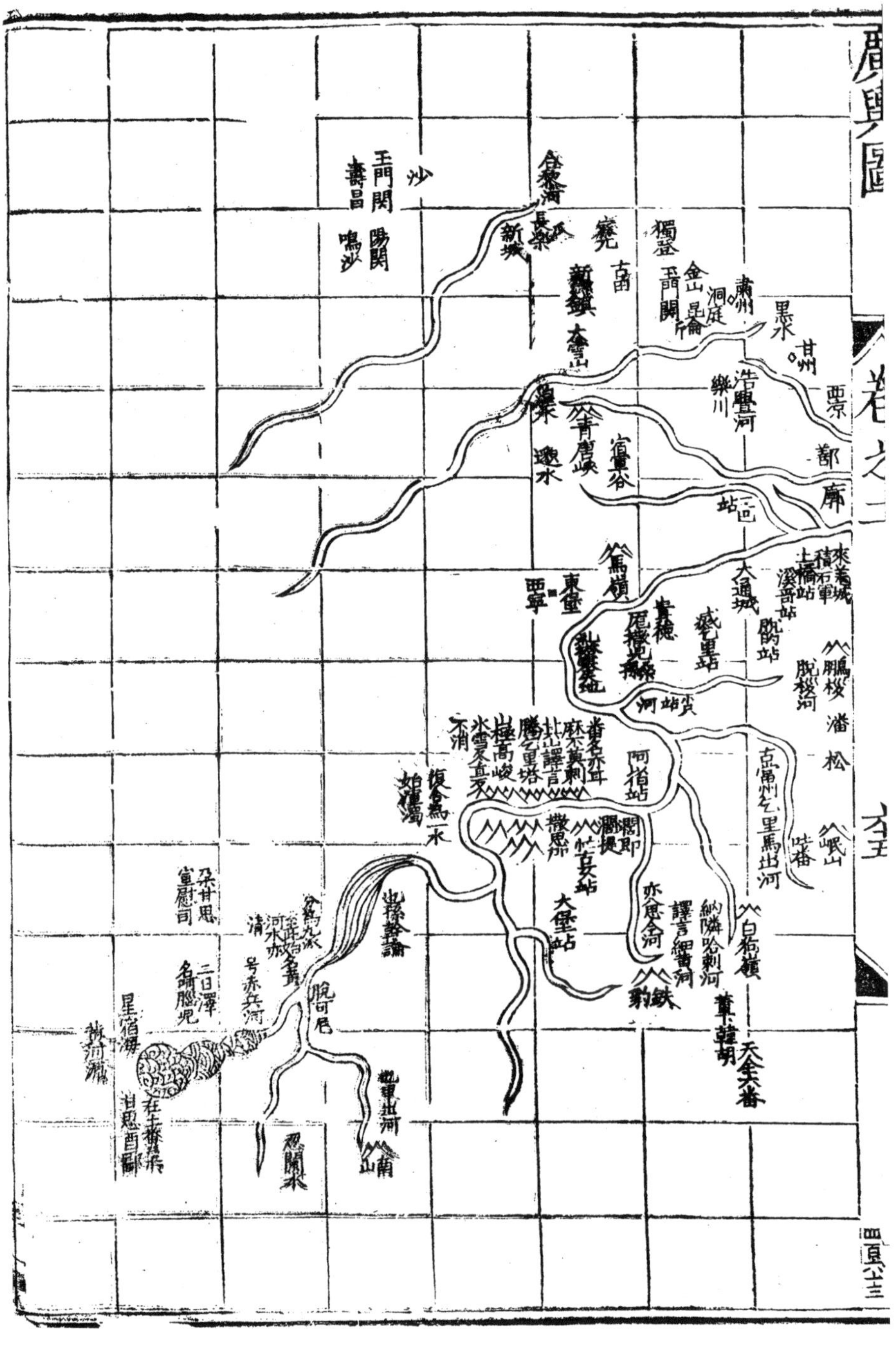
廣輿圖
卷之二
玉門關
陽關
壽昌
鳴沙
沙
新城
古田
獨登
玉門關
金山
崑崙
肅州
洞庭
黑水
甘州
西寧
浩亹河
樂川
青唐峽
宣寶谷
逆水
鄯廓
西寧
東寧
大通城
卜站
松
潘
大堡站
白石嶺
天全六番

古今治河要畧

賈讓治河三策隄防之作近起戰國齊與趙魏以河爲境齊地卑下作隄去河二十五里雖非其正水尚有所遊盪時至而去則填淤肥美民耕田之或久無害稍築室宅排水澤而居之湛溺固其宜也今隄防陿者去水數百步遠者數里此皆前世所排也今行上策徙冀州之民當水衝者放河北入海此功一立河定民安千載無患謂之上策若迺多穿漕渠旱則開東方下水溉冀州水則開西方高門分河流富國安民興利除害支數百歲謂之中策若繕完故隄增卑倍薄勞費無已數逢其害此最下策也

歐陽修曰河本泥沙無不淤之理淤常先下流下流淤高水行漸壅乃決上流之低處此勢之常也然避高就下水之本性故河流已棄之道自古難復是則決河非不能力塞故道非

不能力復所復不久終必決於上流者由故道淤而水不能行故也智者之於事有所不能必則較其利害之輕重擇其害少者而爲之猶愈害多而利少

歐陽玄至正河防記治河一也有疏有濬有塞三者異焉釃河之流因而導之謂之疏去河之淤因而深之謂之濬抑河之暴因而扼之謂之塞疏濬之別有四曰生地曰故道曰河身曰減水河生地有直有紆因直而鑿之故道有高有卑高者平之以趨卑高卑相就則高不壅卑不潴慮夫壅生潰潴生湮也河身者水雖通行身有廣狹狹難受水水溢悍故狹者以計闢之廣難爲岸岸善崩故廣者以計禦之減水河者水放曠則以制其狂水隳突則以殺其怒治隄一也有剏築修築補築之名有刺水隄有截河隄有護岸隄有縷水隄有石船隄治埽一也有岸埽水埽有龍尾攔頭馬頭等埽其爲埽

臺及推捲牽制薶卦之法有用土用石用鐵用草用木用栰用絙之方塞河一也有缺口有豁口有龍口缺口者已成川豁者舊常爲水所豁水退則口下於隄水漲則溢出於口龍口者水之所會自新河入故道之源也曰折者用古筭法因此推彼知其勢之低昂相昂相準折而取勻停也

宋濂曰夫以數千里湍悍難治之河而欲使一淮以疏其怒勢萬萬無此理也分其半水使之北流以殺其力河之患可平矣譬猶百人爲隊則力全莫敢與爭若分爲十則頓損又各分爲一則全屈矣治河之要孰踰於此

胡子曰茲論固然然又當因勢否則宋人回河之患可鑑已

劉天和曰河之水至則衝決退則淤填而廢壞閘座衝廣河身阻隔泉源害豈小耶前此張秋之決廟道口之淤新河之役今茲數百里之淤可鑒已議者有引狼兵以除內寇之喻真

名言也故

先朝宋司空禮陳平江瑄之經理亦惟導汶建閘不復引河且於北岸築堤捲埽歲費億計防河北徙如防寇盜然百餘年來縱遇旱涸亦不過盤剥寄頓及抵京稍遲爾未始有壅塞不通之患也惟汶泉之流遇旱則徵匯水諸湖以淤而狹引河之議或亦慮此然

國計所繫當圖萬全無已吾寧引沁之爲愈爾盖勞費正藝而限以斗門澇則縱之俾南入河旱則約之俾東入運易於節制之爲萬全也若徐呂二洪而下必資河水之入而後深廣惟當時疏濬慎防禦相高下順逆之宜酌緩急輕重之勢因其所向而利導之爾

按漢使張騫持節西域訪河源以爲二水發葱嶺趨于闐滙塩澤伏流千里至積石而再出唐薛元鼎使吐蕃訪河源得之悶磨黎

山世之論河源者率皆本此莫知其非也至元始命都實爲招討使佩金虎符往求之四越月而得其說如圖所載還具以聞其弟濶濶出授其說翰林學士潘昂霄撰爲記而臨川朱思本於八里吉思家得帝師所藏梵字圖書譯之與潘互有小異俱載元史黄河本東北流歷西蕃至蘭州凡四千五百餘里始入中國又東北流過虜境凡二千五百餘里始轉河東又南流至蒲州凡一千八百餘里通計屈曲九千餘里而張騫所訪乃在其西萬里外盖爲吐蕃遮隔不得假道故也世之受蔽於外舍近求遠者何以異此朱思本姓名因河源記始傳其爲圖與所記山水道里不少差舛特存之以代輶軒之對或言天下之山皆原於崑崙今觀之圖豈足與辨未能實詣而猶傳聞不獨於山然也

海運圖

每方百里

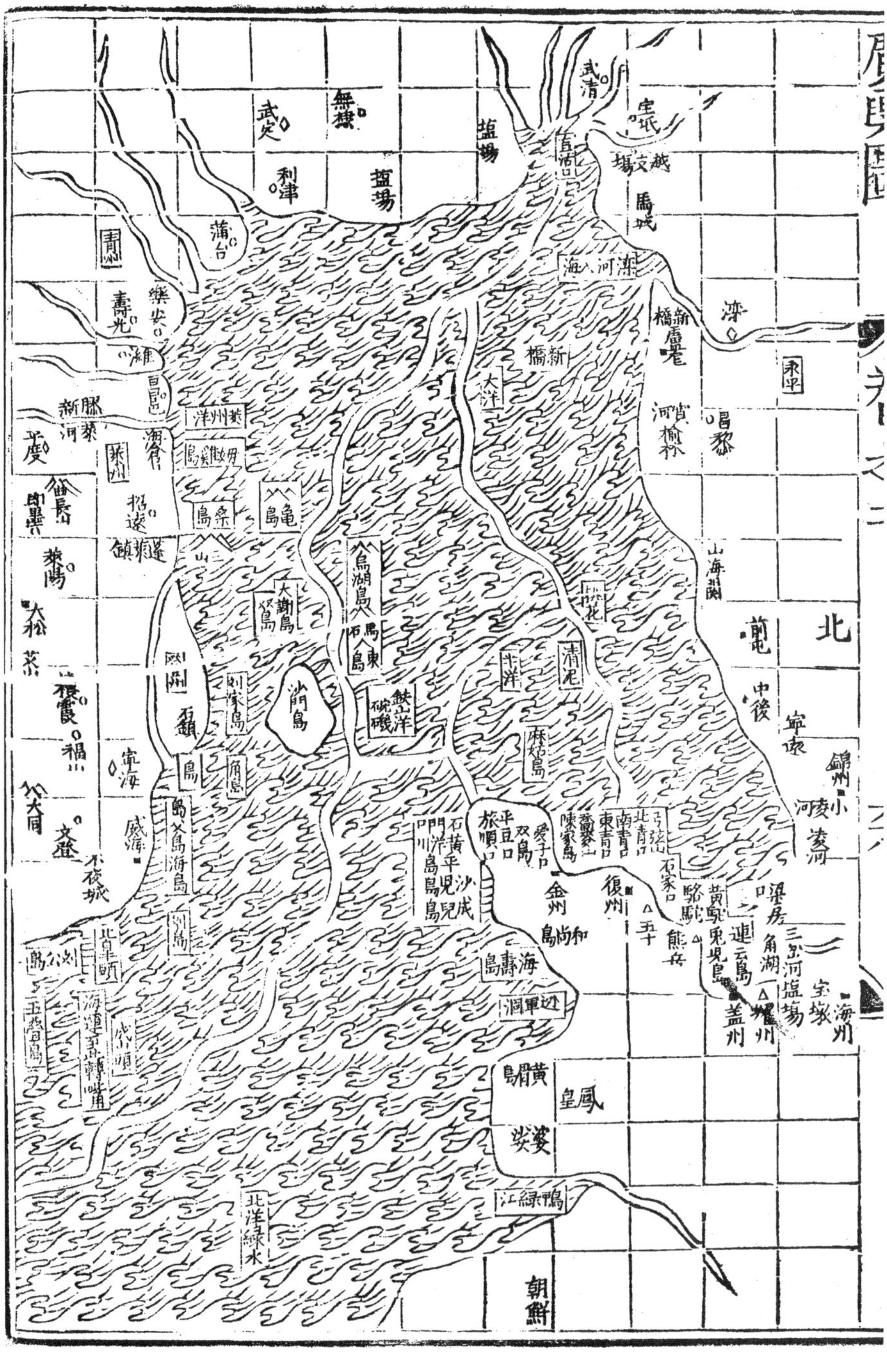
武清
寶坻
武定
無棣
鹽場
利津
鹽場
蒲台
馬城
灤河入海
新橋
新橋
昌黎
山海關
北
中後
寧遠
錦州
小凌河
沙門島
金州
復州
旅順口
和尚島
海壽島
蓋州
海州
鳳皇
鴨綠江
北洋綠水
朝鮮
文登
威海

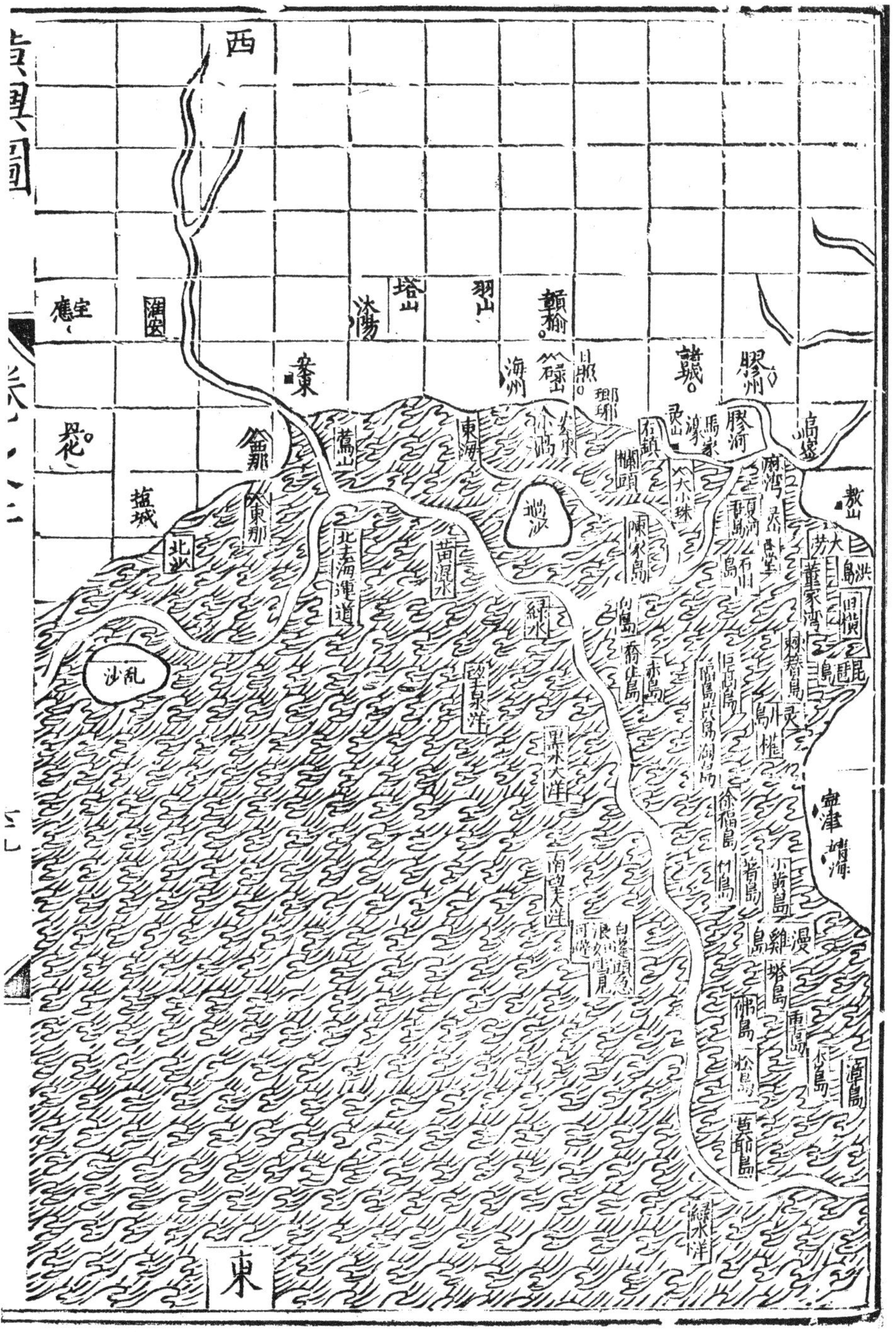
西
東
北海運道
黃混水
綠水
黑水大洋
南望大洋
綠水洋
東海
海州
膠州
膠河
靖海
陳家島
赤島
北山

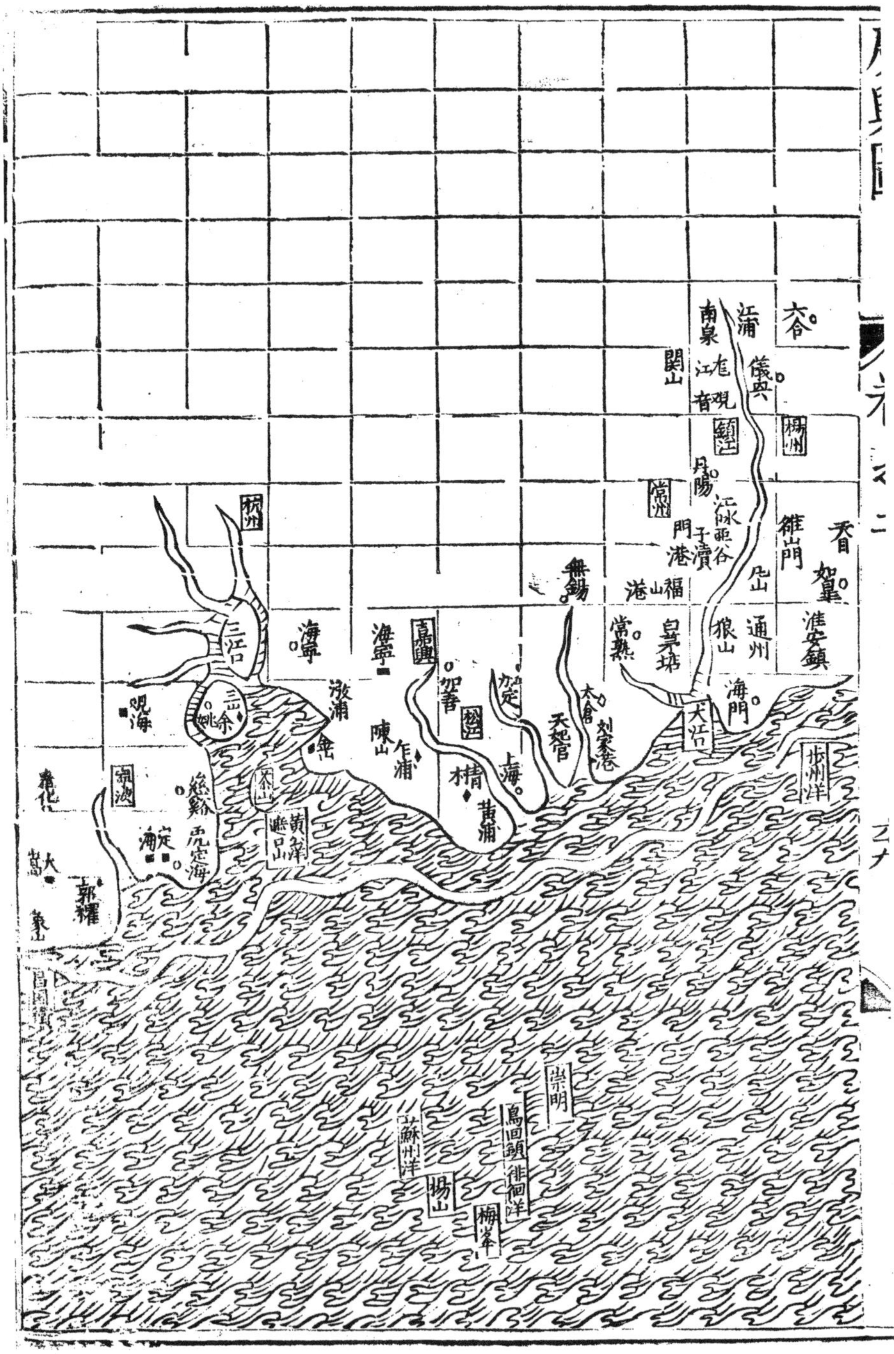
六合
江浦
儀真
鎮江
揚州
丹陽
常州
杭州
海寧
嘉興
松江
上海
嘉定
太倉
劉家港
常熟
無錫
通州
狼山
海門
如皋
淮安鎮
澉浦
乍浦
黃浦
觀海
慈谿
定海
寧波
象山
步州洋
崇明
蘇州洋
揚山

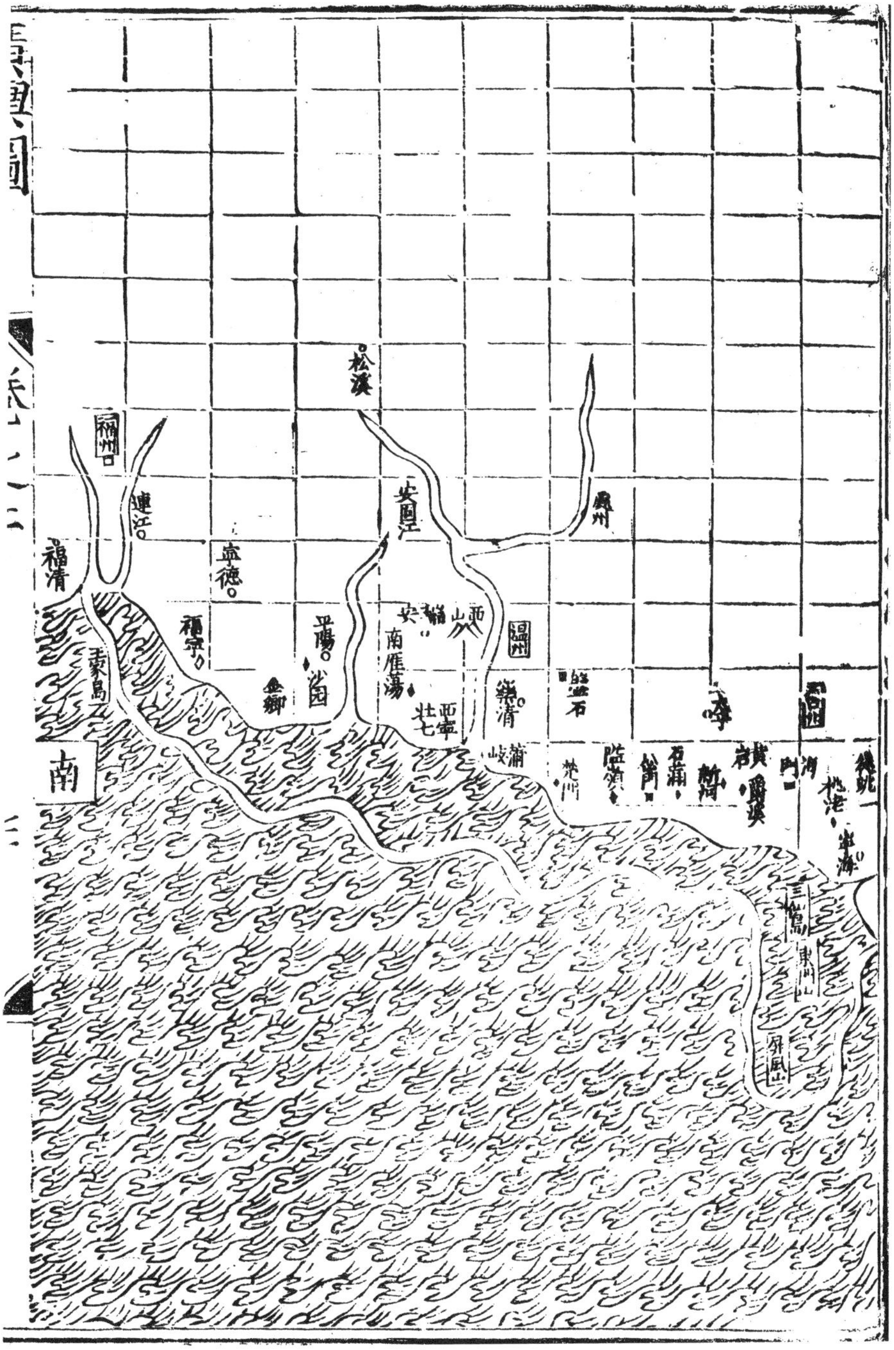
南
松溪
福州
連江
福清
寧德
福寧
平陽
金鄉
南雁蕩
溫州
樂清
處州
東州山

海運建置

朱清張瑄者海上亡命也久爲盜魁出没險阻若風與鬼刼畧商賊人甚苦之至元二十一年伯顔建議海運乃招二人授以金符千戶押運糧三萬五千石仍立海道萬戶府三以清瑄與羅壁爲萬戶轄千戶百戶所領虎符金牌素銀牌船大者不過千石小者三百石自劉家港出揚子江盤轉黃連沙嘴月餘始至淮口過膠州牢山一路至延真島望北行轉成山西行到九皐島劉公島沙門島放萊州大洋收界河兩月餘抵直沽實爲繁重至元二十六年增糧八十萬石二月開洋四月直沽交卸五月還復運夏糧至八月回一歲兩運是時船小人恐懼至元二十七年朱萬戶請長興李福四押運自揚子江開洋落潮東北行離長灘至白水綠水經黑水大洋北望延真島轉成山西行入沙門開萊州大洋進界河不

過一月或半月至直沽漕運利便是歲加朱爲浙江省參政
張爲浙江鹽運司都運如是者二十餘年大德七年招兩浙
上户自造船與脚價十一兩五錢分撥春夏二運延祐以來
各造海船大者八九千小者二千餘石歲運三百六十萬石
京師稱便迤南番貢亦通蓋自上海至直沽内楊村馬頭凡
一萬三千三百五十里不出月餘可以達省費不貲若長樂
港出福州經崇明以北又自古未有之利也我
朝洪武三十年猶倣其制歲運七十萬石以給遼東至永樂間通
會河成始不復講議者恒有意外之慮以爲人生一日食不
下咽則死亡立至會通河固南北之咽也訪求故道擇才而
任之且重其權抑亦可爲先事之防即使有如清與瑄者亦
且消其驍獷而誘以自效有博采王憲使獻膠萊河之説因
其垂成之功督以畫一之法使表裏兼資參酌利害以甦漕

卒之困而求無疆之利憂世君子豈無是心哉

海道一福建布政司水波門船廠船要水手船護送其神仙壁碧水屋山島有賊開洋至三岔河口一二日至古山寺送香燭防東南颶作潮過平息至望琪港娘娘廟前泊一日至長樂港口一日至民遠鎮巡檢司一日至總埠頭港一日至福州左等衛要水手送一日至五虎廟燒總福一日至五虎門開洋望東北行正東便是裹衣山正北是定海千户所東南是福清縣塩場一日至王家峪海島泊一日至北高山巡檢司西洋山口泊一日福寧縣幇娘娘廟前泊一日至滿門千户所防霧晚收艃艚巡檢司海口一日至金鄉衛要水手送一日松門衛一日至温州平陽縣平陽巡檢司海口至凰鳳山銅盆山防東南颶作晚收中界山泊一日至盤石衛見霧在中界山正北島泊待南風行至晚收北門千户所要捕魚

小列船送待南風北行過利洋鷄籠山候潮行至松門港松門衛東港泊候潮至台州海門衛東洋山泊離温州望北行到桃青千戶所聖門口泊開洋至大佛頭山屛風山至健跳千戶所長亭巡檢司要水手魚船送又至羅漢堂山到石浦千戶所東關泊要水手送至定海衛始放金鄉盤石水手離石浦港後門過銅瓦山後沙洋半邊山党公爵溪千戶所望北行至青門山亂石礁洋至前倉千戶所雙髈港騎頭巡檢司過至大松千戶所家門山招寶山進定海港定海衛南門要稍水船送燒總福開洋望北行至遊口山黄公洋烈港千戶所海寧衛東山姑山望北行若至茶山低了至金山衛東海灘松江府上海縣海套水淺望東南行晩泊船候潮過羊山大七山小七山大倉寶塔望東北行兩日夜見黒水洋南風一日見緑水瞭見海内懸山一座便是延真島靖海衛口

淺灘避之

一劉家港出楊子江南岸候潮長沿西行半日到白茆港潮平帶蓬櫓摇遇撐脚沙尖轉宗明沙正東行南有朱八沙婆婆沙三脚沙須避之楊子江内北有雙塔南有范家港灘東一有張家沙江口有陸家沙可避口外有暗沙一帶連至崇明江北有瞭角嘴開洋或正西西南西北風潮落正東或帶北一字行半日可過長灘是白水洋東北行見官緑水一日見黑緑水循黑緑水正北行好風兩日一夜到黑水洋又兩日夜見北洋緑水又一日夜正北望顯神山半日見成山自轉瞭角嘴未過長灘正北行靠桃花班水邊北有長灘沙嚮沙半洋沙陰沙溟沙切避之如黑水洋正北帶東一字行量日期不見成山黑水多必低了可見升羅嶼海中島西有幾如筆架即復回望北帶西一字行一日夜便見成山若過黑水

洋見北洋官緑水或延真島望西北由便是九峯山向北上
有赤山牢山皆有島嶼可泊若牢山北有北茶山白蓬頭石
礁横百餘里激浪如雪即開使或復回望東北行北有馬鞍
山竹山島北有旱門浸灘皆可泊若東南風大不可擊北向
便是成山如在北洋官緑水内望見顯神山桃西一字多必
是高了即便復回望東北行過成山正西行前鷄鳴嶼内有
浮礁避之西有夫人嶼不可行須到劉島西可泊劉島正西
行到芝罘界島東北有門可入西北離百餘里有黒礁三四畝
大避之八角島東南有門可入自芝罘界島好風半日過抹直
口有金嘴石衝出洋内落潮可見避之新河海口到沙門島
東南有淺挨深行南門可入東有門有暗礁西北有門可泊
沙門島開洋北過砣磯山欽島沒島南半洋北半洋鐵山洋
東收旅順口黄洋川西南有礁黄洋川東收平島口内泊南

岸外洋成兒嶺盡東望三山正中入內有南北沙相連可泊
三山西有南山收青泥窪西有松樹島北有孤山東北望鳳
凰山和尚島墩內有礁石外有亂礁避之三山北青島一路
望海島收黃島使島若鐵山西收羊頭窪雙島東北看盖州
西看寶塔臺便是梁房口入三义河收牛莊馬頭泊
直沽開洋望東挑南一字行一日夜見半邊沙門島挑南字
多必見萊州三山挑東北行半日便見沙門島若挑北多見
砣磯山南收登州衛沙門島開船東南山嘴有淺挨中東行
好風一日夜到劉島劉島開洋望東挑北一字轉成山嘴正
南行好風一日夜見綠水一日夜見黑水又一日夜見南洋
綠水又兩日一夜見白水望南挑西一字行一日點竿戳二
丈漸減一丈五尺水下有亂泥二尺深便是長灘漸挑西收
洪如截硬沙即便復回望東行見綠水到白水尋長沙收三

沙洪如不着洪望東南行日看黄緑色浪花如茶末夜看浪潑如大星多卽是茶山若船坐茶山往西南一字半朝北見崇明沙南見青浦墩岸劉家港如在黒水洋正南挑西多是高了前有陰沙半洋沙濁沙攔頭沙卽是暸角嘴便復回往正東行看水色風訊收三沙洪如風不便卽挑東南行看水色收寶山如在黒水大洋挑東多必是低了見隔界大山一座便望正西南一字行一日夜便見茶山如不見隔界山又不見茶山見黒緑水多便望正西行必見石龍山孤礁山復回望西南行見茶山收洪

遼河口開洋順風一日夜至鐵山帶東二字望南行經成山入南洋望正南行三日夜經桃花班水望東行見白水帶西二字勤戳點竿尋長灘一丈八尺漸減至一丈五尺望西行戳楊子江洪如不見望下使必見茶山船稍南面坐茶山望

西行半朝便見崇明洲如風順一朝至劉家港内

占驗

朝着東南黑　勢急午前雨　暮着西北黑　半夜着風雨右占天

早起天頂無雲　日出漸明　暮着西邊無窮　明日晴明　遊絲天外飛

久晴便可期　清朝起𩃬雲　風雨霎時辰　風靜鬱蒸熱　雲雷必震烈

東風雲過西　雨下不移時　東南卯沒雲　雨下巳時辰　雲起南山暗

風雨辰時見　日出卯遇雲　無雨必天陰　雲隨風雨疾　風雨霎時息

迎雲對風行　風雨轉時辰　日沒黑雲接　風雨不可說　雲布滿山低

連宵雨亂飛　雲從龍門起　颶風連急雨　西北黑雲生　雷雨必聲訇

雲勢若魚鱗　來朝風不輕　雲鈎午後排　風色屬人猜　夏雲鈎內出

秋風鈎背來　曉雲東不慮　夜雨愁過西　雨陣兩雙煎　大颶連天惡

惡雲半開閉　大颶隨風至　風息始靜然　亂雲天頂絞　風雨來不少

風送雨傾盆　雲過都晴了　紅雲日出生　勸君莫出行　紅雲日沒起

晴明不可許　右占雲

秋冬東南起　雨下不相逢　春夏西北風　夏來雨不從　訊頭風不長
訊後風雨毒　春夏東南風　不必問天公　秋冬西北風　天光晴可喜
長憂風勢輕　舟船最可行　深秋風勢動　風勢浪未靜　夏風連夜傾
不晝便晴明　雨過東風至　晚來越添巨　風雨潮相攻　颶風難將避
初三須有颶　初四還可懼　望日二十三　颶風君可畏　七八必有風
訊頭有風至　春雪百二旬　有風君須記　二月風雨多　出門還可記
初八及十三　十九二十一　三月十八雨　四月十八至　風雨帶來潮
傍船入難避　端午訊頭風　二九君還記　西北風大狂　回南必亂地
六月十二　彭祖連天忌　七月上旬來　爭秋莫船開　八月半旬時
隨潮不可移　右占風

烏雲接日　雨即傾滴　雲下日光　晴朗無妨　早間日珥　狂風即起
申後日珥　明日有雨　一珥單日　兩珥雙起　午前日暈　風起此方

午後日暈　風勢須防　暈開門處　風色不狂　早白暮赤　飛沙走石

日沒暗紅　無雨必風　朝日烘天　晴風必揚　朝日燭地　細雨必至

暮光燭天　日光晴彩　久晴可待　日光早出　晴明必久　返照黃光

明日風狂　午後雲遮　夜雨霶霈　右占日

虹下雨雷　晴明可期　斷虹晚見　不明天變　斷虹早掛　有風不怕　右占虹

曉霧即收　晴天可求　霧收不起　細雨不止　三日霧蒙　必起狂風

白虹下降　惡霧必散　右占霧

電光西南　明日炎炎　電光西北　雨下連宿　辰闕電飛　大颶可期

遠來無慮　運則有危　雷光亂明　無風雨晴　夏風電下來　秋風對電起

閃爍星光　星下風狂　右占電

螻蛄放洋　大颶難當　兩日不至　三日無妨　滿海荒浪　雨驟風狂

大海無慮　至近無妨　金銀徧海　風雨立待　海泛沙塵　大颶難禁

若近山岸　仔細思尋　烏鰡弄波　風雨必起　三日不來　三日難抵

水上鵝毛　風大難拋　東風可守　回南暫傚　白蝦弄波　風起便和右占海

月上潮長　月沒潮漲　大訊潮光　小訊月上　水漲東北　東南旋瀀

西南水回　便是水落　北海之潮　終日滔滔　高麗潮來　一日一遭

萊州洋水　南北長落　北來是長　南退方覺　楊子江內　粮舟之患

最怕船客　大風緊急　擊定且守　船走難纜　鈕定必凶　直至沙岸

走花落矴　神鬼驚散　要知矴地　大洪泥硬　灘山一觥　鐵矴可障

海中泥窜　順拋木矴　黑水洋深　接纜數尋　成山開處　名羅鼓地

磨斷宗毛　幾纜可拋　成山鉄山　萬丈深泉右古潮

漕運圖

每方百里

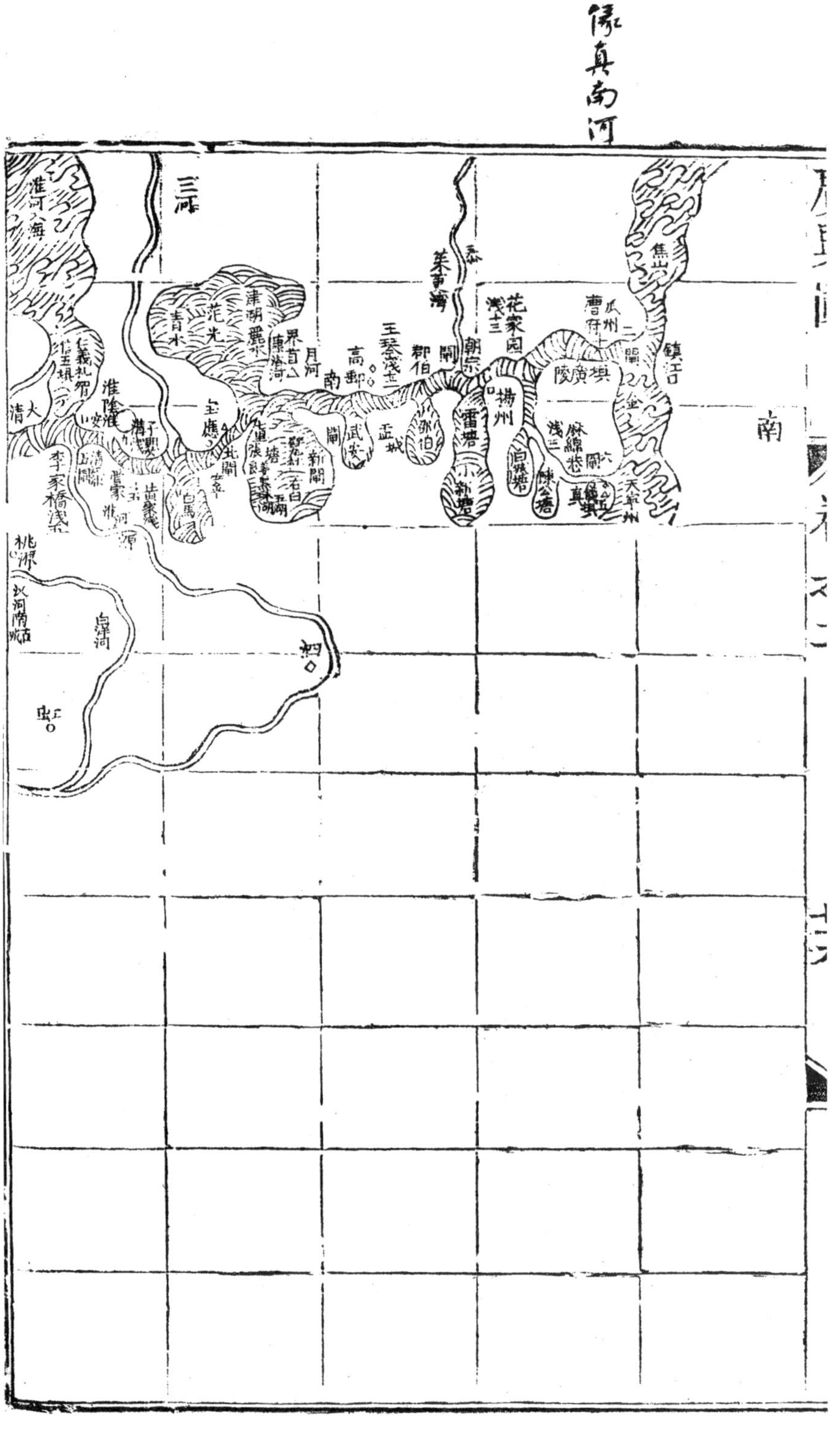
儀真南河
淮河入海
三汊
青水
淮陰
高郵
朝宗
揚州
花家园
雷塘
小新塘
瓜州
鎮江
南

摠河駐濟寧

徐淮中河

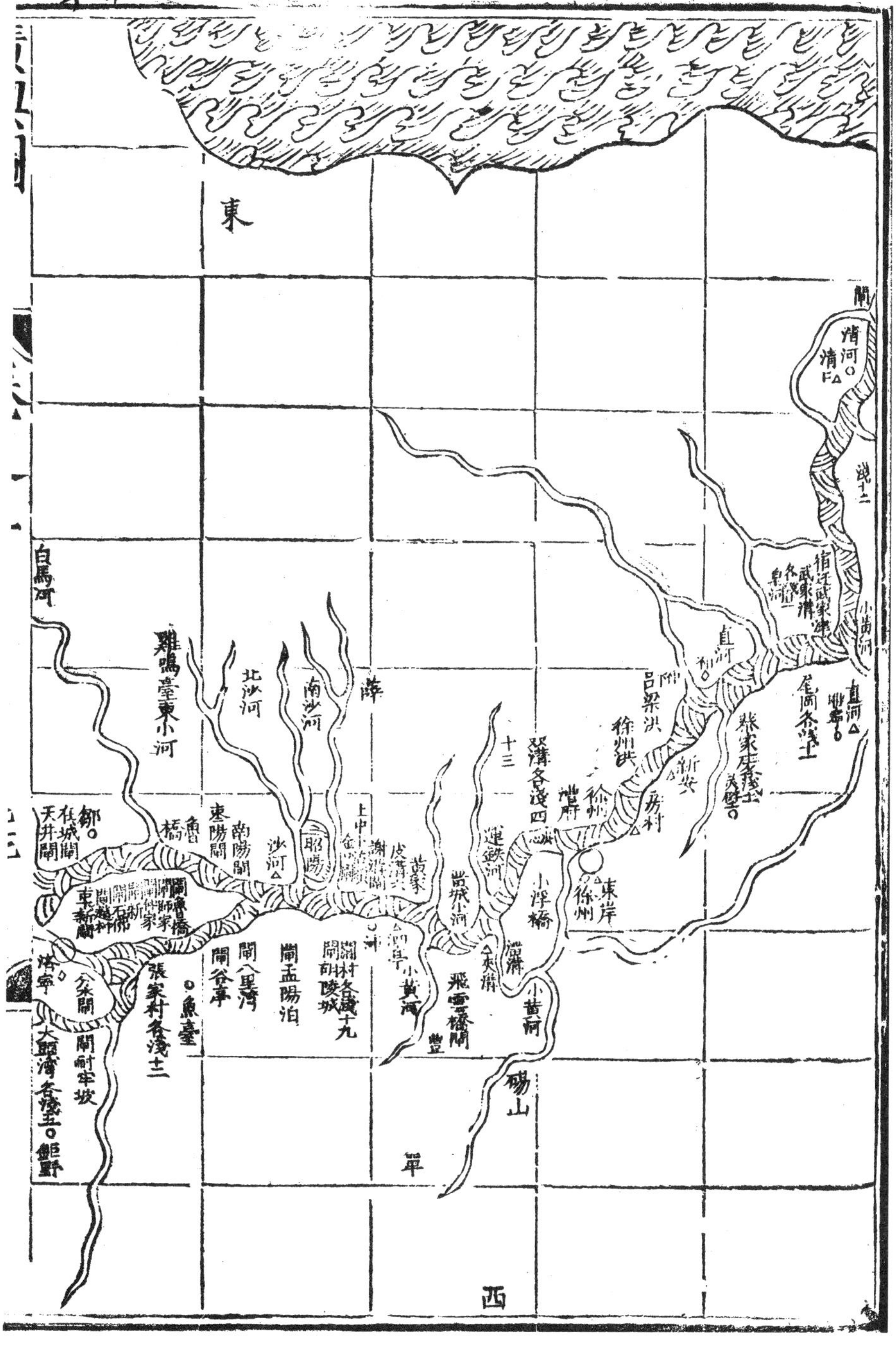
東
西
白馬河
雞鳴臺東小河
北沙河
南沙河
滕
清河
呂梁洪
徐州洪
徐州
東岸
小浮橋
碭山
小黃河
飛雲橋閘
魚臺
沙河
鄒
在城閘
天井閘
魯橋
南陽閘
東陽閘
鉅野

張秋北河
即會通河
衛輝府發
源穿過北
且至臨清
仍落北大河
所以名衛河

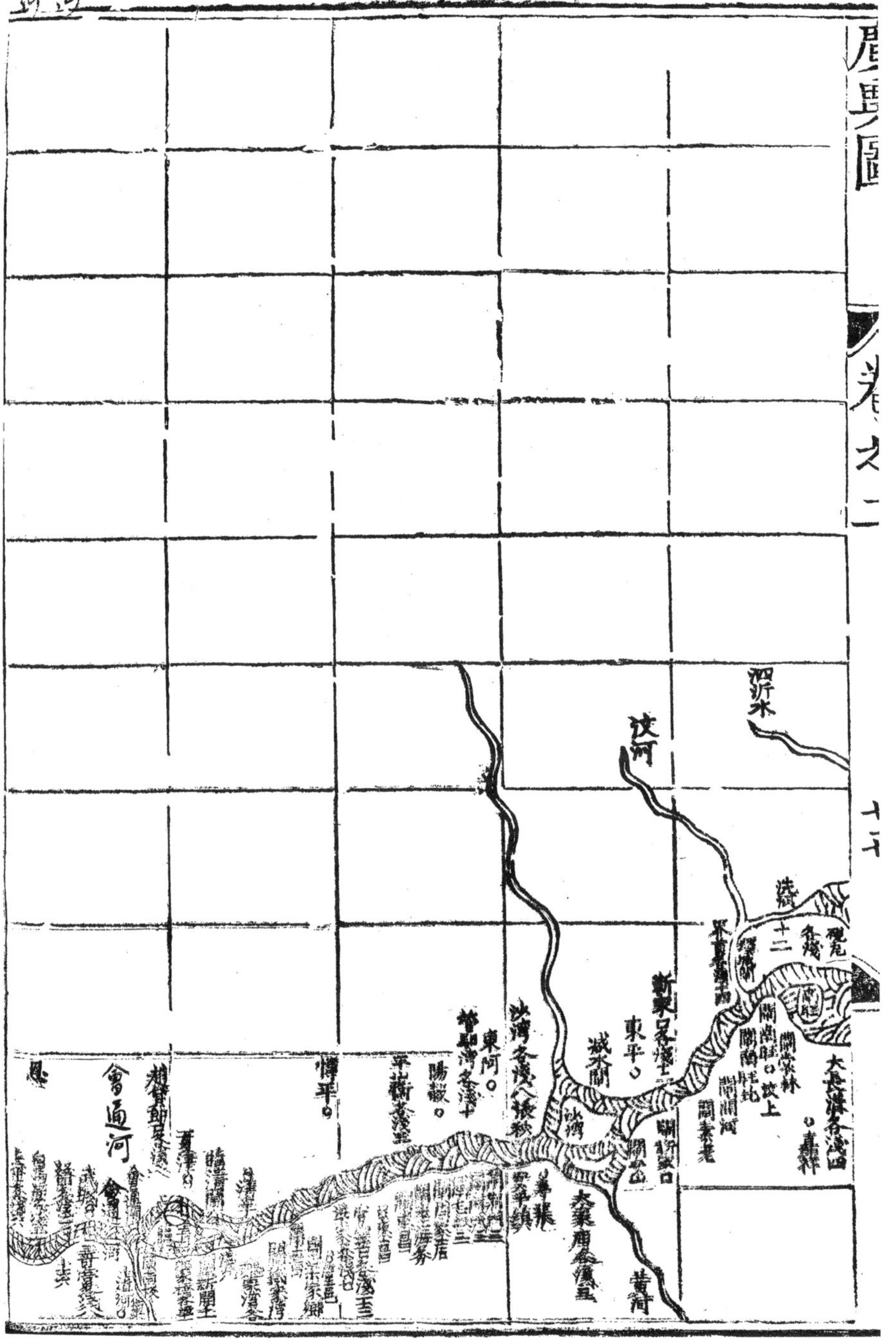

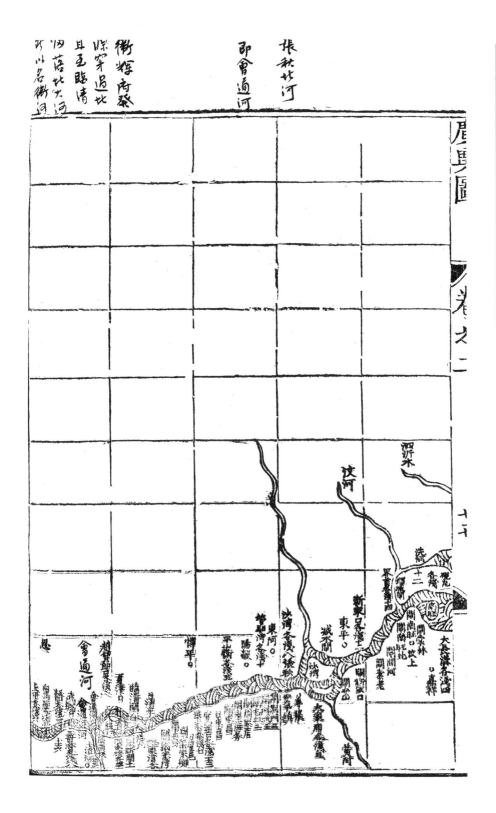

天津衛以南至臨清名衛河 北音吡外呼衛為金玉 玉玉

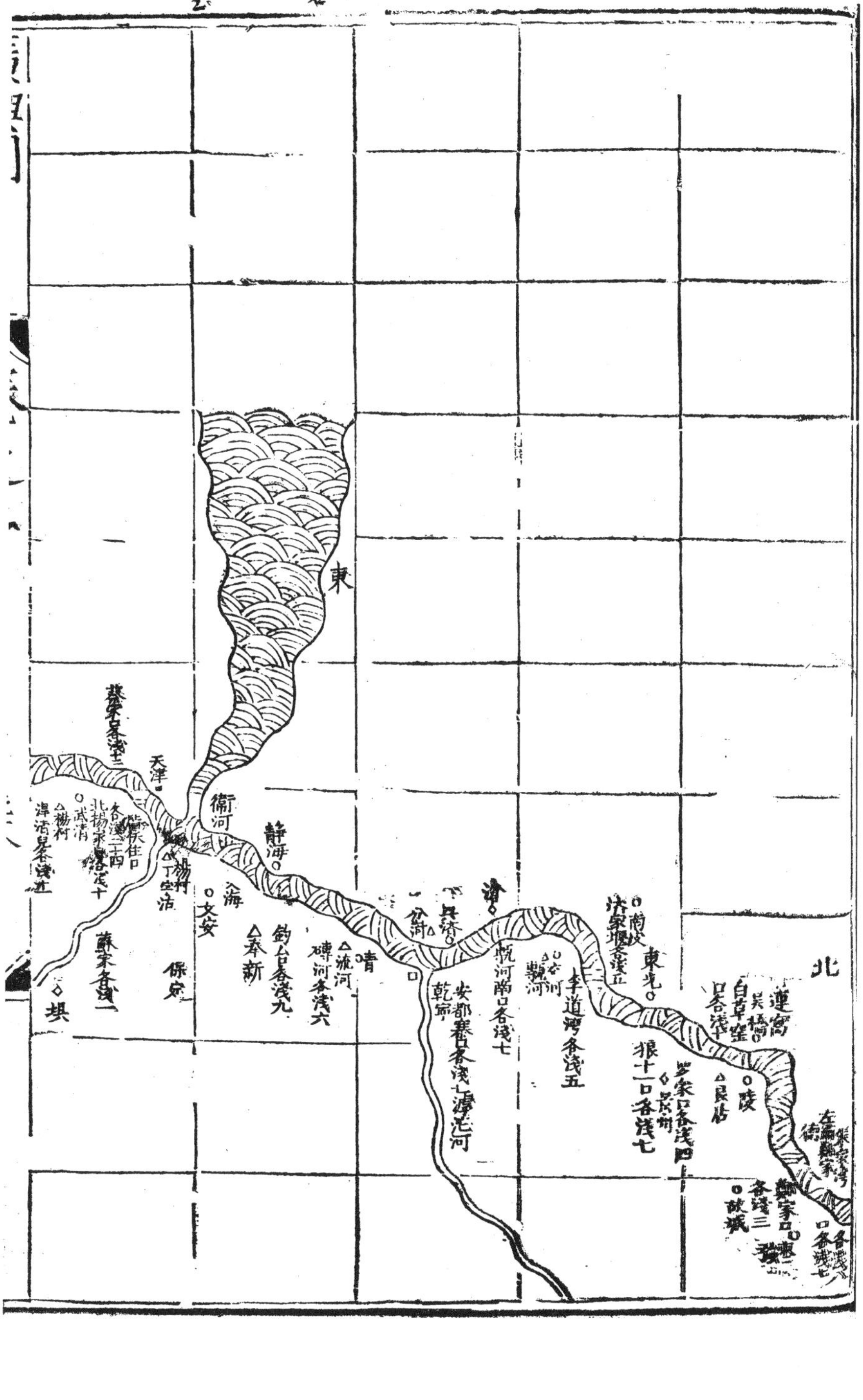

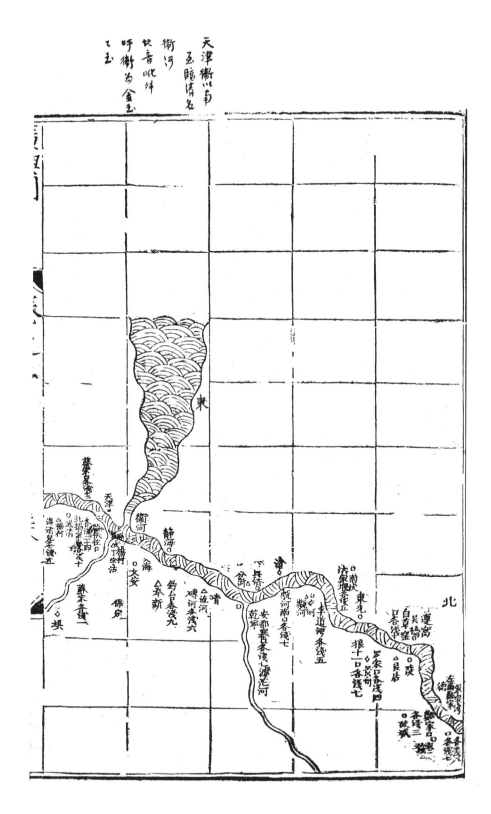

通州以南至天津衛名潞河

京師以至張家灣名玉河

自昌平起至通州其白河潞河玉河元明總名曰通惠河

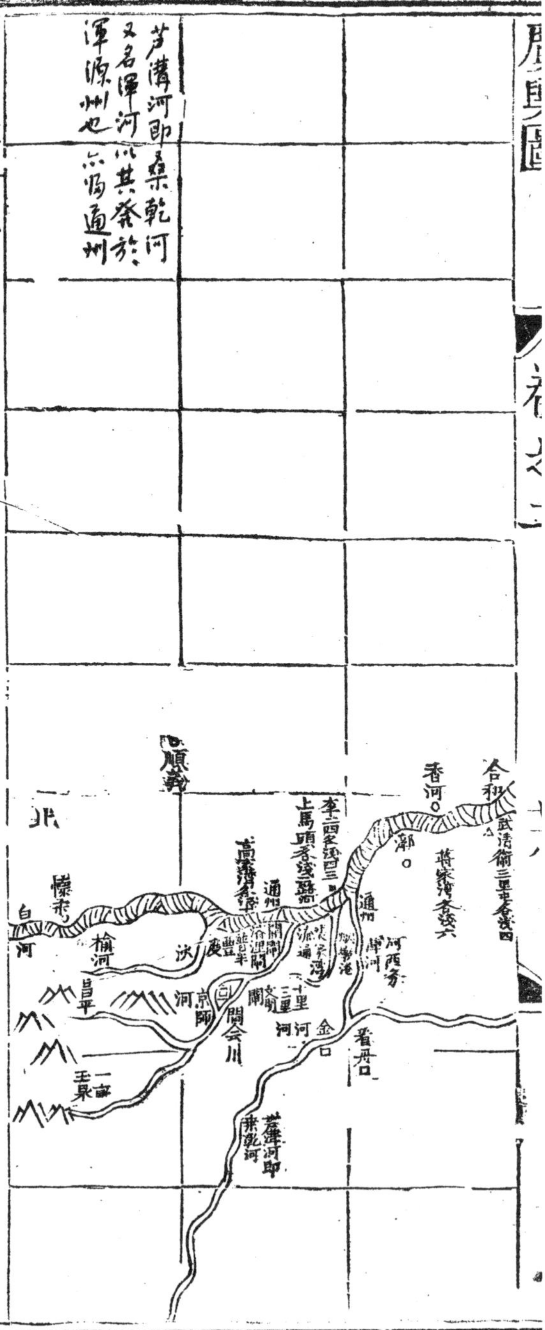

漕運建置

欽差總督漕運都御史一（駐淮安景泰二年設）理刑刑部主事一（駐淮安天順二年設）船廠工部主事一（駐清江浦）監倉戶部主事四（淮安一臨清一徐州一德州一）管河工部郎中二（一安平鎮分理濟寧以北一高郵州分理濟寧以南）管洪工部主事二（徐州一呂梁一）管閘工部主事二（一駐沛縣沽頭閘一濟寧成化二十年設）管泉工部主事一（駐寧陽）清江提舉一（在清江浦）衛河提舉一（在臨清）

欽差儹運糧儲兼鎮守地方總兵官一

欽差協同漕運參將一 俱駐淮安

運糧把總官七　指揮一百零二　千百戶七百七十七

鎮撫六　旗軍一十二萬一千七百一十一　船一萬二千

一百四十八　運糧四百萬八千九百九十八石九斗九升

二合

南京總二 把總官二衛三十四指揮二十五千百戶一百四十二旗軍一萬八千零八清江廠造船一千七百五十九運粮五十五萬一千八百八十一石六斗一升六合

其一

錦衣衛 運粮一萬四百六十九石三斗八升

府軍衛 粮五千九百九十一石一斗六升

金吾衛 粮五千三十五石二斗二升

豹韜左 粮六萬一千一百八十六石四斗六升

府軍右 粮三千一百三十一石一斗

神策衛 粮四千一百四十四石七斗七升

虎賁左 粮七千一百八十四石二斗六升

留守左 粮五千八百九十四石七斗八升

鷹揚衛 粮一萬一千四百八十二石五斗四升

鎮南衛 粮一萬四千四百二十九石九斗四升

留守中 粮四千九百一十二石三斗二升

龍江右 粮四萬五千六百五十三石八斗七升

廣洋衛 粮三萬六千一百九十七石六斗五升

江陰衛 粮二萬四千四百八石九升

羽林右 粮一萬九百九十一石三斗一升

龍虎衛 粮一萬五千二百五十一石

其一

旗手衛粮六千八百一十五石八斗四升
橫海衛粮一萬四千三百二十五石九斗八升
武德衛粮一萬一千二十二石一升

留守右粮一萬一千二百一石八斗六升
金吾前粮四千五百七十四石五斗九升八合
瀋陽右粮二千四百二十五石四斗五升八合

府軍後粮四千五百四十三石八斗九升
豹韜衛粮一萬一千八百八十一石六斗七升
虎賁右粮一萬八千一百二十四石一斗八升

水軍右粮二萬三千六百七十一石二斗四升
應天衛粮七千石五升六合
水軍左粮五萬一千九百四十七石七斗八升

龍虎左粮四萬四千一百八十石二斗七升
興武衛粮一萬一千八百八十一石六斗七升
羽林左粮二千七百一石七斗七升

龍江左粮三萬一千九百三十石八升
府軍左粮五千九百八十六石八斗九升

湖廣總把總官一衛所一十三指揮一十一千百戶八十七旗軍一萬七百零四武昌廠造船一千一十二運粮三十二萬八千六百三十四石二斗八升

武昌衛粮三萬六千四百七十三石九斗七升
武昌左粮三萬四千三百三十四石八斗二升
蘄州衛粮四萬三千一百三十六石二斗一升

黃州衛粮一萬六千七百七十二石一斗四升
沔陽衛粮三萬一千四百二十一石三斗一升
岳州衛粮一萬九千二百八十九石四斗五升

荊州衛粮三萬三千八百八十六石一斗五升
荊州左粮二萬一千三百八十一石七斗五升
荊州右粮二萬三千七百六十三石三斗四升

襄陽衛粮二萬一千五百九十六石六斗七升
承天衛
顯陵衛

德安所粮二萬二千三百四十二石三斗

江西總把總官一衛一十一指揮四千百戶五十八旗軍九千七百九十四九江廠造船八百八十六運粮三十萬六百九十五石三斗八升八合

南昌前　糧三萬七千九百四十七石六斗七升
袁州衛　糧七萬八百六十石二斗一升
贛州衛　糧二萬六百九十二石一斗四升

吉安所　糧三萬四千二百九十四石一斗三升
安福所　糧一萬八千七百五十八石九斗二升
永新所　糧一萬六千九百七十八石一斗

建昌所　糧一萬七千二百八十五石一斗二升
撫州所　糧二萬一千三百二石八升
廣信所　糧一萬六千九百四十七石五斗

沿山所　糧一萬九千五百二十六石四斗七升
饒州所　糧一萬四千一百一石七升

浙江總

把總官一衛所一十三指揮八千戶四十一百戶七十八鎮撫四旗軍二萬一千七百七十蘇州造船二千三十九運糧六十六萬五千三百一十一石三斗四升

杭州前　糧六萬八千四百六十五石四斗六升
杭州右　糧七萬四千六百五石八斗六升
紹興衛　糧八萬五千四十四石五斗四升

台州衛　糧八萬八千七百五十九石四斗八升
溫州衛　糧八萬九千九百五十六石八斗六升
處州衛　糧六萬二千九百三十九石二斗

海寧衛　糧一萬五千四百七十三石八斗
金華所　糧七千八百二十九石一升
衢州所　糧一萬五千九百六十五石四斗

嚴州所　糧三萬八百五十五石五斗二升
湖州所　糧一萬九千六百四十九石二斗八升
海寧所　糧一萬四百二十八石六斗八升

中都總

把總官一衛所一十一指揮九鎮撫二千百戶八十三旗軍八千七百一十六淸江廠造船八百八十七運糧二十六萬七千五百九十八石六斗三升二合

鳳陽衛　糧二萬九千六百五十八石一斗三升
鳳陽中　糧三萬八十七石九斗六升
鳳陽右　糧三萬一千三百一十六石四升

留守左　糧三萬四千三百五十五石五斗三升
留守中　糧一萬七千七百二十三石九斗
懷遠衛　糧二萬八千四百六十石七斗五升

長淮衛　糧四萬七千二百八十一石八斗
宿州衛　糧一萬七百四十五石七斗
武平衛　糧一萬四千三百四十五石七斗二升

潁川衛糧六千一百四十石四斗　洪塘所糧六千四十八石二斗八升　潁上衛糧一千五百三十七石一斗

江北總二　把總官二衛所一十八指揮一十五千百戶一百七十六旗軍二萬六千七百零二
清江廠造船二千六百八十七運糧八十八萬九千七百七十四石一斗二合

其一

淮安衛糧六萬八千三百一十一石九斗五升　大河衛糧一十萬二千七百九十石二斗九升　邳州衛糧四萬八百六十四石三斗六升

徐州衛糧七萬七千一百四十六石二斗三升　徐州左糧四萬一千六百三十一石九斗一升　壽州衛糧四萬五千九百六十石八斗七升

泗州衛糧九萬三千三百六十四石七斗八升　歸德衛糧二萬三千五百七十九石一斗三升

其一

揚州衛糧四萬七千四百三石八斗八升　通州所糧一萬七千三百七十七石二斗三升　泰州所糧一萬四千八百九十石四斗七升

鹽城所糧一萬四千二百七十六石四斗三升　高郵衛糧四萬四千八百五十五石六斗二升　興化所糧一萬二千四百九十五石七斗一升

儀真衛糧三萬三千七百七十二石二斗　滁州衛糧二萬二千七百五十一石一斗八升　廬州衛糧五萬二千四百五十六石五斗五升

六安衛糧二萬九千一百六十六石九斗

江南總二

上江　把總官一衛所一十一指揮九千百戶九十九旗軍一萬五千三百八十九安
慶等廠造船一千四百二十三運糧四十七萬二千四百七十三石七斗

建陽衛糧四萬一千四百四十七石七斗　宣州衛糧一萬五千七百八十石八斗二升　新安衛糧三萬五千三百七石二斗

安慶衛糧五萬五千六百一石二斗一升　九江衛糧六萬三百六十石一斗三升　水軍左舊遮洋糧一萬五百七十石九斗七升

龍江左舊遮洋糧一萬七千九百九十九石六斗　龍江右舊遮洋糧一萬三千一百四十一石二斗　廣洋衛舊遮洋糧一萬五百七十石九斗七升

江陰衛舊遮洋糧一萬七千九百九十九石六斗

下江把總官一衛所九指揮二千百戶一十九旗軍一千七百六十四清江等廠造船一百七十七運糧五萬四千二百二十九石六斗六合

鎮江衛糧七萬三千六百二十三石三斗九升　蘇州衛糧五萬九千七十石六斗四升　太倉衛糧四萬六千九百七十四石六斗

鎮海衛糧五萬六千六百七十五石八斗九升　松江衛糧一萬五千二百五十一石　嘉興所糧一萬一千二百八十石八斗

水軍右舊遮洋糧一萬七千一百四十二石四斗　應天衛舊遮洋糧一萬一百八十五石四斗八升　橫海衛舊遮洋糧十萬四千五百七十七石六斗

山東總把總官一衛所七指揮七千百戶四十七旗軍二千七百六十五清江廠造船七百七十三運糧二十三萬八千四百一石三升

臨清衛糧七萬九千五百七十九石五斗八升　平山衛糧三萬一千八百七石二斗七升　東昌衛糧二萬三千二百七十二石一斗一升

濟寧衛糧六萬八千九百九十六石六斗九升　兖州護糧一萬八千四百二十二石二斗　東平所糧八千五百三十五石一斗五升

濮州所糧七千八百二十九石一升

遮洋總把總官一衛一十六指揮一十二千百戶四十五旗軍六千二百名清江廠造船五百二十五運糧一十四萬石

通州左舊北直隸粮四千八十九石　通州右舊北直隸粮三千四十三石　神武中舊北直隸粮二千四百五十九石

定邊衛舊北直隸粮二千六百一十二石　天津衛舊北直隸粮四千四百五十八石　天津左舊北直隸粮三千七百一十石

天津右舊北直隸粮三千一十三石　德州衛舊北直隸粮一萬五千四百二十二石　德州左舊北直隸粮一萬五千四百二石

徐州左舊江北粮一萬二千八百九十四石八斗　泗州衛舊江北粮二萬四千六百八十四石四斗　淮安衛粮一萬七千四百二十七石九斗六升

大河衛粮四萬七千一百四十一石八斗二升　高郵衛粮二萬一千四百二十八石一斗　揚州衛粮三萬八百五十六石四斗六升

長淮衛粮三萬八百五十六石四斗六升四合

歲運

洪武三十年海運粮七十萬石于遼東

永樂六年海運粮六十五萬一千二百二十石于北京

十二年接運海運四十一萬四千八百二十石于通州衛河儹運粮四十五萬二千七百七十六石于北京

宣德八年儹運粮五百餘萬石通倉收二分京倉收一分

十六年會通河儹運淮安等處常盈等倉粮四百六十四萬六千五百三十一石于北京

正統二年儹運粮四百五十萬石支一百六十九萬八千二百六十五石

景泰二年借運粮四百二十三萬五千石

七年借運粮二百七十三萬九千五百石支一十一萬六千二十石三斗兌二百八十二萬三千四百八十石

天順四年借運粮四百三十五萬石支七十一萬一千八百石兌三百六十三萬八千二百石

成化八年借運粮四百萬石

弘治二年借運粮四百萬石兌運粮三百三十一萬石支運倉粮七十萬石

正德六年借運粮四百萬石兌運粮三百三十一萬石改兌粮六十三萬三千石支運倉粮六萬七十石

嘉靖元年借運粮四百萬石兌運粮三百三十一萬石改兌粮六十二萬九千四百石支運倉粮七萬六千石

朝鮮圖

每方百里

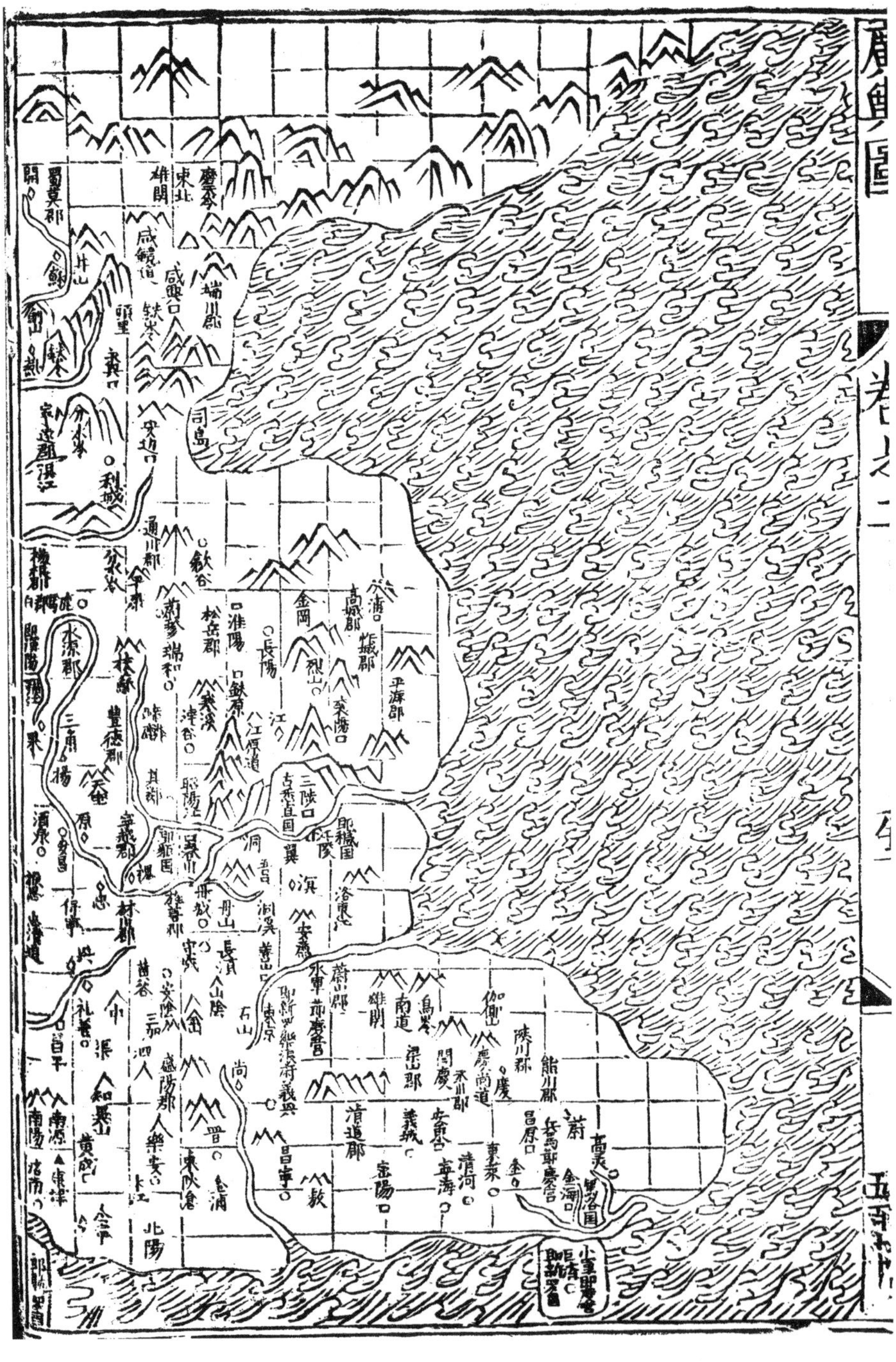
廣輿圖
卷之二
咸鏡道
平海郡
東萊
清河
金海

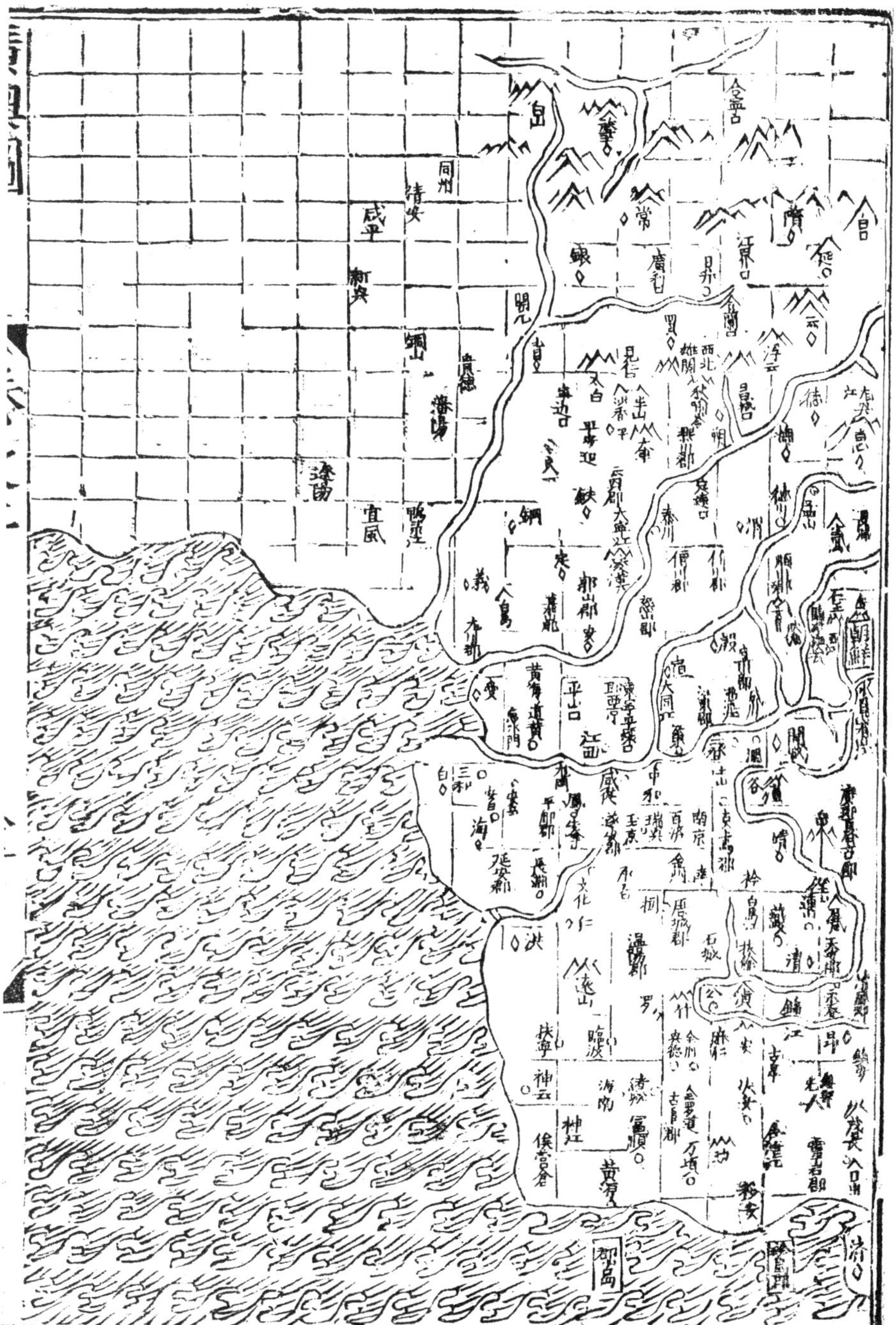
同州
咸平
朝鮮

朝鮮建置

朝鮮國本箕子所封秦屬遼東外徼漢初燕人衛滿據其地武帝定朝鮮爲真番臨屯樂浪玄菟四郡昭帝并爲樂浪玄菟二郡漢末爲公孫度所據傳至孫淵魏滅之晉永嘉末陷入高麗高麗本扶餘別種其王高璉居平壤城卽樂浪郡地唐征高麗拔平壤置安東都護府其國東徙在鴨綠水東南千餘里五代唐時王建代高氏闢地益廣并古新羅百濟而爲一遷都松岳以平壤爲西京其後子孫朝貢宋遼金歷四百餘年未始易姓元至元中西京内屬置東寧路總管府畫慈悲嶺爲界

國朝洪武初其王王顓表賀卽位始封高麗國王改號朝鮮其國僞分八道中曰京畿東曰江原本濊貊地西曰黄海古朝鮮馬韓舊地南曰全羅本卞韓地東南曰慶尚乃辰韓地西南曰忠清皆古馬韓域東北曰咸鏡本高句麗地西北曰平安

本朝鮮故地分統郡府州縣其忠清慶尚全羅三道地廣物衆州縣雄巨最爲富庶俗尚詩書人才之出比諸道倍多平安咸鏡二道境接靺鞨俗尚弓馬兵卒精强東西南瀕海北隣女直西北抵鴨綠江東西二千里南北四千里

道	郡	府	州	縣
京畿	楊根	漢城	楊州　廣州　潤州	交河
	豐德	開城	驪州　果州	三登
	水城	長湍	谷州　坡州	土山
江原	杆城　平海	江陵　淮陽	原州	平康　窨　烈山
	通川　寧越	三陟	江州	麒麟　酒泉　丹城
	松岳　旌善	襄陽	槐州	蹄麟　蔚珍
	高城	鐵原	濠州	瑞和　歙谷
黃海	遂安	平山	黃州　白州	安岳　三和　龍岡
	延安	瑞興	海州　豐州	殷從　江西以上五縣俱屬黃州

平鄘 承天 仁州 牛峰 文化 長淵
金羅 靈岩 金州 羅州 萬頃 茂長 鎮安
古阜 南原 濟州 扶安 全濱 康津
珍島 光州 興德 長城 樂安
鼎州 昌平 濟南 會寧
大江 臨波 古阜
南陽 富順 扶寧
麻仁 綾城 海南
神云 務安
慶山 蔚山 咸陽 金海 善州 慶州 泗州 東萊 清河 義城
熊川 陜川 寧海 密陽 尚州 義興 聞慶 巨濟
永川 梁山 寧東 晉州 昌寧 三嘉 安陰
清道 昌原 新州 山陰 高靈 守城
忠清 清風 溫陽 忠州 錦州 興州 永春 扶餘 保寧

東南海夷總圖

界內每方四百里界外海中風迅不常難以里載

天安　清州　靖州　禮州　報恩　石城
林川　公州　幸州　洪州　連山　燕岐
咸鏡
端川　咸興　永興　延州　德州　開州　利城
蜀莫　鏡城　窮邊　惠州　蘇州　合州
寧遠　會寧　無州　隋州
平安
嘉山　价山　平壤　見仁　安州　靈州　青州　孟山
郭山　雲興　成川　寧邊　定州　朔州　昇州　德川
熙川　宜川　定遠　江界　平州　撫州　常州　陽德
江東　慈川　龜城　義州　宿州　銀州　江東
龍川　順川　合蘭　鋼州　渭州　中和
博川　廣利　鐵州　寘州　泰川

朝鮮
扶餘
黑山
三韓
鷄州
松島
巨州
孤池
蘭浦
珍島
鳴浦
平波
肥後
豐前
肥前
豐後
近江
長門
尾張
日本
小琉球
大琉球
彭湖
野蘭山
鬼全
瀛州
馬安
丹嶼
雙嶼
官嶼
黃勿律
注輦
羅刹
銀里
三嶼
麻逸
麻里荅
海貼嶼
大人
小人
阿里
麻龍

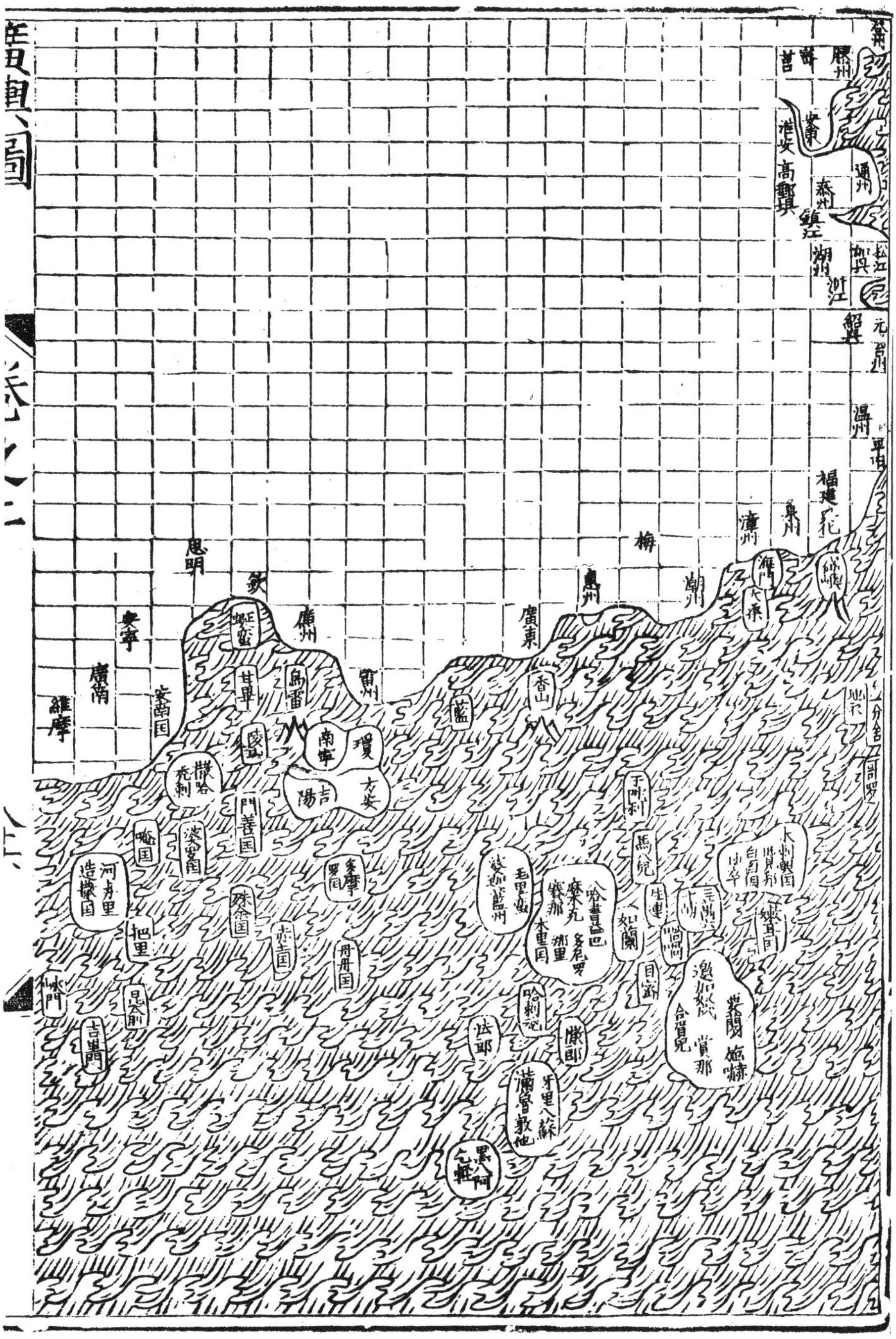
淮安
高郵
泰州
通州
鎮江
湖州
浙江
松江
溫州
福建
泉州
漳州
潮州
梅
惠州
廣東
香山
廣州
欽
思明
安寧
廣南
維摩
安南国
瓊
南寧
萬安
吉陽
門善国
馬兒
把里
吉里門

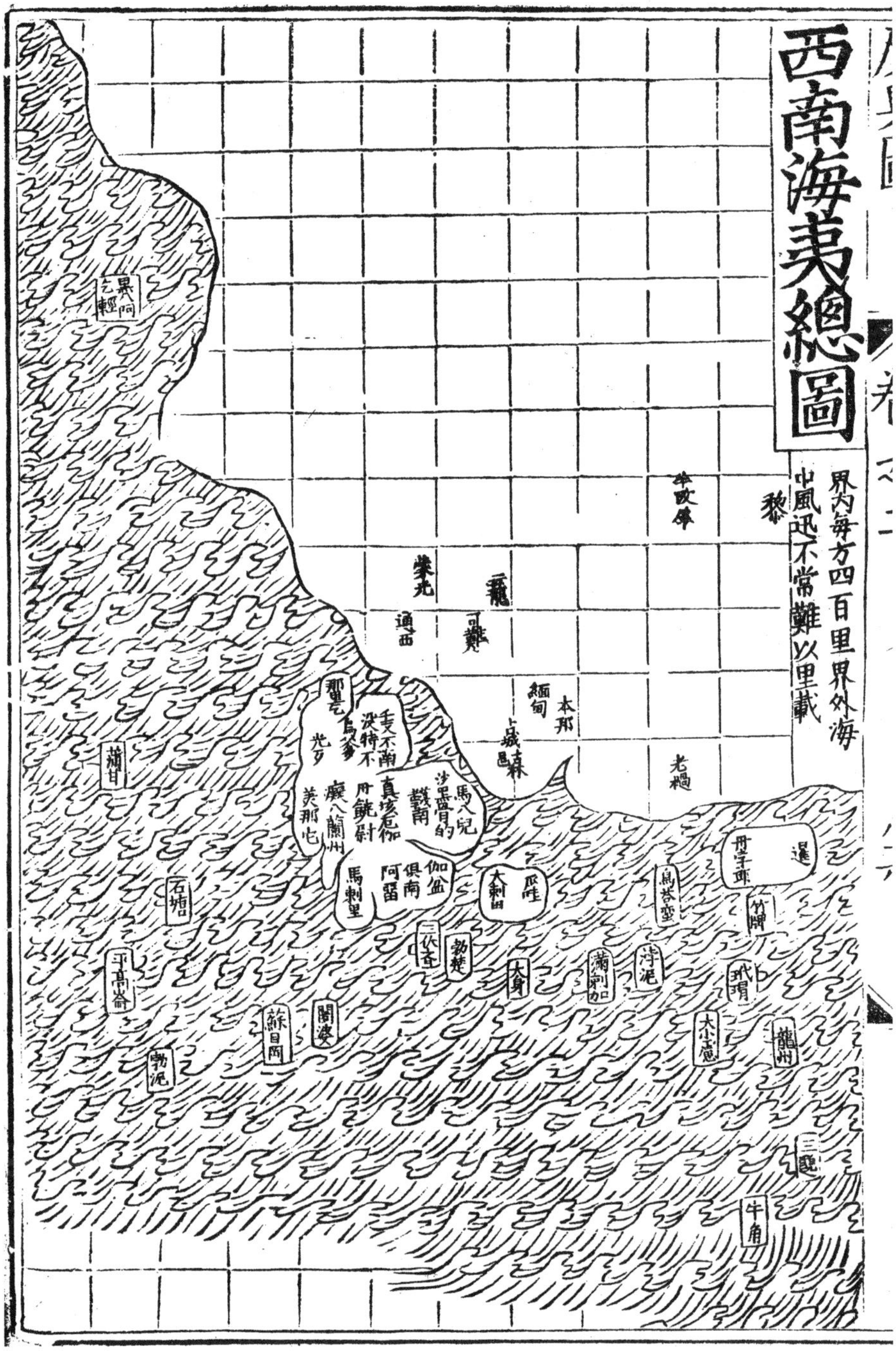
西南海夷總圖
界內每方四百里界外海中風迅不常難以里載

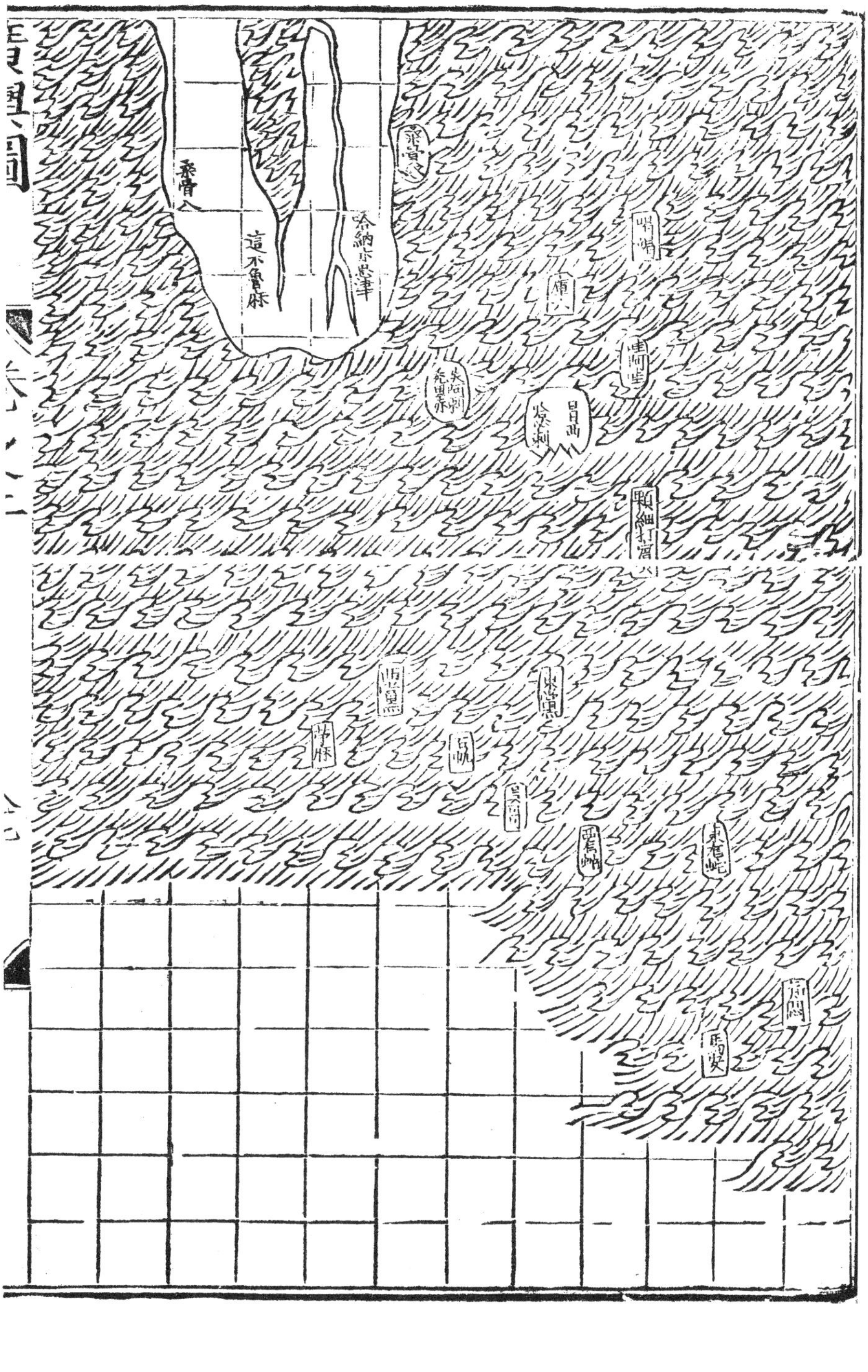
桑骨八
這不魯麻
哈納亦思津

安南圖
每方百里

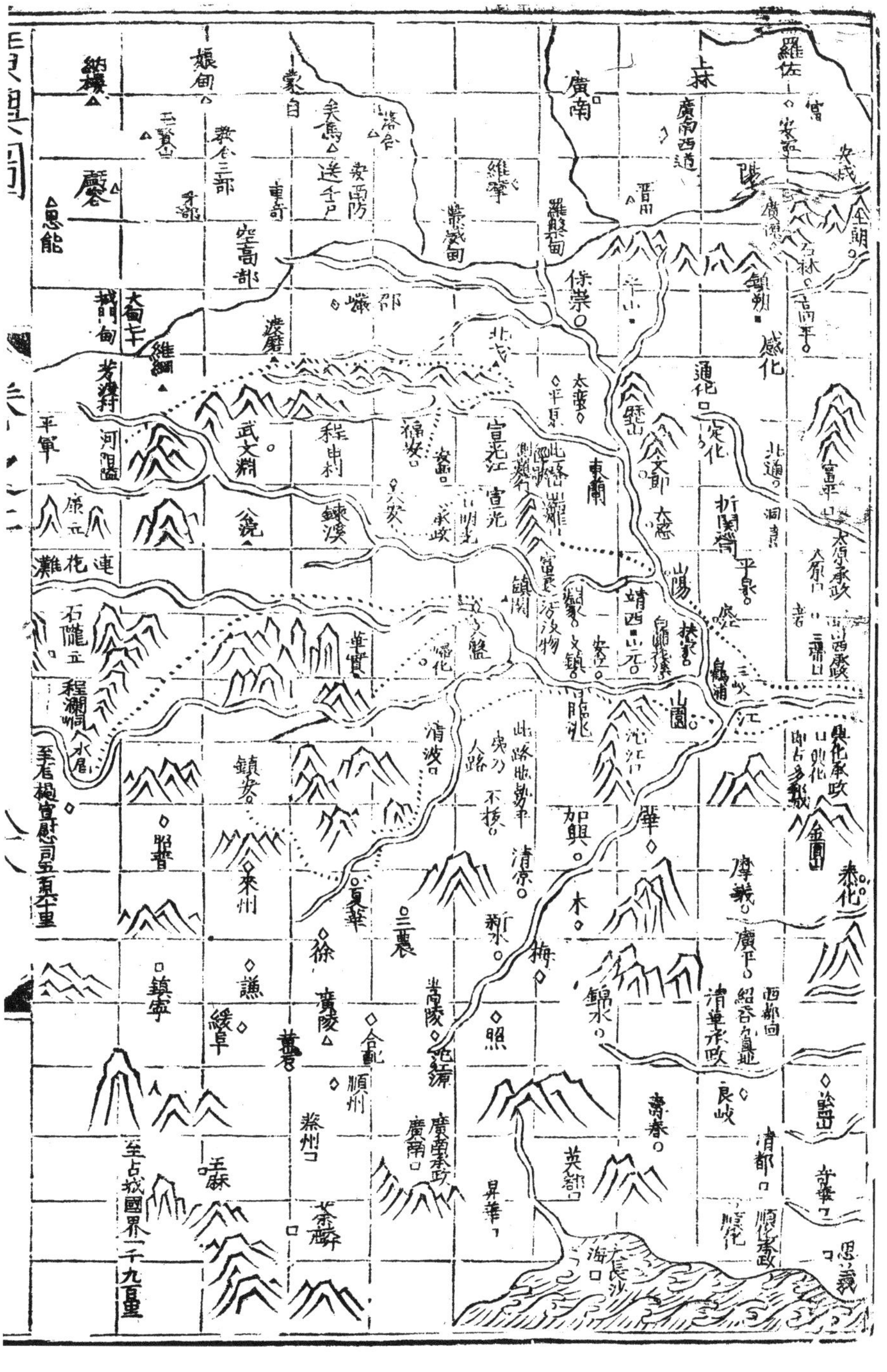
廣南
羅佐
廣南西道
保勝
感化
通化
定化
宣光
東關
太原
山陽
清波
清原
興化
臨洮
加興
鎮安
來州
徐
廣陵
順州
鎮寧
綏阜
武文淵
連花灘
石隴
程瀾峒
平軍
英都
良岐
清都
順化
思義
大長沙
海口
至占城國界一千九百里

安南建置

安南本古南交地秦象郡漢交趾九真日南三郡治羸𨻻吳改九德武平新昌宋改宋平徙龍編梁安南鎮南都護五代之亂推丁部爲帥宋封其子璉交趾郡王後黎桓李公蘊陳日煚相繼簒立又五世爲黎季犛所簒永樂四年遣兵平之建交趾布政司領府十七州五羈州四十一縣一百五十七宣德二年黎利復叛遣兵討之利懼奉表乞立陳氏後

朝廷許之因罷郡縣已而利簒陳自立嘉靖六年其黎督莫登庸秉黎之亂弑黎𢗺自立僭國號曰大越改元明德子方瀛嗣改元大正且侵内地十八年遣兵討之登庸表降請罪頓歸侵地於是

朝廷赦登庸罪署子方瀛安南都統使遂罷兵然其尊擅自若也

安南等處承宣布政司使　按察司　都指揮使司治交州府

宣德二年以前制

府	州	縣
交州	五 慈廉福安威蠻利仁三帶	十三 東關慈廉石室扶留清潭清威應平平陸利仁安朗安樂扶寧立石
北江	三 嘉林武寧北江	七 嘉林超類細江善才東岸慈山善誓
諒江	二 諒江上洪	十 清遠那岸平河鳳山陸那安寧保祿古隴唐安多錦
諒山	七 上文下文七源萬涯廣源上思下思	五 丘溫鎮夷淵縣丹巴脫縣
新安	四 東潮靖安南策下洪	十三 至靈峽山古費安老水棠支封新安和同利萬寧雲屯西岐清沔
建昌	一 快州	六 建昌布縣真利東結芙蓉永涸
鎮蠻		四 延河太平古蘭多翼
奉化		四 美祿西真膠水順爲
建平	一 長安	六 懿安大蠻安本望瀛安寧黎平
三江	三 洮江宣江沱江	五 麻溪夏華清波西蘭古農
宣化		九 曠縣當道文安平原底江收物大蠻楊縣乙縣

大原		十一 富良司農武禮洞喜永通宣化弄石大慈安定感化天原
清化	四 九真愛州清化葵州	十一 安定永寧古藤梁江東山古雷農貢宋江俄樂磊江安樂
乂安	四 驩州南靖茶籠玉麻	十三 衙儀支羅丕祿土油偈江真福古杜土黄東岸石塘奇羅盤石河華
新平	二 政平南靈	三 衙儀福康左平
順化	一 順化	十一 利調石蘭巴閬安仁茶偈利蓬乍令思蓉蒲苔蒲浪士榮
升華	四 升華思義	十一 黎江都和安蒲萬安具熙禮悌持羊白烏義純鵝盃溪錦
	廣威	二 麻籠美良
	宣化	三 赤土車來塊
	嘉興	三 籠縣蒙縣四忙
	歸化	四 安立文盤文振水尾
	演州	三 瓊林茶清芙蓉

安南僞制即交州僞東都僣設五府五部六寺御史臺通政司

五十六衛四城兵馬等衙門附郭府一曰奉天縣二曰廣德

永昌　其西都今爲清華承政古齋本登庸故鄉無城郭以鐵力木作排柵三層爲外衛登庸所自居也外分道十三設承政司　憲察司　總兵使司

十三承政司

安邦承政司　即交州地領府一曰海東

海陽承政司　即新安地領府一曰海陽

山南承政司　即諒江建昌奉化鎮蠻建平地領府十一曰上洪下洪天長廣東應天荊門新興長安莅仁平昌義興

京北承政司　即北江諒江地領府四曰北河慈山諒江順安

山西承政司　即交州三江嘉興歸化地領府六曰歸化三帶端雄安西臨洮沱江

諒山承政司　即諒山地領府一曰諒山

太原承政司　即太原地領府三曰太原富平通化

明光承政司　即宣化地領府一曰宣光

興化承政司　即廣威州地領府三曰興化廣威天關

清華承政司即清化地領府四曰紹天鎮寧葵州河中

乂安承政司即乂安演州地領府八曰乂安肇平思乂奇華德先演州北平清都

順化承政司即順化秋華領府三曰順化英都昇華

廣南承政司即乂安領府三曰廣南茶麟五麻

入交道三一由廣西一由廣東一由雲南由廣東則用水軍伏波以來皆行之廣西道宋行之雲南道元及我

朝始開廣西道亦分爲三從憑祥州入者由州南關隘一日至交之文淵州坡壘驛復經脫朗州北一日至諒山衛又一日至溫州之北險徑半日至鬼門關又一日經溫州之南新麗村經二十江一日至保祿縣半日渡昌江又一日至安越縣南市橋江下流北岸一道由思明府入過摩天嶺一日至鬼陵州過辨強隘一日至祿平州西又路一日半至諒山府若從東南行過車里江此江永樂中黎季犛堰之以拒王師後

偵知其堰處乃决之以濟師一日半至安博州又一日半過耗軍峒山路險惡又一日至鳳眼縣又分二道一道一日至保禄縣亦渡昌江一道入諒江府亦一日至安越縣之南市橋江北岸各與前道會其自龍州入者一日至平而隘又一日至七源州二日至文蘭平茄社又分爲二道一道從文蘭州一日經右隴縣北山徑出鬼門關平四十里渡昌江上源經右隴之南沿江南岸而下一日至世安縣平地至安勇縣又一日亦至安越縣之中市橋江北岸一道從平茄社西一日半經武崖州山徑二日至司農縣平地又一日半亦進至安越縣之北市橋江上流北岸市橋江在安越縣境中昌江之南諸路總會之處隨處皆可濟師一日至慈山府又至東岸嘉林等縣渡富良江以入交州雲南亦有二道其一道由蒙自縣經蓮花灘入交州之石隴關下程瀾峒循洮江源右

岸四日至水尾州又八日至文盤州又五日至鎮安縣又五日至夏華縣又三日至清波縣又三日至臨洮府洮水即富良江上流其北爲宣光江南爲沱江所謂三江者也臨洮二日至山圍縣又二日至興化府即古多邦城自興化一日至白鶴神廟三岐江又四日至白鶴縣渡富良江其一道自河陽隘循洮江左岸十日至平源州又五日至福安縣又一日至宣江府又二日至端雄府又五日亦至白鶴三岐江然皆山徑欹側難行其循洮江右岸入者地勢平夷乃大道也若廣東海道自廉州烏雷山發舟北風順利一二日可抵交之海東府若沿海岸以行則烏雷山一日至永安州白龍尾白龍尾二日至玉山門又一日至萬寧州萬寧一日至廟山廟山一日至屯卒巡司又二日至海東府海東二日至經熟社又石堤陳氏所築以禦元兵者又一日至白藤海口過天寮

巡司南至安陽海口又南至塗山海口又南至多漁海口各有支港以入交州自白藤而入則經水棠東潮二縣至海陽府復經至靈縣過黃徑平灘等江其自安陽海口而入則經安陽縣至荊門府亦至黃徑等江由南策上洪之北境以入其自塗山而入則取古齋又取宜陽縣經安老縣之北至平河縣經南策上洪之南境以入其自多漁海口而入則由安老新明二縣至四岐遡洪江至快州經鹹子關以入多漁南爲太平海口其路由太平新興二府亦經快州鹹子關口由富良江以入此海道之大畧也交州之東有海陽荊門南策上洪下洪順安快府等府去海頗遠各有支港穿達迤邐數百里大艦不能入故交人多平底淺舟以便入港云

西域圖

每方五百里

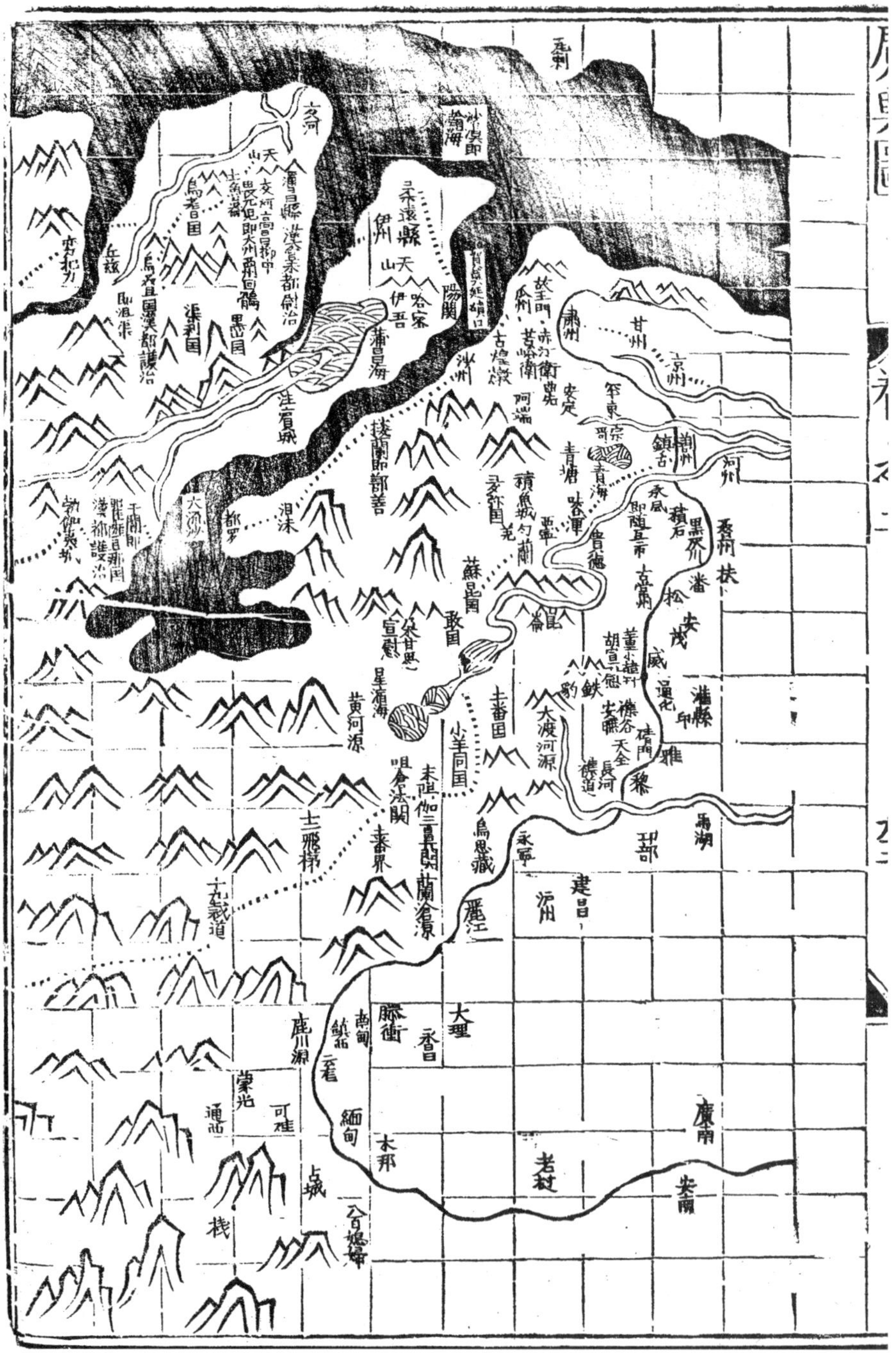

伊州
哈密
伊吾
陽關
蒲昌海
沙州
肅州
甘州
青海
星宿海
黃河源
大渡河源
土番國
麗江
建昌
大理
緬甸
木邦
老撾
廣南
安南
占城

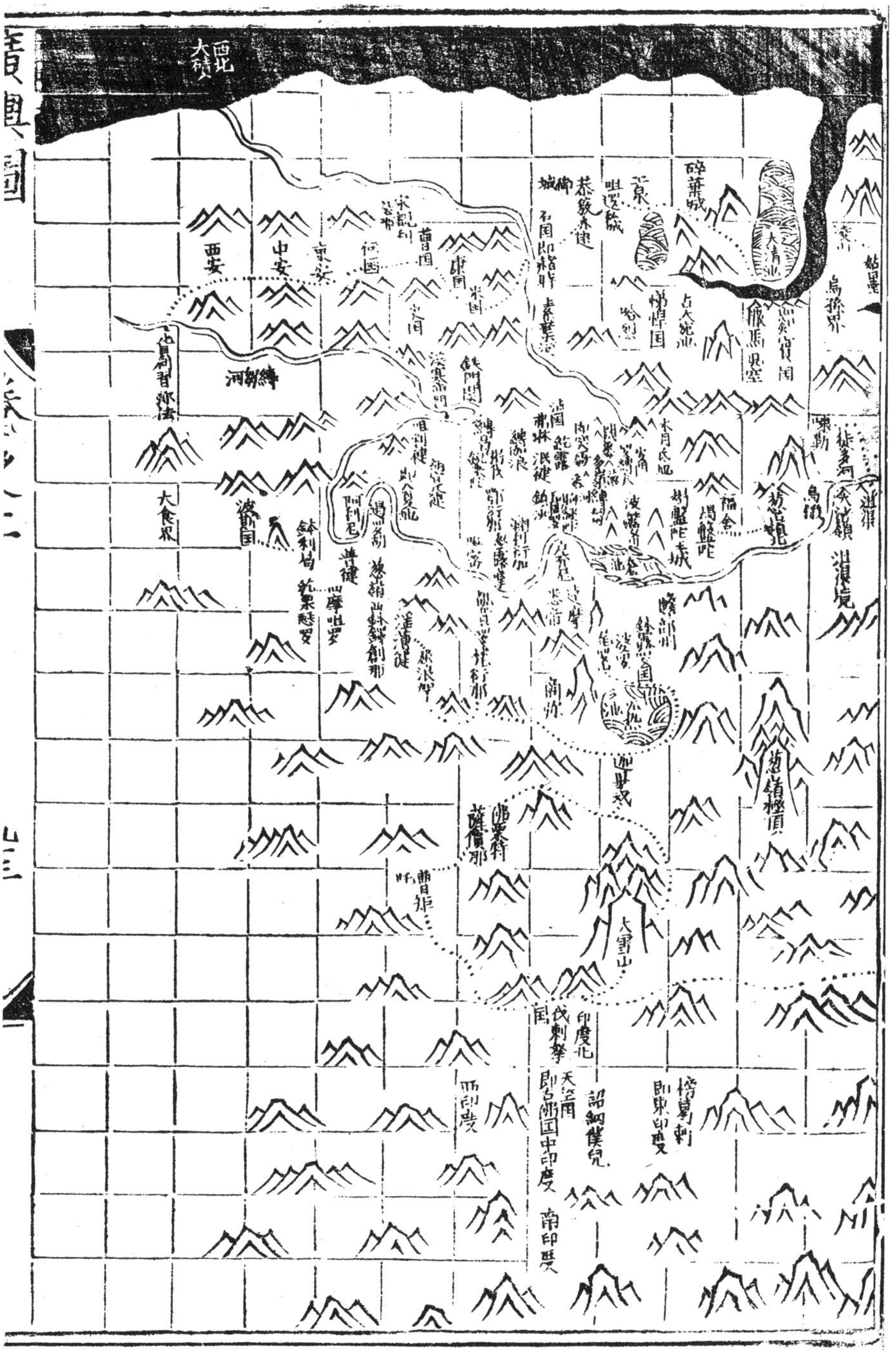
西北大磧
西安
中安
大食界
碎葉城
大雪山
西印度
南印度

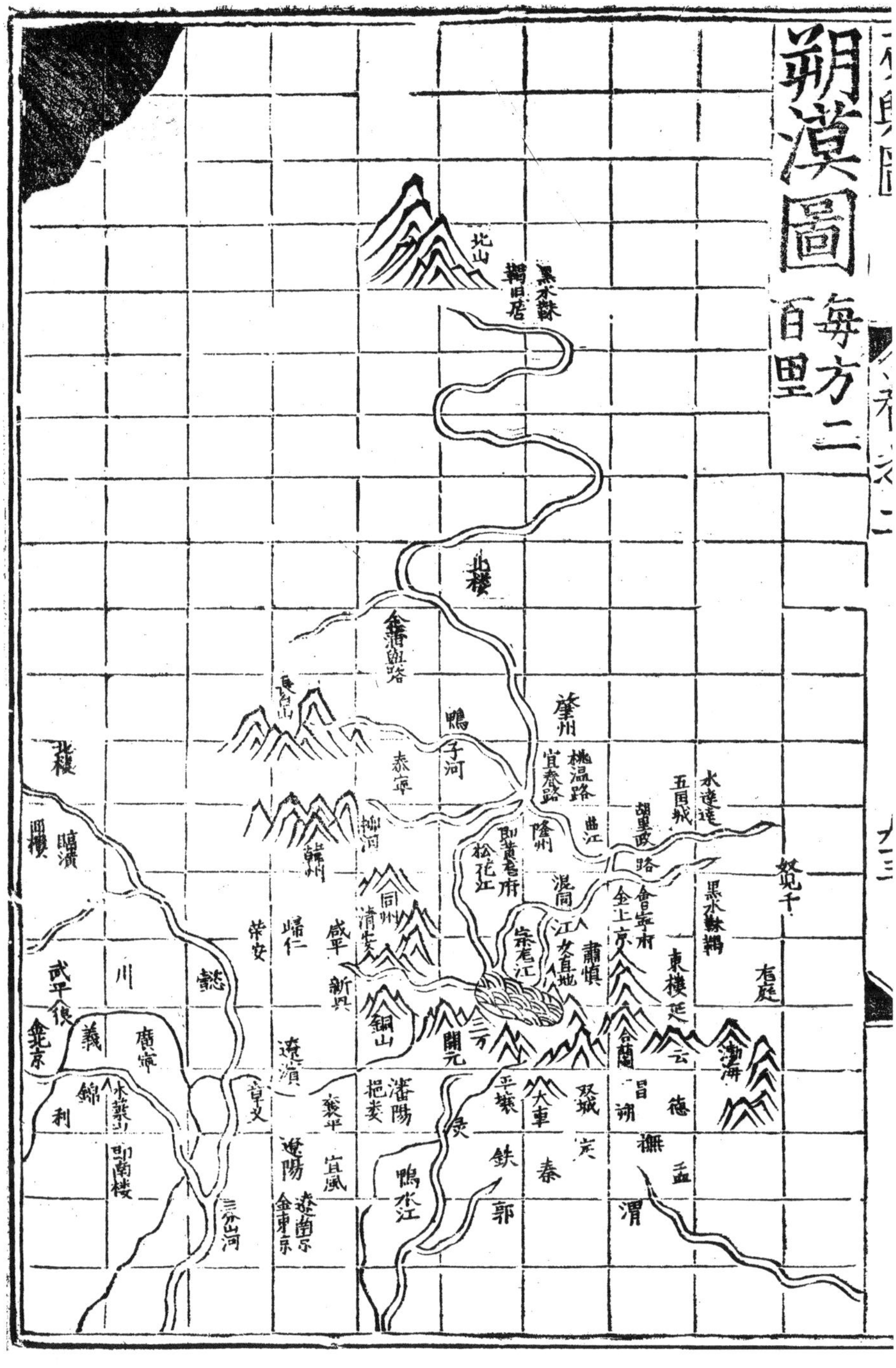
朔漠圖
每方二百里
北山
黑水靺鞨
鞨田居
鴨子河
松花江
混同江
瀋陽
鴨水江
遼濱
三分山河

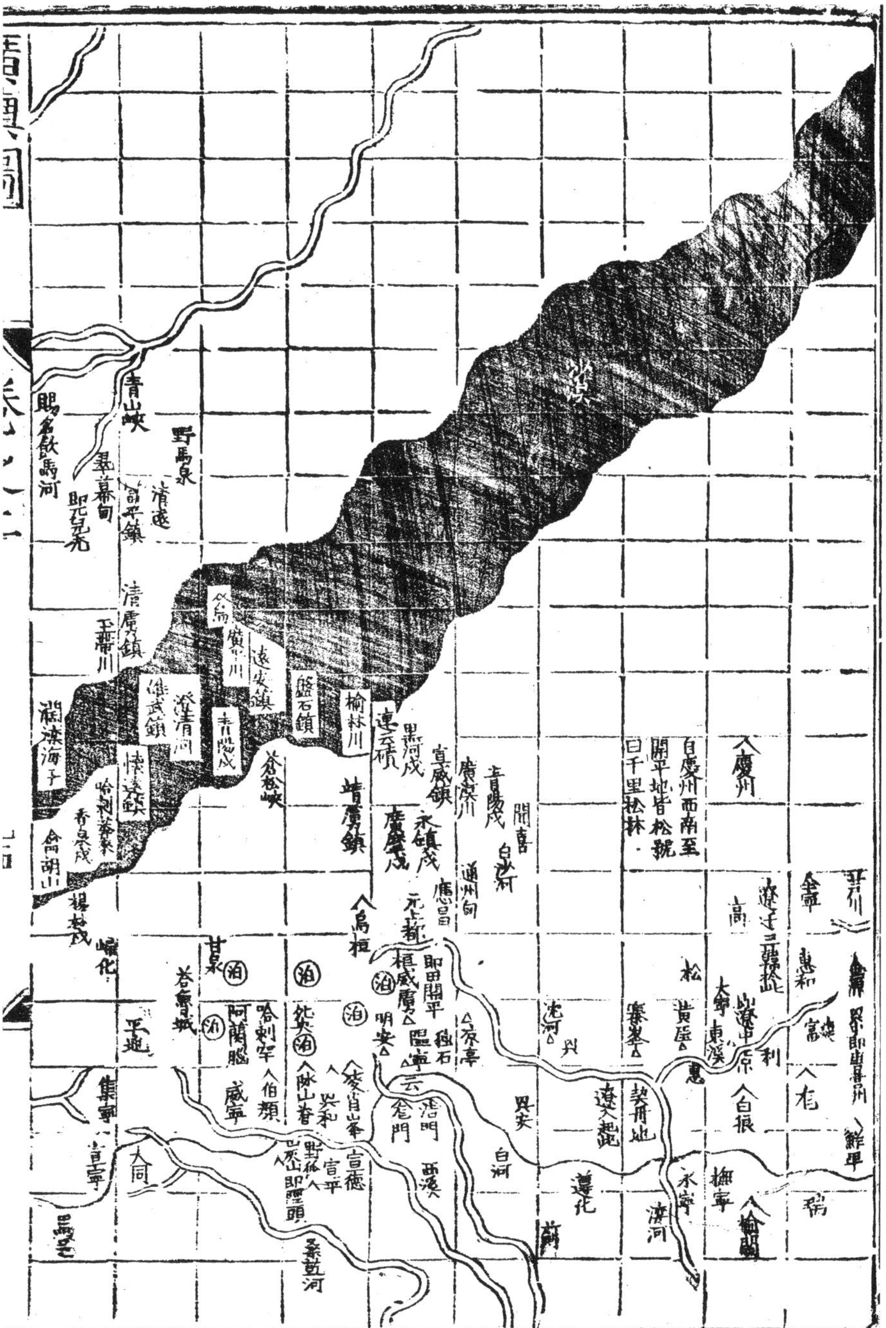
青山峡
野馬泉
賜名飲馬河
清遠
清虜鎮
盤石鎮
榆林川
蒼松峡
平虜鎮
烏桓
元上都
即開平
自慶州西南至
開平地皆松號
曰千里松林
慶州
大同
宣德
龍門
白河
潮河
遵化
灤河
集寧
興和
宣平
永寧
撫寧
白狼
惠和
鮮卑

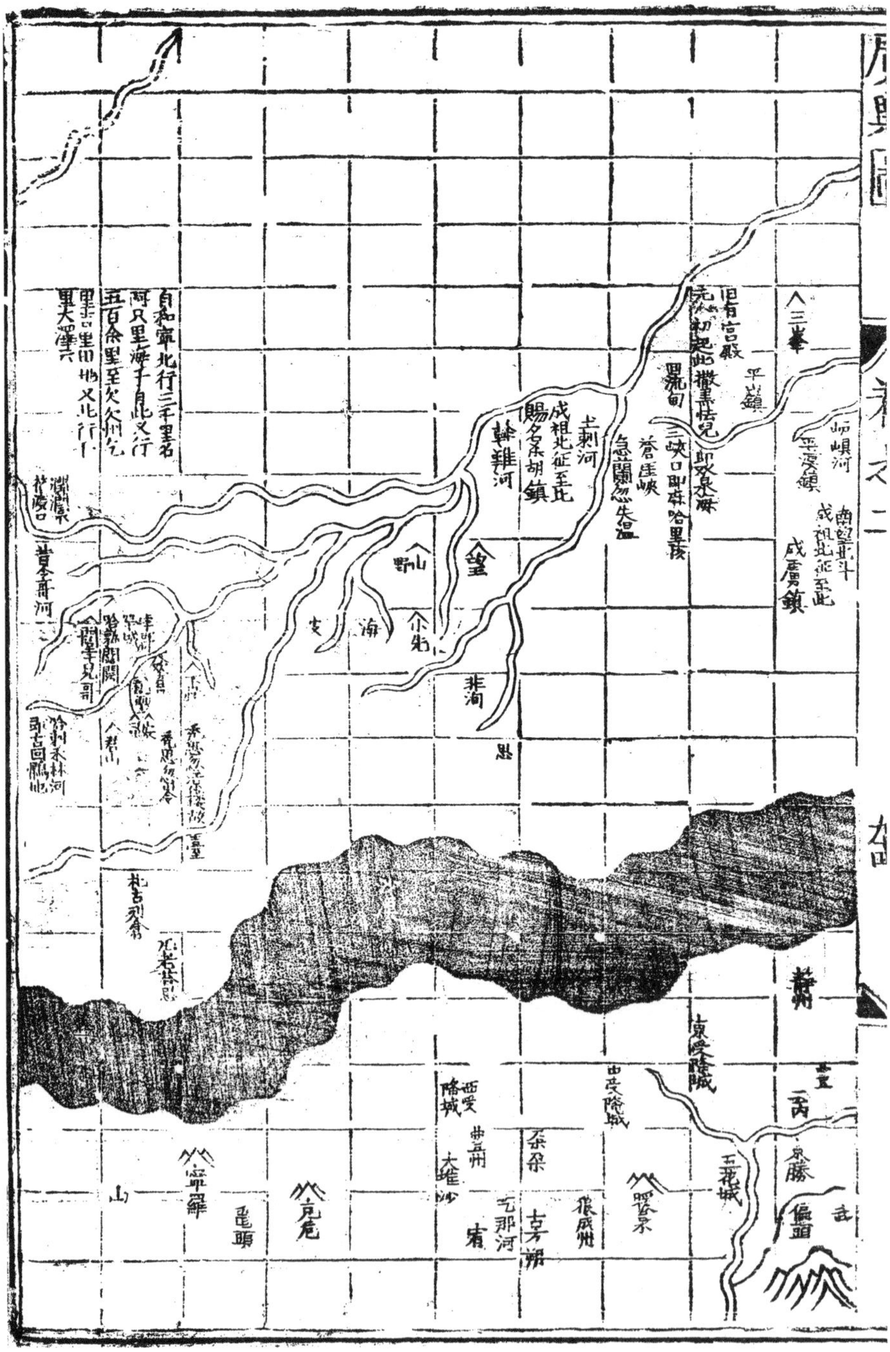
三峯
成虜鎮
斡難河
東受降城
西受降城
中受降城

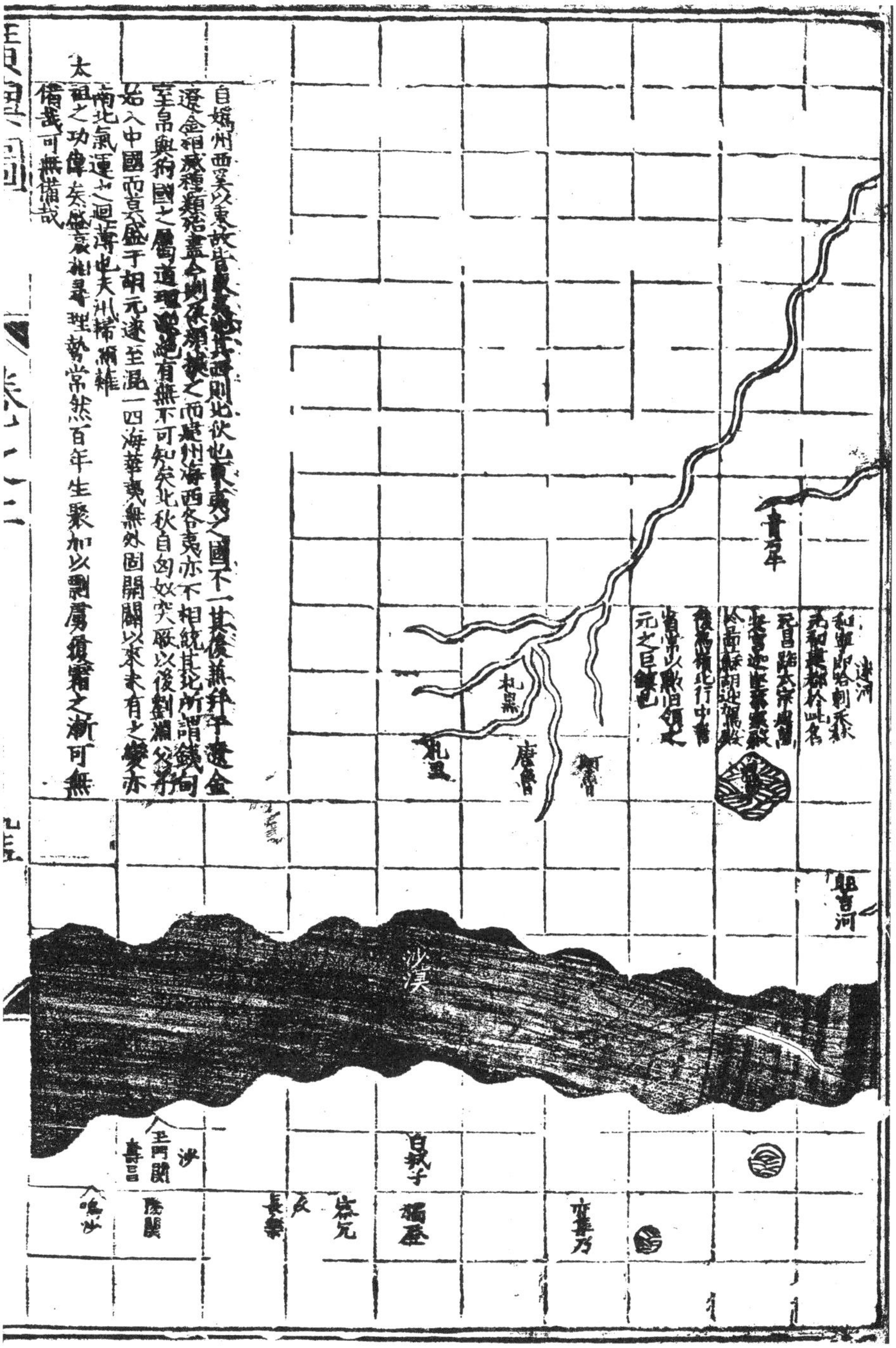

自嬀州西實以東故皆東夷地其西則北狄也東夷之國不一其後燕并于遼金
遼金相滅種類殆盡今則朶顏據之而建州海西各夷亦不相統其北所謂韃靼
室韋與狗國之屬道理遼絕有無不可知矣北狄自匈奴突厥以後劉淵父子
始入中國而莫盛于胡元遂至混一四海華夷無外固開闢以來未有之變亦
南北氣運之一回薄也夫以稀闊種
太祖之功偉矣然豪傑寡理勢常然百年生聚加以剽虜復寄之漸可無
備哉可無備哉
遼河
青草平
沙漠
王門關
鳴沙
陽關
白狐子

日本圖

日本圖

日本即倭奴國在東南大海中依倚山谷高麗在其北新羅百濟在其西北地勢東高西下於閩浙爲東北隅王以王爲姓文武僚吏皆世其官有五畿七道各有所屬州州以統郡其附庸國凡百餘自北岸去拘邪韓國七千里曰對海國又南渡一海千餘里曰瀚海國又渡一海千餘里曰末羅國東南陸行五百里曰伊都國又東南百里曰奴國又東百里曰不彌國又南水行二十日曰投馬國又南水行十日陸行一月曰邪馬一國其次曰斯馬國曰已百支國曰伊邪國曰郡支國曰彌奴國曰好古都國曰不呼國曰姐奴國曰對蘇國曰蘇奴國曰呼邑國曰華奴蘇奴國曰鬼國曰爲吾國曰鬼奴國曰邪馬國曰躬臣國曰巴利國曰支惟國曰烏奴國皆附倭境其國小者百里大不過五百里戶少者千餘多不過一

二萬自漢武帝滅朝鮮驛通漢者三十許國皆稱王其大倭王居邪馬臺國即邪摩維是已光武中元初始來朝貢後國亂國人立其女子曰卑彌呼爲王卑彌死其宗女壹女繼之後復立男王並受中國爵命歷魏晋隋唐皆來貢稍習夏音唐咸亨初惡倭名更號日本自以其國近日所出故名或云日本故小國爲倭所併因冒其號焉宋雍熙後累來朝貢熈寧以後來者皆僧也元至元初遣使招諭不至因命使由高麗且介高麗王植致書諭意皆不報至十七年春二月顧殺國使杜世忠等世祖怒於是召范文虎議招募士卒伐之踰年遂率兵十萬以往至五龍山暴風破舟文虎等擇好舟乘走弃餘衆山下衆推張百戶爲主將伐木造舟會倭來戰盡殲焉逃歸者纔三人終元之世使竟不至以上俱寰宇一統等志及元史

本朝洪武二年命臣趙秩往諭其國王良懷遣使臣僧祖朝貢自

後數歲一來後屢入寇且與胡惟庸通謀惡之著爲訓絕不與通爰命信國公湯和金畧沿海自遼左至徐聞甚具詳具沿海圖志永樂以來嘗遣太監鄭和招諭諸夷日本首先納款乃給勘合百道許其通貢仍非時寇至十九年大寇遼東等處總兵官劉江盡殲之於望海堝海氛始熄百八十年海上恬晏姦商造孽乘時跳梁太掠沿海內地自壬子至戊午幾致滔天幸而渠魁授首兇醜頓衰雖間或弗靖然要領絕矣故永安長筭其猶須詳議乎

部	道	州		統郡
畿內		五	山城大和河內和泉攝津	共五十三
畿外	東海	十五	伊賀伊勢志摩尾張三河遠江駿河伊豆甲斐相摩武藏安房上總常陸	共一百十六
	西海	九	筑前筑後豐前豐後肥前肥後日向大隅薩摩	共九十三
	南海	六	伊紀炎路阿波讃岐伊豫土左	共四十八

北陸	七	若佐越前越中越後加賀能登佐渡	共三十
東山	八	近江美濃飛驒信濃上野下野陸奧出羽	共一百一十二
山陽	八	播摩美作備前備中備後安藝周防長門	共六十九
山陰	八	丹波丹後但馬因幡伯耆出雲石見隱岐	共五十二

海曲島三伊岐對馬各統二郡多藝各統一郡驛凡四百一十四戶可七萬餘課丁約八十八萬五千三百二十九　貢道寧波定海關收船設市舶提舉司官一

貢期十年一次永樂二年欽定　貢例船止二隻人止二百違例以寇論

始倭之通中國也實自遼東由六朝及今乃從南道浮海率自温州寧波以入風東北迅自彼來此約可四五日程而西風迅自此之彼約亦四五日程蓋其去遼甚遠而去閩浙甚邇若盡其國界則東西也長行可四五月南北也短行三月而皆極於海其西北至高麗也必由對馬島開洋順風僅一日二日南至琉球也必由薩摩州開洋順風七日其貢使之

來必由博多開洋歷五島而入中國以造舟水手俱在博多故也貢舶回則徑收長門抽分司官在馬故也若其入寇則隨風所之東北風猛則由薩摩或五島至大小琉球而仍視風之變遷北多則犯廣東東多則犯福建彭湖島分䑸或之泉州等處或之梅花所長樂縣等處若正東風猛則必由五島歷天堂官渡水而視風之變遷東北多則至烏沙門分䑸或過韭山海閘門而犯温州或由舟山之南而犯定海經大茵洋入金塘蛟門犯象山奉化由東西廚入湖頭渡犯昌國入石浦關犯台州入桃渚海門松門諸港正東多則至李西嶴壁下陳錢分䑸或由洋山之南而犯臨觀過漁山兩頭洞三姑山入瀝浦則由臨之臨山三山過霍山洋五嶼山溪洞直犯寧波之龍山觀海犯錢塘過大小衢徐公八嶼子門諸山薄省城或由洋山之北而犯青村南滙過馬蹟潭而西犯太倉過馬蹟潭而西北或過南沙而入大江過茶山入喉用觜步谷接山而犯瓜儀常鎮在大洋而風猋東南也則犯淮揚登萊過步州洋乱沙入鹽城口則犯淮安入廟則犯滸港揚州兩越而北則犯登萊若在五島開洋而南風方猛則趨遼陽趨天津大抵倭舶之來恒在清明之後前乎此風候不常屆期

準定清明後方多東北風且積久不變過五月風自南來不利於行矣重陽後風亦有東北者過十月風自西北來亦非所利故海防者以三四五月爲大汛九十月爲小汛其亭捷之處焚刧之權雖曰在倭而其帆檣所向一視乎風實有天意存備者率勝前此入寇者多薩摩肥後長門三州之人其次則大隅筑前筑後博多日向攝摩津州紀祝種島而豐前豐後和泉之人亦間有之蓋因商於薩摩而附行者蓋日本之民有貧有富有淑有慝富而淑者或附貢船或因商舶而來其在寇船率皆貧而惡者且山城君號令久不行於諸島而山口豐後出雲又各專一軍（如中國總督府之義）相吞噬今惟豐後強頗併肥前等六島而有之山口出雲俱以貪滅亡倭蓋無常尊定主矣（山城君倭王別號也此段乃崑山鄭上舍若曾所聞於蔣洲夷來庭云）

自潭岸山以北以西之海水淺砂硬大船誤閣則破壞且無

避風安䑸兵船至彼如遇夜必須當洋下碇碇不能堅每被急流飄去或夜半發風則尤危然多賴天幸非安計然則宜如何曰錢塘江烏嘴頭浦内船兵一枝不可無餘則練陸兵精卒一枝以待而嚴龕赭哨探遠諜馬廒救倉猝或曰賊舟何能至此曰賊用單桅小舟徑抵山邊閣乾登刼故必用陸兵追捕方不走脫若以兵船必高大方能勝賊如與賊舟等則勝負未可必也今之言禦賊於海也易要非通論海本遼濶舟行全藉天風與潮人力能幾風順而重則不問潮候逆順皆可行若風輕而潮逆甚難夏秋之間西北風起不日必有極大西北風也操舟者見此風候須急收安䑸兵船在海每日遇晚俱要酌量收舶安䑸以防夜半發風至追賊亦要預計今晚收舶何䑸若一意前追遇夜風起悔無及矣

沿海之中上等安䑸可避四面颶風者凡三十三處曰馬蹟

曰兩頭洞曰長塗曰高丁港曰沈家門曰舟山前港曰潯江曰烈港曰定海港曰黃岐港曰梅港曰湖頭渡曰石浦港曰猪頭嶴曰海門港曰松門港曰蒼山嶴曰玉環山梁嶴等嶴曰楚門港曰黃華水寨曰江口水寨曰大嶴曰女兒嶴中等安嶴可避兩面颶風者凡一十八處曰馬木港曰長白港曰蒲門曰觀門曰竹齊港曰石牛港曰烏沙門曰桃花門曰海閘門曰九山曰爵溪嶴曰牛欄磯曰旦門曰大陳山曰大床頭曰鳳皇山曰南麂山曰霓嶴其餘下等安嶴只可避一面颶風如三姑山衢山之類不可勝數必不得已寄泊一宵若停久恐風反別迅不能支矣又邏岸山灘山許山之類皆團生無嶴一面之風亦可難避可不慎乎

海戰雖藉風潮全在舟械堅善今造以利徒既苦窳踈薄而軍數率詭名冒餉即執械下碇俱乏人故兵不可戰而舟難

出洋甚者利倭焚焼以滅跡藉口弊焉極矣觀元兵至五龍山大風破舟然范文虎猶擇得堅好者乘以遯使能盡護破舟奔山之人不自相爭猶可一戰以俟伐木造艦而相弃如仇莽無約束遂至被虜俱殲同葬鯨穴可恨哉

國初懲倭之詐縁海備禦幾於萬里其大爲衛（置軍四千六百四十人）次爲所（置軍一千二百餘人）又次爲巡檢司（置弓兵百人少亦不下數十人）大小相維經緯相錯星羅棊布狼顧犬防故所在製有數百料大船八櫓哨船若風尖快船高把稍船十槳飛船凡五等至如定海昌國貢道所經切近彼島則船數倍蓰他處而以時出哨各有限準（如三月為頭哨四月為二哨五月為三哨號大汛至六月收港避颶及秋七八九月亦如前為小汛汛畢回衛休息責令各取印信到單海物為驗）至各港次嶴所則又設有水寨營柵以止舍之而統以指揮千百戶鎮撫總以閫職督以憲臣所以制禦之者密矣而歲久人玩法去盜生二十年來山頹瀾倒嘗事者見不可用遂別募以充遠徵以禦改造巨艦一切從宜

而舊法因廢不講則亦懲咽之過矣自頃客兵驕暴鮮克宣勞故中外建言鄉兵似矣然徇名非思終屬文具夫所謂鄉者對客兵而言豈謂是荷鋤秉耜穡奴牧竪然哉竊謂衛所巡司軍壯弓兵之類宜因舊法潤澤損益之務足故伍或抽羨丁或僉壯士無論軍舍通融湊攢優與津給而以其半哨守其半團練更迭肄之俾皆可戰或慮一時未習不足應倅則量留舊募與調之選以備緩急久之或可盡罷一守石浦而循焉雖然此特治其標末云爾若夫約已裕人宜民酌損脩明法紀變易風俗力挽衰頹黷冒之習務敦忠實節愛之政是謂自治是謂先爲不可勝則存乎其人焉矣

華夷總圖

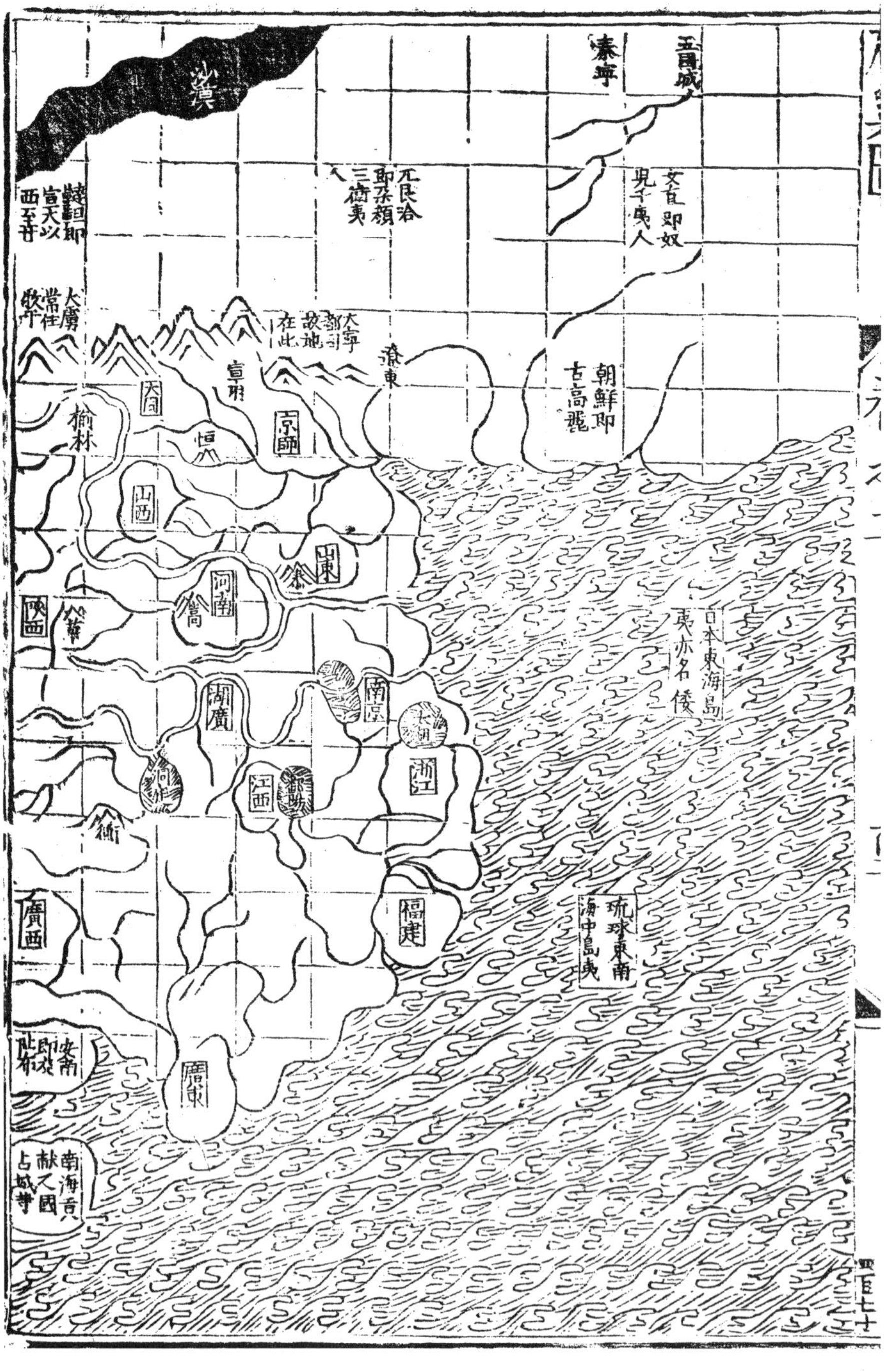
沙漠
泰寧
五國城
朝鮮即古高麗
遼東
京師
榆林
山西
山東
河南
陝西
湖廣
南京
浙江
江西
福建
廣西
廣東
日本東海島夷亦名倭
琉球東南海中島夷
南海有八蕃之國占城等

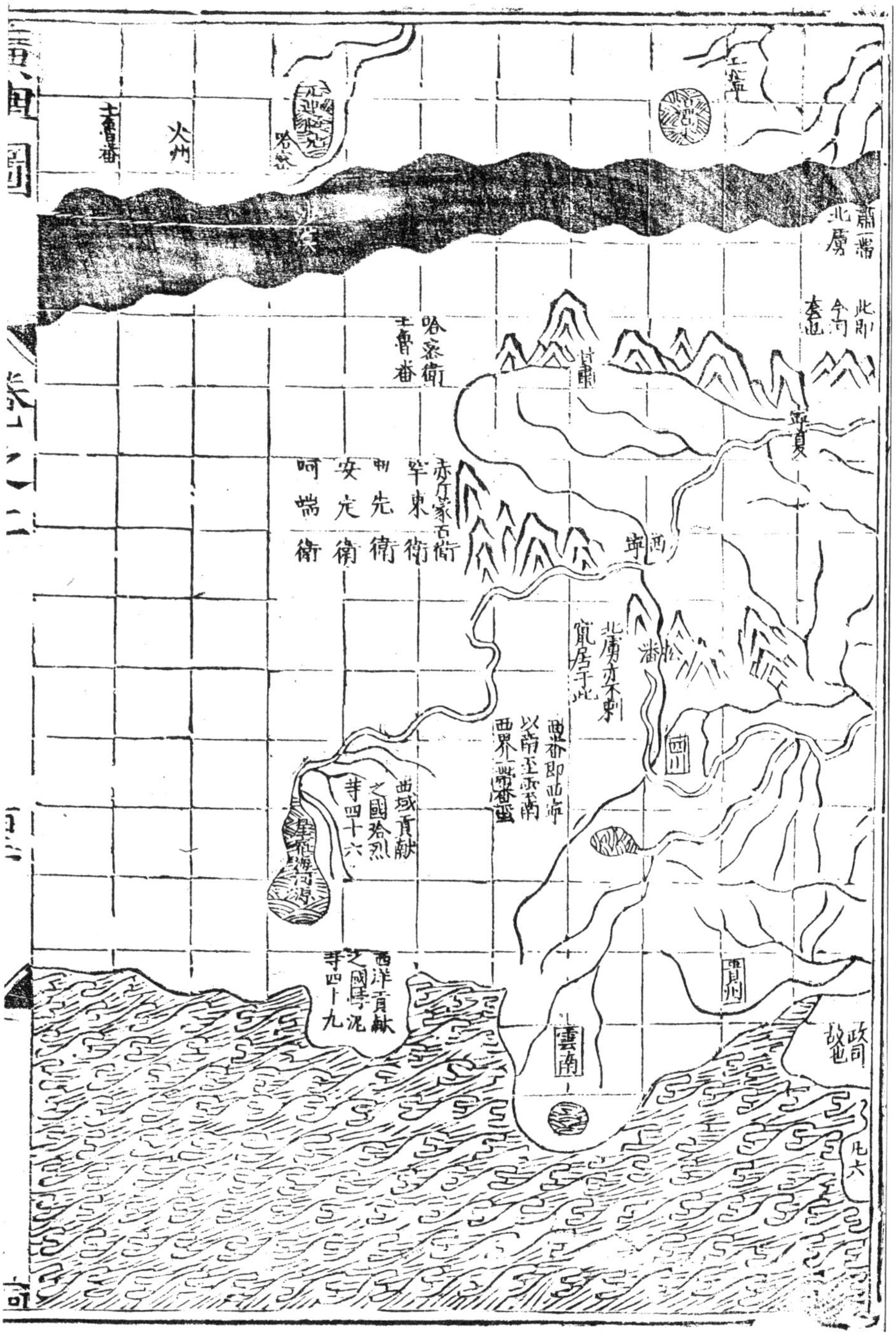
土魯番
火州
哈密
哈密衛
土魯番
赤斤蒙古衛
罕東衛
曲先衛
安定衛
阿端衛
甘肅
寧夏
西寧
松潘
四川
雲南
貴州
星宿海河源
西域貢獻之國哈烈等四十六
西洋貢獻之國浡泥等四十九

華夷建置

東夷

朝鮮 別有圖說

日本 別有圖說

東南夷

大琉球 別有圖說

南夷

安南 別有圖說

占城

三佛齊 與占城隣居真臘爪哇間管十五州其屬有單馬令凌牙斯蓬豐登牙儂細蘭等其王號詹卑人多姓蒲洪武四年國王哈剌扎八剌卜奉表來貢朝貢不絕

真臘 本扶南屬國亦名占臘其屬有參半直里登流眉蒲甘等地方七十餘里洪武初國王忽兒那表獻方物自是朝貢不絕

爪哇 本古闍婆國又名滿家龍其屬有蘇吉丹打板打網底勿等國劉宋始通中國元征之不克洪武初其王昔里八達剌遣貢

滿剌加 古越裳氏界秦爲象郡林邑縣漢改象林縣在占城國南永樂三年國王西利八兒速剌遣使朝貢九年嗣王率其妻子來朝不絕貢獻

暹羅 本暹與羅斛二國漢赤眉遺種元元貞初暹斛合爲一國洪武初國王參烈昭毘牙遣使朝貢永樂初國王昭祿羣膺哆囉諦剌

貢方物至今朝貢不絕以上六國永樂三年來貢

西南夷

浡泥 本闍婆屬國統十四州洪武四年國王馬合謨沙表貢方物永樂三年封為王六年率其妻子來朝自是朝貢不絕

蘇門答剌 永樂中國王鎖丹罕難阿必鎮來朝貢自是不絕

古麻剌 永樂中國王哇來頓本率其臣來朝

蒲甘

古里 其國西洋諸番之會永樂元年國王馬那必加剌滿貢馬自是不絕

瑣里 洪武五年國王卜納的奉表朝貢并圖土地山川以獻

暹羅

彭亨 永樂中朝貢

蘇祿 永樂十五年其國東王巴都葛叭苔剌西王巴都葛叭蘇哩峒王巴都葛巴剌卜各率妻子朝貢

百花 洪武十一年國王剌丁剌者望沙亦來貢

覽邦

淡巴

婆羅 永樂四年來貢

古剌麻

阿魯 永樂五年國王速魯唐忽先來貢

小葛蘭 已上各國永樂　年間一再貢

須文達那

阿哇 永樂中來貢

窟察泥

忽魯謨斯 永樂中來貢

八可意

烏沙剌踢

碟里

急蘭丹

阿丹

合貓里

黑葛達

贏蟲圖　卷之二

魯密　呂宋　彭那　[illegible]

荅兒密　亶塈　阿文　日羅夏治

南巫里　祖法兒永樂中國王亞里來貢　打回　左法兒

麻林永樂十三年獻麒麟　甘把里永樂十二年國王垗哇剌沓來貢　八荅黑商　加異勒永樂中國王者麻里奈那來朝貢

白葛達宣德七年來貢　溜山　奇剌泥　捨剌齊

夏剌比以上洪武永樂宣德間入貢　錫蘭山在永樂九年以拒命擒其王更立之天順三年其王葛力生夏剌昔利把交遣使來貢

西夷

西番即唐吐番遺種東北陝西東抵四川雲南胡元皆郡縣其地洪武初改設烏思藏等處官司以綏之仍其故俗封番僧為六王至今襲封以各常每歲朝貢皆許自達其入由四川凡三道

都指揮使司一　宣慰使司三　萬戶所四　千戶所七

烏思藏三年一貢各番四川北號　[illegible]

贊善王陝西北號　闡化王每貢不過　剌宗

闡教王　自五十人大衆
輔教王　大乘二王不給
大乘法王　勘合眞賞惟
大寶法王　嘉以嗣續入

朶甘衛　每年貢四川　赴號凡貢無過百人雅州入
朶甘思

隴答衛　俱洪武六年置雅州入貢

董卜韓胡每年貢　雅州入

長河西魚通寧遠每年貢　雅州入

朶甘思　朶甘隴答　朶甘丹　朶甘倉溏　朶甘川　磨兒勘

沙兒可　乃竹　羅思端　列思麻

宗思　搭爾　朶甘　刺宗　宗思　納竹　長河西　參孫　加八　納竹　倫答　兆日　果由　沙里可哈忽的　宗嘎　撒里土兒干　參卜郎　刺錯牙　泄里壩　潤則魯孫

西域諸國

西天泥八剌　撒立畏兀兒　沙州　撒來

撒馬兒罕　加渴兒寺番僧　以上由汶川灌郫入貢　雜谷安撫司　達思

蠻長官司　保縣金川寺番僧以上三年一貢　松潘番僧國師二曰商巴曰綽領禪師二曰黎巴曰定下商巴事道黎巴事例每年一貢以上俱由威州入

于闐　天方古筠沖地舊名天堂又名西域宣德中來貢　榜葛剌本忻都州府西天東印度也國最大永樂六年國王靄牙思丁朝貢十二年貢麒麟

招納樸兒其國居印度中永樂詔諭國王一不剌金　拂菻東自大食及于闐回訖抵中國洪武四年遣使來朝

默德那回回祖國也其教以事天爲本書體旁行有篆草楷三法西洋諸國用之又有陰陽星曆醫藥音樂之類其地接天方宣德中來朝

西北夷

赤斤蒙古古西戎地在肅州東本西河郡縣元丞相苦本部居此永樂初降附始設衛官其酋爲指揮後數爲土魯番侵擾與罕東等衞俱播遷亦希

罕東地在甘州西南即古西戎部落洪武永樂間奉貢始設衛官其酋爲指揮等官朝貢不常弘治間嘗徵兵罕東擊土魯番于赤斤哈密蓋其種從也

安定阿端他猶在罕東西本蕃韃靼別部安定王即哈密宗倆洪武初奉貢立四部給銀一衛朝貢不絶

哈密古伊吾廬地在肅州西北回達雜居實諸胡往來要路元嘗封肖王于此洪武中款附永樂初始設衛以封爲忠順王貢自西域者必藉其國導遣成化以後絶土魯番殘破部族播遷今惟畏兀兒哈剌二族寄處肅州餘悉亡散

火州漢車師前後王地在哈密西本唐交河郡縣後爲回鶻所據永樂奉貢

亦力把力古龜茲地在沙州西本名

撒馬兒罕地在亦力把力西即罽賓衍申于

哈烈

哈三

刺失八里元嘗分建諸王於此洪武中來貢永樂末曰之遂改今名　諸國分爲恃布四十之洪武中奉貢至今不毅以上市灌縣那縣入貢

哈撒兒沙的蠻	哈失哈兒	哈的蘭	賽蘭	掃蘭
乜克力	把丹沙	把力黑	俺力麻	脫忽麻
察力失	幹失	卜哈剌	怕剌	失剌思
你沙兀兒	克失迷兒	帖必力思	果撒思	火壇
火占	苦先	沙六	海牙	牙昔
牙兒干	戎	兀倫	阿迷	邪思城
坤城	捨黑	擺音	克癿	元方

日落　自哈烈三以下三十八國皆經哈密入貢或三年五年無恒期入貢不過哈密破後多從嘉峪關然亦未數至也

北夷

韃靼　即元順帝之北傳子愛猷識理達臘達臘傳子脫古思帖木兒爲其下所殺洪武二十五年遣将討其罪敗之撒乜兒山自是不敢近塞永樂間有本雅失理馬哈木阿魯台奉貢惟謹因封本雅失理爲宾义王馬哈木爲順寧

毛阿魯台為和寧王其後叛服不常　成祖皇帝親征之本雅失理為阿魯台所弑馬哈木復攻殺之衆乃立脫脫不花為主者巡比馬哈木與子脫懽孫也先居瓦剌正統間也先大舉入寇不花復寇遼東久之自相殘構不花敗走為其下所殺也先易主而中絕也先之後有称小王子者繼為渠魁三子長阿尔倫台吉次阿着不孩次滿官嗔不孩陶尔倫為大師亦不剌所弑遺二子曰卜赤曰乜明小王子死阿着立二子長吉囊次俺答阿不孩阿着死衆立卜赤號亦克罕有衆七萬分五營東部酋曰滿會王曰猛可不即曰可都留有衆六萬在沙漠東與朶顏為隣南部酋曰把答罕奈曰失喇台吉有衆五萬西部酋曰應紹不曰阿尔秃厮曰滿官嗔應紹不十營阿尔秃厮七營舊屬亦卜剌亦卜剌以弑主故遂西海為甘肅害今屬吉囊為營四曰孛古斯曰偶甚曰叭哈思納曰打郎有衆七萬滿官嗔部合六營曰多羅土悶曰畏吾兒曰兀世曰叭要曰兀晉曰吉剌舊屬火篩今俺答阿卜孩領之皆住河套其北有兀良罕一營乃小王子故部與諸部自相攻殺其駐牧雖逐水草遷徙不定然分地自不相亂總諸部不下三十餘萬人而吉囊俺答少子素称雄黠每歲入寇宣大尤苦之亦克罕者酋云可汗阿不孩酋云大酋云吉酋云宗室也

兀良哈

兀良哈元之降虜也洪武初設泰寧朶顏福餘三衛授以都督指揮等官總之以為外衛其地本古山戎在永平之北西南與太寧都司接境革除間發兵助义永樂初割泰寧地與之增置卜剌罕衛今東起叅陝西迤四海台皆其境也至今每歲再貢每貢千餘人邀求賞賚以其承襲不辨真偽俱稱舍人然與北虜交婚陰為鄉導名為外衛实肘腋之隱憂庚戌之变豈非殷鑒哉

東北夷

女直

地在開原北金之上京元胡攻里五路諸夷也國初降服永樂中設奴兒干都司衛所授以都督指揮等官每歲一貢至今不絕其衛所名存然部分不復可考矣

都司一	衛三百八十四		所二十	地面城站五十八		
野人						
建州	毛憐	兀者	兀者左	兀者托溫	速溫河	昏也迷河

兀者右	兀者後	赤不罕	屯河	兀者穩兔	旄伯河	兀兒奚車
安河以上永樂二年置	毛憐	虎兒文	失里綿	兀者屯河	土魯冊河	勝和兒河
奴兒干	堅河	撒力以上永樂三年	古賁河	兀者揆野木	木溫	諸東河
古城	塔魯木	蘇溫河	斡灘河	海剌兒	可木山	畢議河
無者前	十顏	赤罕河	納憐河	哈流溫	欽眞河	因只河
麥蘭河	兀列河	雙城	撒剌兒	兀禿河	兀思哈里	古里河
亦馬剌	兀蘭	亦兒古里	脫木河	竦和兒	島兒河	撒哈剌
卜剌罕	密陳	脫倫	嘉河	哈三	亦禿渾河	古里罕河
塔山	阿速江	速平江	木魯罕山	哈剌哈	忽忽八河	失木魯河
馬英山	土魯亭山	木荅里山	桑林山	兀的罕	把兒干河	木倫河
兀也吾	吉河	劄竹哈	福山	可里踢	崔哈河	黑龍江
肥河	哈溫河	木速河	罕荅河	五音	也今河	那門河
撒兒忽	劄童以上永樂四年	阿古河	喜樂溫河	只陳	卜忽禿河	弗孫河

木陽河	哈蘭城	可令河	兀的河	鎖郎哈真河	兀魯溫河	撒只剌河
哥吉河	野木河	納剌吉河	亦里察河	得的河	兀察河	畢力木江
野兒定河	上魯冉河	好屯河	喜剌烏河	奧江	的果	塤坎
考郎兀	亦速里	阿剌山	隨滿河	哈魯門山	海西	蘇分
撒禿河	忽蘭山	古魯渾山	阿資河	古賁河	失令	亦馬阿以上 亦合東地面
甫里河	苔剌河	撒只剌河	阿里河	嶅苔河以上永樂間	哈魯	喜樂溫以上 歲
依木河	亦文山	木蘭河	桑兒忽河		別里真	古代替
亰門河以上永樂五年	納木河	童寬山	兀魯罕河		伏答林	別兒真
苔罕山	者帖列山	木興	条帖		弗朵河	五速
牙魯	剌魯	益實	乞忽		忽把希	替兒實
兀里奚山	希灘河	弗朵禿河	阿者迷河		果勒亨右	果勒里
撒又河	斡蘭河	阿直河	木忽剌河		五里河	那令
欽真河	克默而河	禿剌禿河	嘔罕河		谷名已上口	口兒

阮里河　列門河　禿都河　寬山　忽輿　鎖失

忽里吉山　葛溫河　薛列河以上永樂年　上竟　古因溫都魯

葛林　把城　禮肥河　忽兒門　斡的因河以上

禮領　木里吉　忽兒海　伏里其

乞勒泥　愛河　把河　禿屯吉

失里木　阿倫　古里河　塔麻速以上永樂年

木興河　木剌河　亨甫　使芳河

甫兒可　亦麻河　兀應河　法因河

阿答赤河　古木山　葛稱哥以上永樂八年　督罕河永樂九年

建州左　只兒蠻　兀剌　順民

囊哈兒　古魯　滿涇　哈兒蠻

塔亭　也孫倫　可木河　弗思木

拂提　斡朵倫永樂十二年　哈兒分　阿兒溫河

速塔兒河　五屯河　玄城　和卜羅
老哈河　失兒兀赤　十忽禿河　可河
乞塔河　兀剌河以上永樂十二年　渚冬河　撒真
兀思哈里　忽魯愛以上永樂十三年　吉灘河　亦馬忽山以上永樂十四年
阿真同真　亦東河　亦迷河以上永樂十五年　建州右
益實左　阿苔赤河　塔山左　城討溫

廣輿圖卷之二終

皇清職貢圖九卷

〔清〕傅恒等撰

《皇清職貢圖》九卷，清傅恒等撰。傅恒（一七二二—一七九〇），滿洲鑲黄旗人，姓富察氏，字春和。官至大學士。書中記述清乾隆間與海外交往及境内各族之貢賦情況。卷一爲海外交往諸國，如朝鮮、英、法、日本、荷蘭、俄羅斯等二十餘國。卷二至卷九分述國内各族，包括西藏、新疆、關東、福建、湖南、廣東、廣西、甘肅、四川、雲南、貴州等地區。繪圖三百餘種，以男女别幅，共計六百餘幅。描繪各國、各族之男女狀貌，並有文字題記，簡述其分佈地區、歷史沿革、服飾飲食、社會生産及向清廷之貢賦數額。該圖初爲彩繪之四卷畫册，各卷均有滿、漢兩種文字題記。乾隆間又付武英殿刊刻，並將原書一卷析爲兩卷，凡八卷，後又增補一卷，即成九卷本。據清乾隆間武英殿刻本影印。

皇清職貢圖

乾隆十六年六月初一日大學士忠勇公臣傅
恒奉
上諭我朝統一區宇內外苗夷輸誠向化其衣冠狀
貌各有不同著沿邊各督撫於所屬苗猺黎獞以
及外夷番衆仿其服飾繪圖送軍機處彙齊呈覽
以昭王會之盛各該督撫於接壤處俟公務往来
乘便圖寫不必特派專員可於奏事之便傳諭知
之欽此

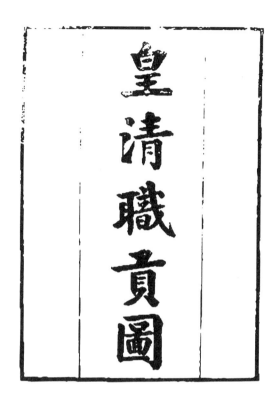

御製題皇清職貢圖詩

累洽重熙四海春
皇清職貢萬方均書文車軌誰能外方趾圓顱莫不
親那許防風仍後至早聞千呂已咸賓塗山玉帛千
秋述商室共球百祿臻詎是索疆恢此日亦惟
謨烈賴
前人唐家右相堪依例畫院名流命寫真西鰈東鶼
覲王會南蠻北狄秉元辰丹青非為誇聲教保泰承
庥慎拊循
乾隆辛巳秋日

恭和詩

臣劉統勳恭和

梯航環望
帝京春翊戴遙歡
聖澤均端為
王猷昭赫濯盡教海宇識
尊親充庭玉帛三重陛殊製冠裳九列賓揚
烈覲

光功德溥遠來近悅後先臻奇厖共訝新增部安樂
渾忘異地人名未耳聞身已到形因目睹繪
偏真江河別派歸溟渤星宿周天共拱辰職
貢圖成
奎藻詠萬斯年永典章循

臣梁詩正恭和

覃敷
帝澤煦如春按牒欣看列貢均豈有畛章分內外

早知拜舞並尊親飛車久已通重譯覘律咸
来備九賓鞮寄東西殊俗紀共球大小萬邦
臻階前干羽㤮
先烈域外梯航奉
聖人掌隸職方疆索廓編成王會畫圖真恰同蓋
地陳西母合並周天拱北辰指點
皇風遐邇處千秋綏遠識遵循
臣劉綸恭和

一家中外奉
王春舊隸新藩式
化均貢道夏書規自狭職方周制屬尤親冠裳異
用俾從朔臣僕同稱敢備賓九埜昧荒伊古
限
萬年清晏我
朝臻名簽別部通臚句字譯旁行彙舌人物土陳
風資考

治披圖系說取存真寅承
開國徠庭日快覩
㤮疆輯瑞辰賡
詠恰宜随
凱奏星軺里鼓記堪循
臣金德瑛恭和
藻采新樵萬彙春披来
聖澤遍遐均明堂日月

恩威溥屬國梯航翼戴親犬馬有情知戀
主雁鴻依倈似来賓
皇風景應蕃蘺集王會歡從
壽域臻敢附凌烟聯劍珮欣隨舞獸覲
天人書中舊闕傳聞異班外新增面目真比物鑄
形存鼎鼐
臚圖作繪麗星辰永藏册府超前古覆載無私
帝率循

臣董邦達恭和

無邊大地沐陽春厎貢
彤庭辨土均八表車書同暨訖萬方玉帛共尊親
明駝毳帳開蔥嶺細馬金韉織罽賓折箠自
看咸率俾浮航寧敢憚遄臻虞階干羽承
前烈禹甸璆琳致遠人玉府駢羅琛賮盛緹囊省識
畫圖真雨風和會凝
皇極星宿周環拱

北辰斧藻丹黄宣立本圖披王會更重循

臣裘曰修恭和

職貢圖開六合春東西南朔服維均洵金撈
玉方輿異海誌山經覩記親心似露葵知所
向身隨陽鴈遠來賓唐虞以上初無紀秦漢
而還未克臻地或不毛咸我土類雖非種亦
吾人寧妨舊俗衣冠陋但被淳風面目真貳
負詎能殊甲子支祈早已付庚辰丹青册府
垂彪炳世世蒙
庥永率循

臣于敏中恭和

王會圖登四表春獻琛奉朔凜惟均
定功誕播同風盛歸極羣懷就
日親奚啻旅獒西厎貢還看侯鴈北來賓漢裘濛
帕心咸讋闐玉宛駒跡並臻卭笮羈依
干羽陛濱瀛鱗集卉皮人博陵漫詡塲能擅司馬

應慙傳失真輿地志兼踰戊己勲臣
贊共紀庚辰
天章式示
詒謀遠文軌從今奕葉循

臣介福恭和

鴻圖式廓一家春亥步遥瞻道里均露犬紈牛
歸職貢雕題漆齒識
尊親漢庭漫説通烏弋唐室徒誇服罽賓寶玉河

千乘月現名駒海外簫雲臻虬鬚酷肖
洛名手
鳳藻髙翔仰
至人歸極永傳
令有赫鑿空始信古非真三階景運
三朝慶萬國歡心
萬壽辰武偃文修彰格被漸摩
聖化日循循

臣觀保恭和
帝澤能回絶漠春歸仁欣隸職方均共球小大懷
柔遠
雲日光華覆被親寶獻玉河咸輯瑞
威宣月窟悉来賓占風測水何堪擬航海梯山莫
不臻五服葵傾遵土訓四門鱗集
詔行人載稽烏譯狼歌廣爰寫文衣草履真繪事
傳神輝

冊府版章式廓辨星辰自茲絡繹趨王會按籍
憑將粉本循
臣王際華恭和
六幕羣霑我澤春丹青寰宇遍遐均贍雲豈
憚重趼會縮地從教萬里親籍按皇輿恢亥
步圖開昧谷接寅賓南戜象賂頻求獻青海
龍媒況畢臻穹為旅獒登異物偶緣孔鳥紀
方人明堂作繪還依古花面添毫却肖真彌

望風邱都入畫未分星野共朝辰充庭寫像
邀
鴻藻格被
勳髙仰
舜循
臣錢汝誠恭和
紹庥
聖緒澤如春規外殞

恩效貢均鱗集鞮鞻元日會象來琛賷百蠻親典
儀菉幣臚方物畫史圖形備遠賓賓王名騊
魚貫列雕題緩耳鴈行臻尻連款塞編都護
體薦迎門委舌人盤礴丹青毛髮動經營纖
素服裳真拓疆方喜逾西極受吏同趨拱北
辰直軼周書唐粉本永垂
隆軌萬年循

臣錢維城恭和

風調六幕徧生春屬國来同道里均如日方
中咸覆冒光天之下共尊親黃支烏弋通千
侯丹穴空桐列九賓
累葉重熙增式廓諸蕃徯應恰駢臻分明繁露爻閭
會指點雕題闒耳人僕鑒衣冠描欲肖兜離
言語譯徧真朝宗直擬川歸海環向遥同星
拱辰拓土况令踰二萬
威行揹毒與休循

臣竇光鼐恭和

我
皇㡳治澤如春綿宇
聲名職貢均
謨烈自承
三聖遠車書共識一家親為依故事圖王會正喜新
疆徠國賓罝尉列鄄皆綺錯制駝駕象盡雲
臻扶桑東影無分土弱水西流有度人海色

嶽形全欲似雕題深目各成真珍同盖地輝
元圓象法周天拱壮辰保業底須君奭訓
敷言作極萬年循

臣蔣檙恭和

驗風入貢世如春四海梯航
帝澤均
德播外方皆面内
威加疏屬亦来親千屯麥熟輸都護九府流泉逮

屬賓自

昔幅員原式廓於

今琛賮更咸臻明都聲曁寒門域日際光臨月窟

人吚嗢展時聽稍辨齵頯列處寫全真豈誇

右相昌唐蹟直邁成周會洛辰來共球圖昭

世實

宸章炳煥億年循

皇清職貢圖校刊職名

監理

武英殿管理事務多羅儀郡王臣永璇

經筵講官太子太保協辦大學士吏部尚書兼翰林院掌院學士兼鑲黃旗都統內務府大臣武英殿管理事務臣英廉

戶部右侍郎鑲黃旗副都統內務府大臣武英殿管理事務臣金簡

正紅旗漢軍副都統武英殿管理事務臣和爾經額

總裁

經筵講官戶部左侍郎兼署吏部侍郎臣董誥

經筵講官內閣學士兼禮部侍郎臣嵩貴

提調

日講起居注官文淵閣直閣事詹事府詹事兼翰林院侍講學士臣陸費墀

日講起居注官文淵閣直閣事翰林院侍講學士臣彭紹觀

監造

廣儲司六庫郎中兼參領臣福克精額

廣儲司六庫郎中兼參領臣蘇楞額

營造司郎中兼佐領臣劉淳

監造臣依靈阿
監造臣紹言
内副管領臣六格
内副管領臣特保
庫掌臣陸達塞
庫掌臣海寧
繕録兼校對
進士臣靖本誼

進士臣石養源
進士臣徐秉文
進士臣錢致純
進士臣王元照
進士臣丁履謙
進士臣費振勳
繪圖
監生候選縣丞臣門慶安

監生臣徐溥
監生臣戴禹汲
監生臣孫大儒

皇清職貢圖

卷一

朝鮮國夷官

朝鮮國官婦

朝鮮國民人

朝鮮國民婦

琉球國夷官

琉球國官婦

琉球國夷人

琉球國夷婦

安南國夷官

安南國官婦

安南國夷人

安南國夷婦

安南國㨂獭

安南國㨂獭婦

暹羅國夷官

暹羅國官婦

暹羅國夷人

暹羅國夷婦

蘇禄國夷人

蘇禄國夷婦

南掌國夷官

南掌國官婦

南掌國老撾

南掌國老撾婦

緬甸國夷人

緬甸國夷婦

大西洋國夷人

大西洋國夷婦

大西洋合勒未祭亞省夷人

大西洋合勒未祭亞省夷婦

大西洋翁加里亞國夷人
大西洋翁加里亞國夷婦
大西洋波羅泥亞國夷人
大西洋波羅泥亞國夷婦
大西洋國黑鬼奴
大西洋國黑鬼奴婦
大西洋國夷僧
大西洋國女尼

小西洋國夷人
小西洋國夷婦
英吉利國夷人
英吉利國夷婦
法蘭西國夷人
法蘭西國夷婦
喘國夷人
喘國夷婦

日本國夷人
日本國夷婦
馬辰國夷人
馬辰國夷婦
汶萊國夷人
汶萊國夷婦
柔佛國夷人
柔佛國夷婦

荷蘭國夷人
荷蘭國夷婦
俄羅斯國夷官
俄羅斯國官婦
俄羅斯國夷人
俄羅斯國夷婦
宋腒勝國夷人
宋腒勝國夷婦

朝鮮國夷官

朝鮮國官婦

朝鮮古營州外域周封箕子於此漢末扶餘人高姓據其地改國號高句驪亦稱高麗唐李勣征之高氏遂滅至五代時有王建者自稱高麗王歷唐至元屢服屢叛明洪武中李成桂自立為王遣使請改國號為朝鮮

本朝崇德元年

太宗文皇帝親征克之其國王李倧出降封為朝鮮國王賜龜紐金印自是朝鮮遂服慶賀大典

俱行貢獻禮其國分八道四十一郡三十三府三十八州七十縣王及官屬俱仍唐人冠服俗知文字喜讀書飲食以籩豆官吏閑威儀婦人裙襦加襈公會衣服皆錦繡金銀為飾

朝鮮國民人

朝鮮國民婦

朝鮮國民人俗呼為高麗棒子戴黑白氊帽衣袴則皆以白布為之民婦辮髮盤頂衣用青藍色外繫長裙布襪花履崇釋信鬼勤於力作

琉球國夷官

琉球國官婦

琉球居東南大海中明初其國有三王曰中山曰山南曰山北皆以尚為姓而中山最強洪武間三王俱入貢至宣德時山南山北為中山所併

本朝定鼎其王航海輸誠遣使

冊封屢賜

御書匾額常遣陪臣子弟入監讀書其國有三十六島氣候常温俗尚文雅鮮盜賊王與臣民分土為禄地產五穀蔬果之屬夷官品級以金銀簪為差等用黃綾縐摺圈為冠寬衣大袖繫大帶官婦髻插金簪不施粉黛衣以錦繡其長覆足

琉球國夷人

琉球國夷婦

琉球國人多深目長鼻男服耕作營海利土人結髻於右漢種結髻於中布衣草履出入常攜雨蓋婦椎髻以墨黥手為花草鳥獸形短衣長裙以幅巾披肩背間見人則升以蔽面常負物入市交易亦工紡績

安南國夷官

安南國官婦

安南古交趾地唐以前皆隸中國五代時始為土人竊據宋時丁氏黎氏皆三傳李氏八傳無子傳壻陳氏明永樂間討黎季犛篡陳氏之罪因郡縣其地後黎利搆亂因而撫之嘉靖中莫登庸篡黎氏旋為黎惟潭恢復

本朝康熙五年黎維禧款附因封為國王嗣後五年一貢其地有東西二都十三道土地膏腴氣候炎熱一歲二稔其夷目冠帶朝服多

仍唐制皂草為靴惟武官平頂紗帽靴尖雙出以為別貴家婦人披髮不笄耳帶金環以大小分等級内服繡襦外披氅衣履如芒屩

安南國夷人

安南國夷婦

安南國夷人性狡詐好浴信鬼神重喪祭附山耕稼樹桑濵海捕魚煑鹽男子戴大白草帽形如覆鑊長領大衣手持蕉扇曳屐而行貧者則短衣赤足勤於耕作婦女以帕蒙首長衣長裙納屐露踵相見以檳榔為禮善紡績烹飪之事

安南國𤞑獾

安南國𤞑獾婦

⿰犭剌⿰犭難交州苗裔在安南境内先隸交酋管轄
因與滇省接壤
國初置開化府多居府屬逢春里之極邊性頑
悍嗜酒善用火器凡交地守關守廠以為兵
卒其僻處山箐者黑面環眼短衣短袴或捕
蛇鼠則生啖之婦人短衣長裙善弩亦能射
獵雍正八年以邊地四十里隸安南俾就近
管領約束

暹羅國夷官

暹羅國官婦

暹羅國在占城西南即隋唐赤土國後分羅斛暹二國暹復為羅斛所併明洪武時封為暹羅國王入

國朝尤恭順國貢惟謹其地方千里有大庫司九府十四縣七十二官制九等其四等以上戴銳頂金帽嵌以珠寶五等以下則以絨緞為之衣錦繡及織金或花布短衣繫錦帶婦人以金銀為簪釧約指上衣披五色花縵下衣五綵織金花縵拖地長二三寸足履紅革靸鞋其選舉皆引至王前咨以民事應對得當即授官服候用文字橫書有事則具書文朗誦呈之

暹羅國夷人

暹羅國夷婦

暹羅地卑濕民皆樓居坐卧即以樓板上籍以氈席其風俗勁悍習於水戰好崇佛齋僧飼象取牙以奉夷目男白布纏頭衣短衣曳草履常佩刀劍婦女椎髻上衣披青藍布縵下衣五色布短裙性喜遊冶亦工紡績俗重女輕男家事皆取决於婦

蘇祿國夷人

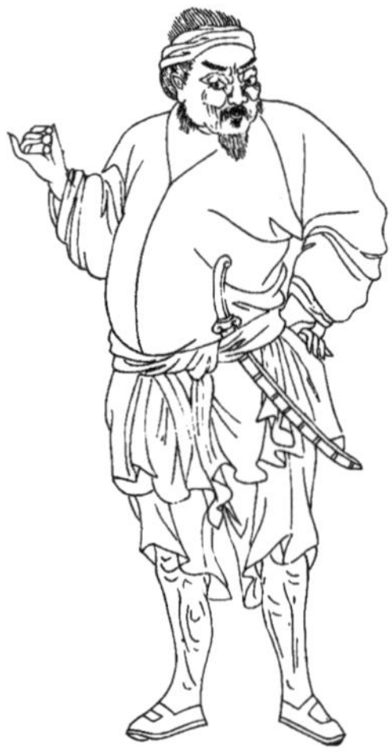

蘇祿國夷婦

蘇禄在東南海中明永樂間其國有東西兩
王又有峒王俱来朝貢後不復至
本朝雍正四年遣使入貢因定期五年一来其
地氣候常熱人情強悍以取蚌珠為業山田
瘠寡粟麥民率食魚蝦煮海為鹽釀蔗為酒
不食豕肉剪髮裹頭去鬚留髯衣袴俱短絳
帛繫腰露脛而著履女椎髻跣足短衣長裙
以幅錦披肩能織竹為布

南掌國夷官

南掌國官婦

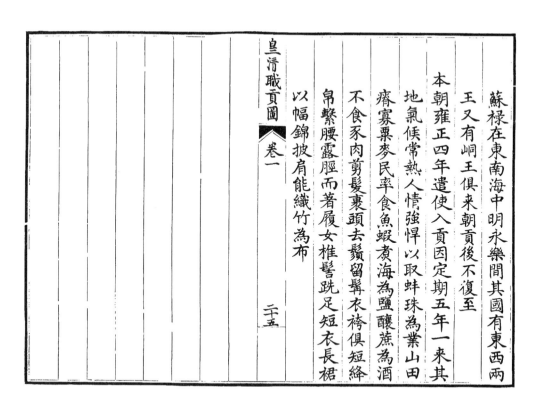

南掌古越裳氏地自周以来不通中國明永樂初部長刀線歹入貢始置軍民宣慰使萬歷中猶奉貢後不復至

本朝雍正八年其部長素馬喇薩遣其頭目叭猛花等奉金表稱南掌國王貢牝牡二象乾隆八年定為十年一貢其部長居高樓見者以貴賤為限貴者披髮覆肩紅巾紅衣婦人則挽髮束以紅帛短衣長裙體皆刺花性多獷悍

南掌國老撾

南掌國老撾婦

老撾俗呼為撾家即南掌夷民也男子披髮帶黑漆帽著青衣以疋布繞下體婦女挽髻以白布抹額白衣紅領繫花布桶裙俱跣足喜啖生肉知耕種勤紡織其近在普洱府東界外者常入內地貿易

緬甸國夷人

緬甸國夷婦

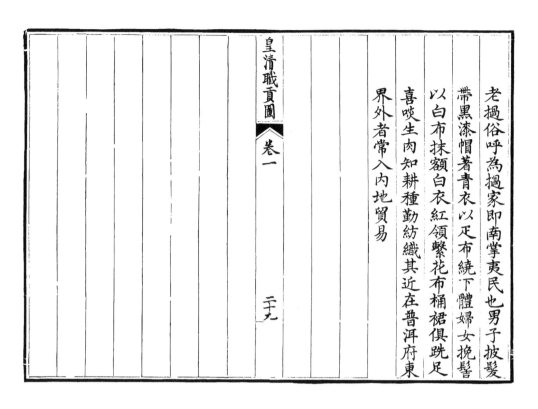

緬甸古朱波地在永昌府騰越州天馬虎踞
諸關外其酋居阿瓦城元及明初雖示羈縻
時多反覆嘉靖後莽瑞體父子雄長諸部自
稱緬甸國王不通職貢
本朝順治十八年吳三桂領兵至阿瓦城東傳
諭緬王傾心向化乾隆十五年其王莽達喇
製金銀二鈚篆刻表文並貢塗金寶塔馴象
緬布等物嗣為木梳酋長甕籍牙所篡子懵

惱懵駁相繼佔踞其夷官夷民服飾與南掌
相似婦人束髮穿耳短衣圍以錦幅長裙性
愛花卉其文字呈尊者用金葉書之次用紙
次用檳榔葉謂之緬書

大西洋國夷人

大西洋國夷婦

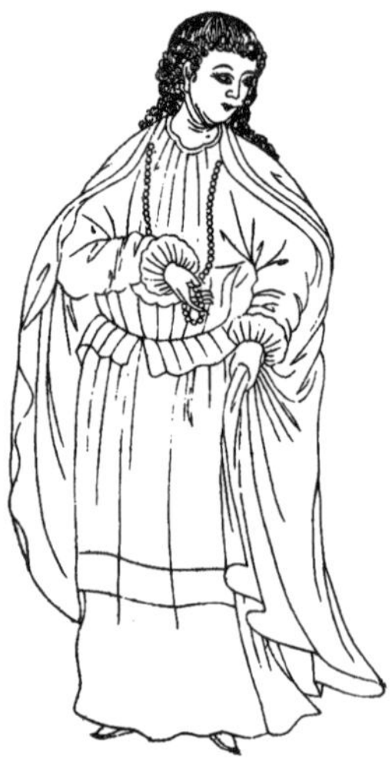

大西洋明永樂間有古里瑣里忽魯謨斯凡數十國来朝貢後多不復至萬歷中西洋人利瑪竇航海来中國自稱意大里亞國人

本朝康熙六年通朝貢雍正三年意大里亞教化王来貢五年博爾都噶爾亞國来貢乾隆十八年復来其人奉天主教善行賈多富厚肌膚白皙鼻昂而目深碧不畜鬚髮別編義髮蒙首以黑氊折三角為帽短衣革履袴襪東迫如行縢婦螺髮為髻領懸金珠寶石上衣下裳用錦帕覆背謂之巾縵俗重女輕男相悅為婚有僑居香山縣之澳門者統以夷目歲輸地租

大西洋合勒未祭亞省夷人

大西洋合勒未祭亞省夷婦

合勒未祭亞省屬熱爾瑪尼亞國中其人軀體壯闊極忠義受德必報鄉內公設學塾習武備者約居大半嘗有遊往他國彼君上必用為侍衛之屬其地多山冬月甚冷善造室婦人貞靜質直工作精巧能徒手交錯金絨不用機杼布最輕細土生黃金掘井恒得金塊河底常有豆粒金珠山產獐鹿兔豹家畜大牛以供珍饈

大西洋翁加里亞國夷人

大西洋翁加里亞國夷婦

翁加里亞國在波斯泥亞國南其人彷彿蒙古衣服甚短束縛袴襪有如行縢極穎悟尚禮貌幼習馳馬短頸善奔常帶彎刀長四尺每在馬上舞試婦人能通文字刺繡工巧出門必設紗綾蔽面物產極豐牛羊可供他州之用金銀銅鐵等物取之不竭

大西洋波羅泥亞國夷人

大西洋波羅泥亞國夷婦

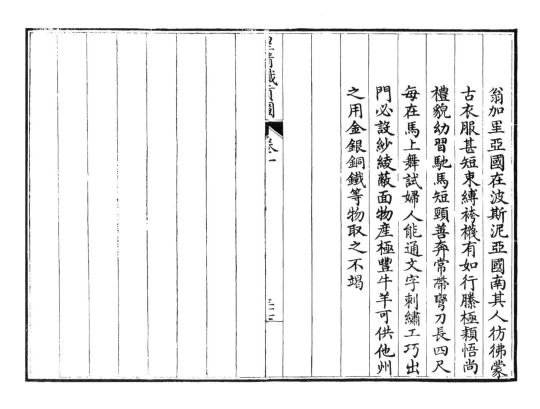

波羅泥亞國在熱爾瑪尼亞國東其人彷彿蒙古有髭無鬚去髮存頂編垂首後其地寒冷初秋至初夏皆衣皮裘如狐貉貂鼠之裘長蔽足首用皮冠好擊劍家豢熊羆以供戲玩婦人才能專持家務內外井井土產蜂林琥珀牛羊等物

大西洋國黑鬼奴

大西洋國黑鬼奴婦

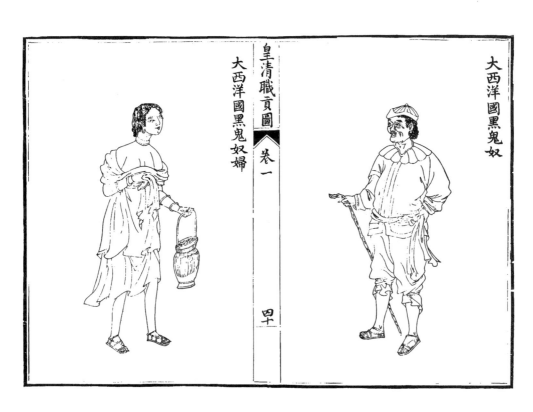

夷人所役黑鬼奴即唐時所謂崑崙奴明史亦載荷蘭所役名烏鬼生海外諸島初至與之火食累日洞泄謂之換腸或病死若不死即可久畜通體黝黑如漆惟唇紅齒白戴紅絨帽衣雜色粗絨短衫常握木棒婦項繫彩色布袒胸露背短裙無袴手足帶釧男女俱結黑草條為履以便奔走夷人雜坐以黑奴進食食餘傾之一器如馬槽黑奴男女以手摶食夷屋多層樓處黑奴於下若主人惡之錮其終身不使匹配示不蕃其類也

大西洋國夷僧

大西洋國女尼

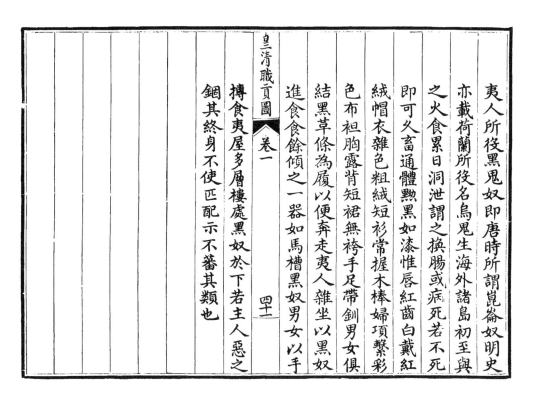

大西洋有教化治世二王貿易者皆治世類夷僧則教化類也奉天主耶蘇像夷人敬信之有大事疑獄不能決必請命焉其法王削髮留鬚帶青斗帽衣緇衣出入張葢樹旛幢僧雛衛之男女見之輒跪捧足俟過乃起凡通曉天官家言曾遊京師者皆留髭鬚解華語能制儀器

大西洋國女尼以白布纏領及胸緇縵緇衣草帶草履夷人敬奉尤甚於僧一女為尼一家皆為佛眷人罹重辟得尼片紙立宥之然其始必捐千金歸公既入寺則終身不出其在澳門者僧居三巴寺龍鬆廟等處尼亦別立寺廟戒律頗嚴

小西洋國夷人

小西洋國夷婦

小西洋去中土萬里屬於大西洋遣夷目守之衣冠狀貌與大西洋畧同常披氅衣藏兵器夷婦青帕蒙首著長衣圍錦幅於前摺袖革履喜執繡譜以習針黹

英吉利國夷人

英吉利國夷婦

英吉利亦荷蘭屬國夷人服飾相似國頗富
男子多著哆囉絨喜飲酒婦人未嫁時束腰
欲其纖細披髮垂肩短衣重裙出行則加大
衣以金縷合貯鼻烟自隨

法蘭西國夷人

法蘭西國夷婦

法蘭西一曰弗郎西即明之佛郎機也自古不通中國正德中遣使請封貢不果後遂闌入香山之澳門其人強横精兵械屢破呂宋滿剌加與紅毛中分美洛居盡擅閩粤海上之利初奉佛教後奉天主教故澳門市易為大西洋所據其酋居呂宋者近與紅毛之英吉利爭雄長而法蘭西亦稍弱焉夷人冠白巾加黑氊帽亦以脱帽為禮其服飾與大小西洋呂宋畧同夷婦妝束亦頗與荷蘭諸國相類

喘國夷人

喘國夷婦

喘亦荷蘭屬國貿易於粵其脫帽為禮與荷蘭相類短衣草履常執籐鞭衛身夷婦方領露胸衣外束裙摺袖舒袂以草為履底綴方木似屐喜以金縷合貯鼻烟時時吸之

日本國夷人

日本國夷婦

日本古倭奴國唐改日本以近東海日出而名也地環海有五畿七道三島宋以前皆通中國明洪武初常表貢方物而夷性狡黠時剽掠沿海州縣叛服無常俗崇釋信巫嗜酒輕生亦習中國文字讀以土音立法頗嚴鮮爭訟竊盜居處飲食有古法其器用製造精巧物產亦饒男髡頂跣足方領衣束以布帶出入佩刀劍婦挽髻插簪寬衣長裙朱履能織絹布

馬辰國夷人

馬辰國夷婦

馬辰國即文郎馬神在東南海中相傳漢馬援南征士卒之裔其地多水惟夷目得陸居夷人則架筏水上覆以板屋俗尚釋教而性強悍男女無敢私合以採藤拾椒為業男剪髮勒以紅帛腰圍花罽出入必佩刀劍常負竹筐以盛椒女袒身跣足繫布裙過膝間披幅帛於胸背汲水則戴瓦瓶於首

汶萊國夷人

汶萊國夷婦

汶萊國即唐時婆羅國東洋盡處西洋所自起也明永樂間常入貢相傳夷目係閩人隨鄭和往因據其地負山面海崇釋教惡殺喜施禁食豕犯者至死以伐木採藤為業男剪髮裹絳帛去鬚留髯與蘇祿相似女散髮垂肩結巾於項著衣裙而跣足

柔佛國夷人

柔佛國夷婦

柔佛國在西南海中其地有東西竺山覆茅為屋列木為城地不産穀常易於鄰壤尚釋教持齋累月見星方食以刀刺茭葦葉為文字婚姻亦論門閥男俱翦髮帽如覆梡銅絲為胎羃以白布衣袴俱短圍花巾於腰身不離刃婦垂髻跣足短衣長裙披錦綳於肩與蘇禄相似善織席

荷蘭國夷人

荷蘭國夷婦

荷蘭又名紅毛番地近佛郎機明萬歷間常
駕大艦泊香山澳求貢市不果已而入閩據
彭湖侵臺灣地
國朝順治十年始由粵通貢康熙初助大兵征
臺有功嗣後貢市不絕其貢道改由福建夷
人黑氊為帽遇人則免冠挾之以為禮著錦
繡絨衣握鞭佩劍夷婦青帕蒙頭領圍珠石
肩披巾緌敞衣露胸繫長裙以朱草為履其

地有咖喇吧為南洋之會又析其名曰喘曰
英吉利

俄羅斯國夷官

俄羅斯國官婦

俄羅斯地在極北漢時之堅昆丁令唐時之黠戛斯骨利幹元時之阿羅思吉利吉斯等部皆其地也有明三百年未通中國

本朝康熙十五年入貢二十八年遣內大臣索額圖等與其使臣費耀多囉等定以格爾必齊河為界自後朝貢貿易每間歲一至其夷官披髮戴三角黑氈帽穿窄袖短衣履草靴出必佩劍官婦則戴紅頂三角帽繫五色長

桶裙披織錦無袖短衣或以貂皮為裏俗以去髮為姣好以免冠為恭敬

俄羅斯國夷人

俄羅斯國夷婦

俄羅斯地有八道稱為斯科每一斯科又各分小斯科俱設官管轄其民聚處城堡居止有廬舍水陸有舟車服氈罽喜飲酒屑麥為餅不飯食性矜夸貪得尚浮屠自國王至庶民有四季大齋數十日

宋腒勝國夷人

宋腒勝國夷婦

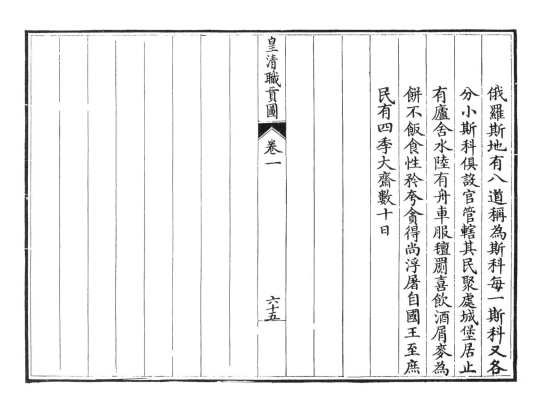

宋腒勝乃暹羅屬國其人多以耕漁為業性情褊急其齋僧飼象與暹羅相類男蓄髮去其鬚首插雉尾腰束疋帛短衣而窄袴無履襪常佩刀劍女椎髻跣足短衣長裙披帛於肩頗能知紡績

東埔寨國夷人

東埔寨國夷婦

東埔寨即真臘國介安南暹羅間隋唐及宋皆朝貢明初亦常至初稱甘孛智萬歷中改今名人情柔弱喜飼象演之為陣用以禦敵常帶劍入山取犀角獻於夷目男剪髮裹頭身衣僅蔽下體女挽髻露肘臂惟蔽其乳圍裙跣足能採桑飼蠶亦能織席

呂宋國夷人

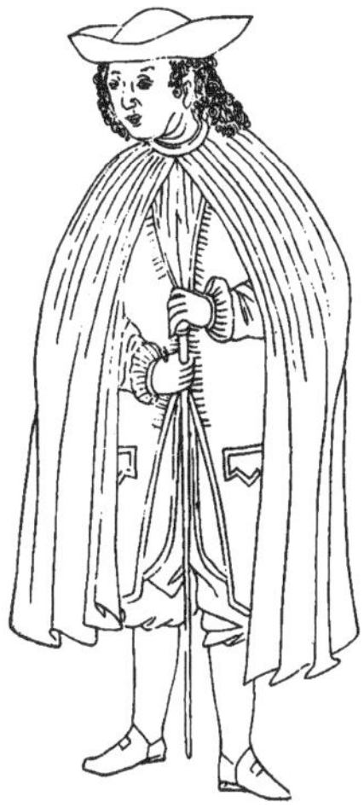

呂宋國夷婦

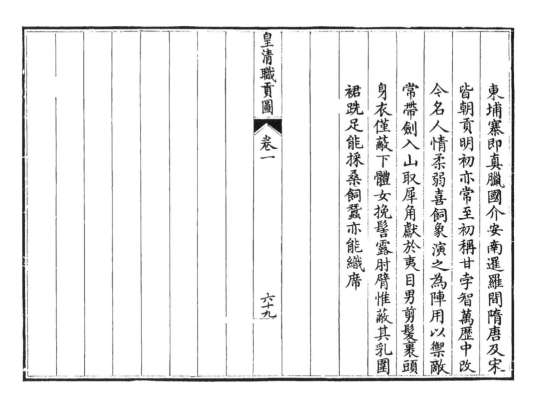

吕宋居南海中去閩之漳州甚近明初朝貢萬歷中為佛郎機所併而仍其國名佛郎機在占城西南先是滅滿剌加又與紅毛中分美洛居至是破吕宋益富強多僑居香山澳門貿易夷人居吕宋者長身高鼻猫睛鷹嘴服飾與大小西洋畧同婦盤髻施簪珥方領露胸短衣長裙裙裏襯藤圈二三層常執帕以葢髻

咖喇吧國夷人

咖喇吧國夷婦

咖喇吧本爪哇故土為荷蘭兼併華人之貿易者多流聚於此性工巧饒謀慮室宇壯麗器具精緻夷人花帛纏頭短衣束腰繞布幅為裙跣足手持木棒有爵者鐫字於上以為別夷婦垂髻施簪珥以花布纏上體短衣長裙露胸跣足善裁製縫紉性嗜啖果

嘛六甲國夷人

嘛六甲國夷婦

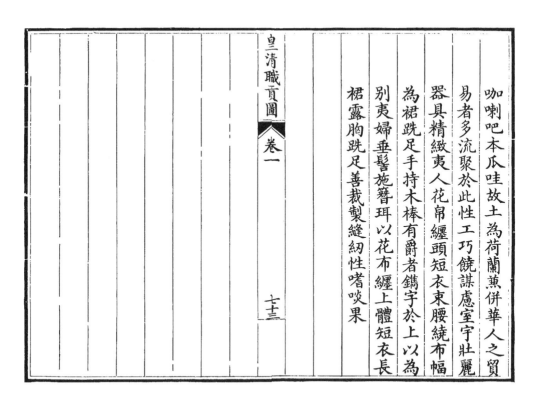

嘛六甲即滿剌加在占城南明初服屬暹羅永樂中其酋遣使入貢封為國王並勒碑文於其國之鎮山後為佛郎機所侵奪嘉靖時敕還其地迄無應者今則為荷蘭所屬其性情機巧器用精緻亞於咖喇吧男以色布纏頭長衣短袴露脛曳履女椎髻跣足垂珠於項短衣長裙頗工縫紉

蘇喇國夷人

蘇喇國夷婦

蘇喇國即回回國在西南或云本蘇門答刺為漢條支唐波斯大食二國地天時温暖無麥有禾一歲二稔多產寶石香藥俗頗淳厚性亦柔善白布纏頭蓄鬚髮著素衣肩披花帛束腰佩劍婦披髮不笄頷下胸前多飾金珠家居常喜現體跣足出行仍以大布蒙首至踵

亞利晚國夷人

亞利晚國夷婦

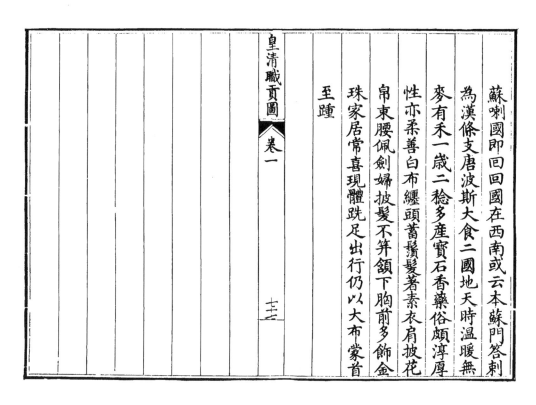

亞利晚國在西洋與回回國相近天氣温和風俗淳厚夷人戴八角帽著長衣采色相間文如柳條窄袖束腰躡草履夷婦披髮不笄以青帕蒙首及背領飾金銀著長衣常持盥器善事女工

皇清職貢圖

卷二

西藏所屬衛藏阿爾喀木諸番民

西藏所屬衛藏阿爾喀木諸番婦

西藏所屬布嚕克巴番人

西藏所屬布嚕克巴番婦

西藏所屬們巴番人

西藏所屬們巴番婦

西藏巴哷喀木等處番人

西藏巴哷喀木等處番婦

西藏察納克番人

西藏察納克番婦

魯康布札番人

魯康布札番婦

伊犂等處台吉

伊犂等處台吉婦

伊犁等處宰桑
伊犁等處宰桑婦
伊犁等處民人
伊犁等處民人婦
伊犁塔勒奇察罕烏蘇等處回人
伊犁塔勒奇察罕烏蘇等處回人婦
哈薩克頭目
哈薩克頭目婦

哈薩克民人
哈薩克民人婦
布嚕特頭目
布嚕特頭目婦
布嚕特民人
布嚕特民人婦
烏什庫車阿克蘇等城回目
烏什庫車阿克蘇等城回目婦

烏什庫車阿克蘇等處回人
烏什庫車阿克蘇等處回人婦
拔達克山回目
拔達克山回目婦
拔達克山回民
拔達克山回民婦
安集延回目
安集延回目婦

安集延回民
安集延回民婦
安西廳哈密回民
安西廳哈密回民婦
肅州金塔寺魯克察克等族回民
肅州金塔寺魯克察克等族回婦

西藏所屬衛藏阿爾喀木諸番民

西藏所屬衛藏阿爾喀木諸番婦

西藏古西南徼外諸羌戎地唐宋為吐蕃部
落今皆皈依達賴喇嘛我
朝命大臣駐守之其地有四曰衛曰藏曰阿爾
曰喀木共轄城六十餘番民男戴高頂紅纓
氊帽穿長領褐衣項掛素珠女披髮垂肩亦
有辮髮者或時戴紅氊凉帽富家則多綴珠
璣以相炫耀衣外短内長以五色褐布為之
能織番錦毛罽足皆履革鞮其賦稅俱進之
達賴喇嘛

西藏所屬布嚕克巴番人

西藏所屬布嚕克巴番婦

布嚕克巴部落在藏地之西南本西梵國所屬西藏郡王頗羅鼐始招服之令每歲遣人赴藏恭請

聖安其男子披髮裹白布如巾幘然著長領褐衣肩披白單手持素珠婦女盤髮後垂加以素冠著紅衣外繫花褐長裙肩披青單項垂珠石纓絡圍繞至背其俗知崇佛唪經然皆紅教也

西藏所屬們巴番人

西藏所屬們巴番人婦

們巴部落本亦西梵國所屬因與布嚕克巴番人接壤常赴藏地其男子披髮頂覆紅牛毛毿毿四垂褐衣革鞮肩披黃單婦女披髮約以金箍綴珠鈿褐衣跣足亦有著革鞮者

西藏巴呼喀木等處番人

西藏巴呼喀木等處番婦

巴呼喀木部落在藏地之東所屬有裏塘巴塘查穆鐸等處其男子戴白氊銳頂帽上插鳥羽三枝著紅褐長領衣皂襪朱履胸佩護心小鏡時負番錦等物赴藏貿易婦女盤髻戴紅綠布冠額綴珠鈿領圍繡巾肩披紅單衣用各色褐布外繫緣邊褐裙束以錦帶跣足不履亦有著草鞮者多皈依紅教

西藏寗納克番人

西藏寗納克番婦

寗納克番人在打箭爐口外居藏地之東亦多皈依紅教男子戴圓頂氈盔著窄袖綿甲背負鐵板脛裹行縢赤足不履出入必佩利刃彎弓挾矢以射獵為事婦女披髮後垂蒙以青帛綴珠為飾耳戴大環繫青絲三絡著三截緣邊褐衣五色花袖而肩背間交縈青紅帛布亦雜綴以珠石蓋川省苗蠻種類也

魯康布札番人

魯康布札番婦

魯康布札部落在藏地之西南數千里荒野蠢頑不知佛教男婦冬衣獸皮夏衣樹葉時捕諸毒蟲以充食其人亦無赴藏者

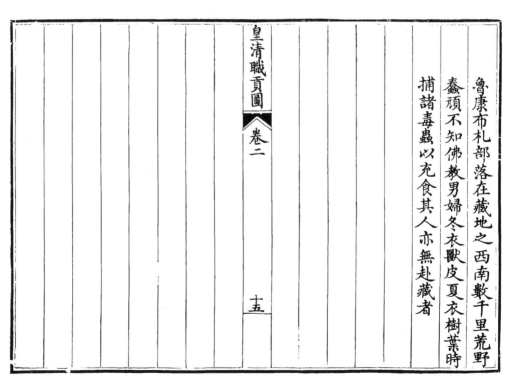

伊犁等處台吉

伊犁等處台吉婦

伊犁即古屈里地也舊為厄魯特部落所屬
有二十一處乾隆二十年
王師平定遂隸版圖其人專事遊牧冬就燠夏
就涼居無定處山多積雪得雨消融足資灌
溉或招回人耕種有黍麥穀數種產瓜與葡
萄而桃李梨杏亦皆有之其頭目謂之台吉
戴紅纓高頂平邊氈帽左耳飾以珠環錦衣
錦帶腰插小刀佩帨巾穿紅牛草鞮其婦辮

髮雙垂約以紅帛綴珠兩耳珠環衣以錦繡
其冠履俱與台吉同

伊犁等處宰桑

伊犁等處宰桑婦

伊犁等處台吉之下各置宰桑以轄民人部落職有大小以所轄之遠近為差男戴紅纓高頂捲邊皮帽左耳亦飾珠環衣長領衣或以錦繡或以紵絲氆氌腰插小刀佩帨巾穿紅牛革鞮其婦人服飾亦俱與台吉之婦相似蓋亦無甚區別也

伊犂等處民人

伊犂等處民人婦

伊犂民人以遊牧為事耕鑿咸仰食于回人男帶黃頂白羊皮帽左耳飾以銅環著無面羊皮衣腰繫布帶穿黃黑革鞮婦辮髮雙垂兩耳俱貫銅環其冠服革鞮亦與男子同

伊犂塔勒奇察罕烏蘇等處回人

伊犂塔勒奇察罕烏蘇等處回人婦

伊犂貿易回人族姓不一住伊犂之塔勒奇察罕烏蘇等處與諸厄魯特貿易又有阿克蘇庫車葉爾羌喀什噶爾奎屯等五種回人各居城堡以耕牧為生乾隆二十年平定伊犂其回人阿迪斯伯克烏素卜等輸誠向化赴

熱河朝覲

賜賚遣歸男戴紅頂貂帽著金絲織錦衣束錦帶

穿嵌花草靴回婦辮髮雙垂約以紅帛綴珠為飾其冠服則與男子相同能織番錦俗稱回子錦每錦一端可易馬十餘匹或羊數十隻

哈薩克頭目

哈薩克頭目婦

哈薩克民人

哈薩克民人婦

哈薩克在準噶爾西北即漢大宛也有東西二部自古未通中國乾隆二十二年東哈薩克之阿布賚阿布勒班必特西哈薩克之阿必里斯等先後率衆歸誠各遣其子姪赴京瞻仰並進獻馬匹遂隸版圖其俗以游牧為生亦知耕種頭目等戴紅白方高頂皮邊帽衣長袖錦衣絲縧革鞮婦人辮髮雙垂耳貫珠環錦鑲長袖衣冠履與男子同其民人男

婦則多氈帽褐衣而已

布嚕特頭目

布嚕特頭目婦

布嚕特民人

布嚕特民人婦

布嚕特在準噶爾西南亦回種也有左右二部乾隆二十三年左布嚕特之瑪穆特庫哩右布嚕特之哈拉博托等率其部落先後歸誠各遣使進京瞻仰遂隸版圖其俗以耕牧為生男戴長頂高沿帽約以白絲四道衣長領錦衣腰繫紅帶足履紅革鞮婦人辮髮雙垂耳貫珠環衣鑲邊長袖錦衣冠履亦同男子

烏什庫車阿克蘇等城回目

烏什庫車阿克蘇等城回目婦

烏什庫車阿克蘇等處回人

烏什庫車阿克蘇等處回人婦

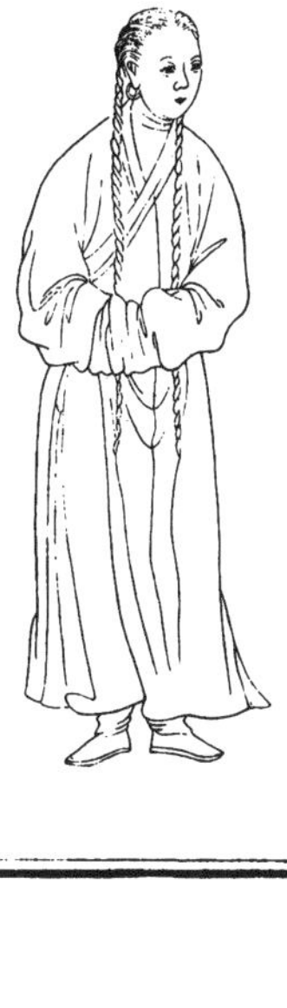

烏什庫車阿克蘇等城回人西域回部也又有和闐五城即古于闐國其回目謂之和卓木各城有伯克以轄之乾隆二十三年烏什城霍集斯伯克遣子莫雜帕爾来京瞻仰頭裹錦巾頂插金條如花葉狀行則瑲然有聲錦衣錦帶履花革鞮蓋回俗貴者之服飾也婦人辮髮雙垂耳貫珠環錦鑲衣花革鞮至回民男婦則小白帽褐衣大約與吐魯番相

似地有城郭村落室廬土産五穀瓜菓男勤耕作女知織紝牲畜駝馬牛羊皆有之

拔達克山回目

拔達克山回目婦

拔達克山回民

拔達克山回民婦

拔達克山在喀什噶爾之西二千餘里蓋西域回部稍大者乾隆二十四年秋大兵追擒逆回兩和卓木至其地其酋素爾坦沙協力堵截執殺兩和卓木獻馘軍門輸誠内屬遣使赴京瞻仰貢獻狗馬槍械等物其附近之坡羅爾等城回人亦俱聞風向化男女服食大約與喀什噶爾等城回俗相同其言語謂之帕爾西話

安集延回目

安集延回目婦

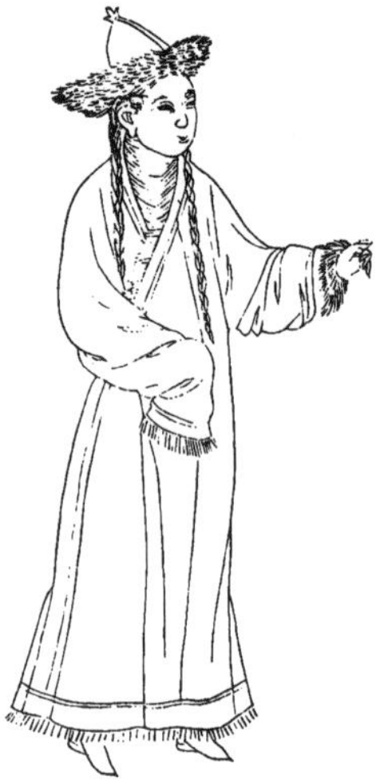

安集延回民

安集延回民婦

安集延城在喀什噶爾西北千餘里其地與
布嚕特接壤各部回人多有往彼貿易者乾
隆二十四年秋大兵平定喀什噶爾其目尼
爾得尼伯克遂納款歸誠其人以貿易耕種
為業言語服食大概亦與喀什噶爾等城回
俗相同

安西廳哈密回民

安西廳哈密回民婦

哈密回民即唐時回紇苗裔明置哈密衛嗣
服屬於準噶爾
本朝定鼎回長奉貢襲封至康熙年間西路用
兵為設駐防武臣屹為重鎮其人男戴紅頂
黑簷帽衣長領齊袖衣婦人披髮四垂戴瓜
皮小帽衣用各色褐布飲食風俗俱同內地
回民歲貢哈密瓜等物其瓜州五堡回民則
係雍正年間投誠安插者服飾與哈密同

肅州金塔寺魯克察克等族回民

肅州金塔寺魯克察克等族回婦

魯克察克闢展二族回民俱吐魯番部落亦

唐時回紇苗裔也

本朝雍正四年投誠内附安插於肅州之金塔

寺威魯堡給田耕種以資生計男子戴緑頂

皮帽衣褐布長領衣婦人髮垂兩辮戴紅帽

斜插沙雞翎衣用紅緑等色布足靴以布帶

縱横繫之其飲食風俗亦同内地回民

皇清職貢圖

卷三

鄂倫綽以下關東

鄂倫綽婦

奇楞

奇楞婦

庫野

庫野婦

費雅喀

費雅喀婦

恰喀拉

恰喀拉婦

七姓

七姓婦

赫哲

赫哲婦

羅源縣畬民以下福建省
羅源縣畬民婦
古田縣畬民
古田縣畬民婦
臺灣縣大傑嶺等社熟番
臺灣縣大傑嶺等社熟番婦
鳳山縣放繚等社熟番
鳳山縣放繚等社熟番婦

諸羅縣諸羅等社熟番
諸羅縣諸羅等社熟番婦
諸羅縣蕭壠等社熟番
諸羅縣蕭壠等社熟番婦
彰化縣大肚等社熟番
彰化縣大肚等社熟番婦
彰化縣西螺等社熟番
彰化縣西螺等社熟番婦

淡水廳德化等社熟番
淡水廳德化等社熟番婦
淡水廳竹塹等社熟番
淡水廳竹塹等社熟番婦
鳳山縣山猪毛等社歸化生番
鳳山縣山猪毛等社歸化生番婦
諸羅縣內山阿里等社歸化生番
諸羅縣內山阿里等社歸化生番婦

彰化縣水沙連等社歸化生番
彰化縣水沙連等社歸化生番婦
彰化縣內山生番
彰化縣內山生番婦
淡水右武乃等社生番
淡水右武乃等社生番婦
永綏乾州等處紅苗以下湖南省
永綏乾州等處紅苗婦

鄂倫綽

鄂倫綽婦

寧古塔之東北海島一帶唐書所云少海之北三面阻海人依嶼散居有魚鹽之利者人有數種鄂倫綽其一也在近海之多羅河強黔山游牧男女皆披髮跣足以養角鹿捕魚為生所居以魚皮為帳性懦弱歲進貂皮

奇楞

奇楞婦

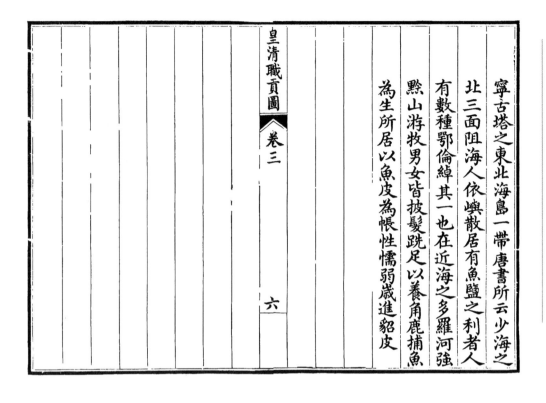

奇楞在寧古塔東北二千餘里亨滾河等處性強悍以捕魚打牲為業男女衣服皆鹿皮魚皮為之無書契其土語謂之奇楞話歲進

貂皮

庫野

庫野婦

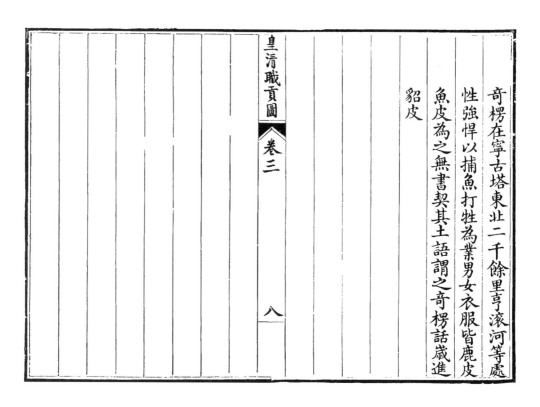

庫野居東海島之雅丹達里堪等處男則薙頂心以前之髮而蓄其後長至肩即截去草笠布衣綴紅布卍字於肩背間亦有衣魚皮者性好鬬出必懷利刃婦女幼時即以針刺唇用烟煤塗之土語謂之庫野話歲進貂皮

費雅喀

費雅喀婦

費雅喀在松花江極東沿海島散處以漁獵為生男女俱衣犬皮夏日則用魚皮為之性悍好鬬出入常持兵刃歲進貂皮

恰喀拉

恰喀拉婦

恰喀拉散處於渾春沿東海及富沁岳色等河男女俱於鼻傍穿環綴寸許銀銅人為飾男以鹿皮為冠布衣跣足婦女則披髮不笄而襟袵間多刺繡紋其屋廬舟船俱用樺皮俗不知網罟以乂魚射獵為生性游惰無蓄積土語謂之恰喀拉話歲進貂皮

七姓

七姓婦

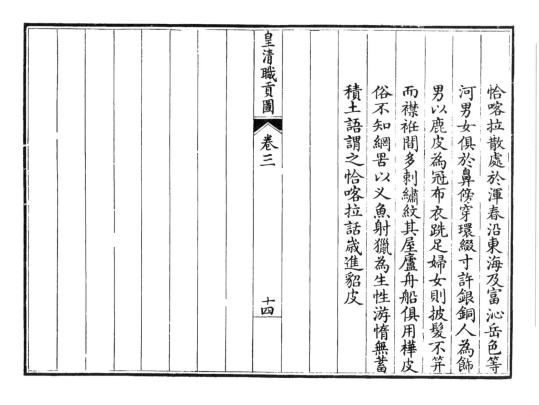

七姓在三姓之西二百餘里之烏扎拉洪科等處性多淳樸地產菽麥雖知耕種而專以漁獵為生遇冬月氷堅則足踏木板溜氷而射其婦女亦善伏弩捕貂衣帽多以貂為之土語謂之烏迪勒話歲進貂皮

赫哲

赫哲婦

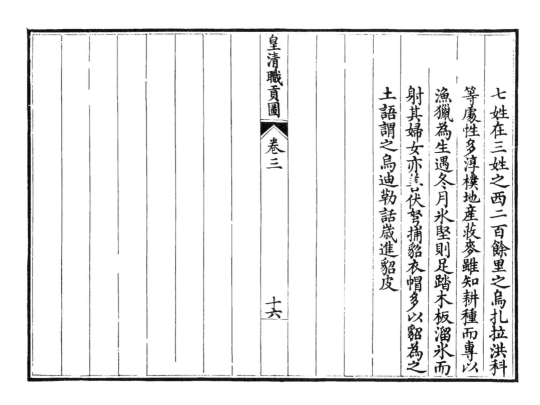

赫哲所居與七姓地方之烏扎拉洪科相接性強悍信鬼怪男以樺皮為帽冬則貂帽狐裘婦女帽如兜鍪衣服多用魚皮而緣以色布邊綴銅鈴亦與鎧甲相似以捕魚射獵為生夏航大舟冬月冰堅則乘冰床用犬挽之其土語謂之赫哲話歲進貂皮

羅源縣畲民

羅源縣畲民婦

福州府屬羅源等縣畲民即粤之猺人福建通志云汀猺人與虔漳潮潯接壤以槃藍雷為姓又連江志畲民五溪槃瓠之後也桂海虞衡志謂之猺今居羅源者秖藍雷二姓相為婚姻或云海南民藍奇雷聲隨王審知入閩因居羅源村中然不可考其習俗誠樸與土著無異無酋長統轄多在荒僻山巔結茅為屋男女相助力作采薪捕魚以供食用男推髻短衣荷笠攜鋤婦挽髻蒙以花布間有戴小冠者貫綠石如數珠垂兩鬢間圍裙著履其服色多以青藍布

古田縣畲民

古田縣畲民婦

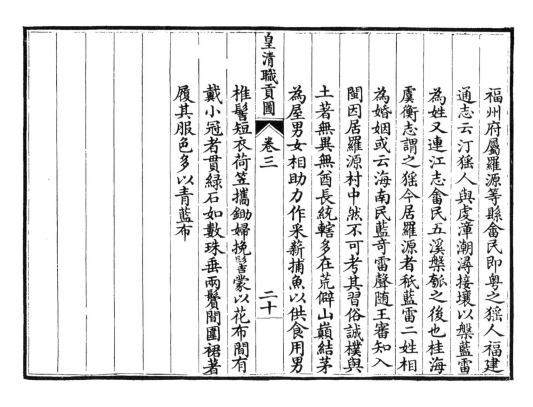

古田畲民即羅源一種散處縣之上洋等村以耕漁為業竹笠草履勤於負擔婦以藍布裹髮或戴冠狀如狗頭短衣布帶裙不蔽膝常荷鋤跣足而行以助力作

臺灣縣大傑嶺等社熟番

臺灣縣大傑嶺等社熟番婦

臺灣自古不通中國
本朝始入版圖番民有生熟二種聚居各社如内地之村落不設土司衆推一人約束其大傑嶺等社熟番編竹木為牆屋葢以茅茨土基甚高入室必以梯男剪髮束以紅帛衣用布二幅聯如半臂垂尺許于肩肘腰圍花布寒衣曰縵披其長覆足婦衣亦然俱以銅鐵環束兩腕或疊至數十各縣社番多有之嚼

米為酒恒攜黃梨以佐食男女相悅即野合府志稱各社終身依婦以處贅壻即為子孫歲輸丁賦七十餘兩其新港卓猴二社舊屬諸羅今改隸臺灣縣治

鳳山縣放縤等社熟番

鳳山縣放縤等社熟番婦

放綀等社熟番相傳為紅毛種類康熙三十
五年歸化其人善耕種地産香米男以鹿皮
蔽體或披氈㪚衣女著衣裙喜懸螺貝于項
間腕束銅環而跣足捕鹿必聽鳥音以占得
失婚娶名曰牽手女及笄搆屋獨居番童以
口琴挑之喜則相就遇吉慶輒艶服簪野花
連臂踏歌名曰番戲疾病不事醫藥用冷水
浴之茄藤力力等社皆然歲輸丁賦三百四
十九兩零

諸羅縣諸羅等社熟番

諸羅縣諸羅等社熟番婦

諸羅山社相傳亦紅毛種類風俗物產與鳳山放縤等社相似男番首插雉尾以樹皮績為長衫夏常裸體女盤髮綴小珠覆以布帕項圍白螺珊瑚為飾又男番喜穿耳納竹圈于中漸易大者久之將垂及肩乃實以圓木或嵌螺錢各縣社番多有之諸羅社在縣西其打猫社他里霧社柴裏社俱在縣北

諸羅縣蕭壠等社熟番

諸羅縣蕭壠等社熟番婦

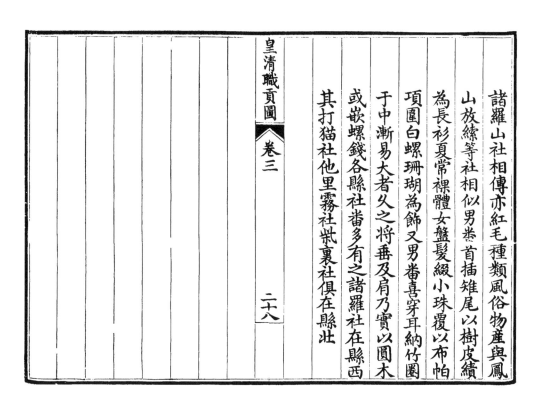

諸羅縣南曰蕭壠社曰加溜灣社曰麻豆社曰哆咯嘓社服飾大略與諸羅等社同男以竹片束腰曰箍肚欲其漸細能截竹為簫長二三尺以鼻吹之歲時婦女多以糍餌相餽餉又按府志哆囉嘓社男女成婚後俱折去上齒各二彼此謹藏蓋亦終身不改之意云

凡諸羅縣各社歲輸丁賦一百八十餘兩

彰化縣大肚等社熟番

彰化縣大肚等社熟番婦

彰化縣屬土番濱海倚山種類蕃雜共五十社其大肚等社番皆以漁獵為業善鏢箭竹弓竹矢傅以鐵鏃亦勤耕作番婦則擕飲食餉之暇日或至縣貿易

彰化縣西螺等社熟番

彰化縣西螺等社熟番婦

西螺等社熟番居處服飾與大肚等社相似
其人趫捷束腹奔走接遞文移官給以餼番
婦常挈子女赴縣用穀帛相貿易凡彰化縣
各社歲計輸丁賦四百六十三兩零

淡水廳德化等社熟番

淡水廳德化等社熟番婦

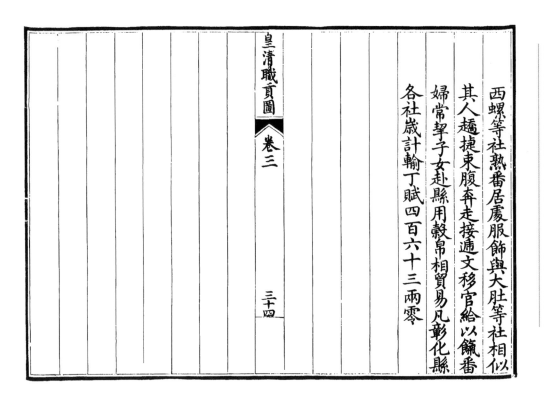

淡水廳以臺防同知駐劄故名德化蓬山呑霄中港四社在同知所駐竹塹城之北其地濱洋下濕結茅成屋或以板為之飯以黍米滷浸魚蝦供饌男婦皆短衣腰圍幅布并力耕作亦事漁獵暇則吹竹笛彈竹琴以為樂

淡水廳竹塹等社熟番

淡水廳竹塹等社熟番婦

竹塹城為臺防同知駐劄之地竹塹社在城北五里其南坎社淡水内外社俱在城南甚遠風俗與德化等社相似男剪髮齊額或戴竹節帽素衣繡緣如半臂下體圍花布婦盤髻約以朱繩衣亦如男常攜葫蘆汲水蒸黍凡淡水各社熟番俱與通事貿易歲輸丁賦二百六十餘兩皮稅一兩餘

鳳山縣山猪毛等社歸化生番

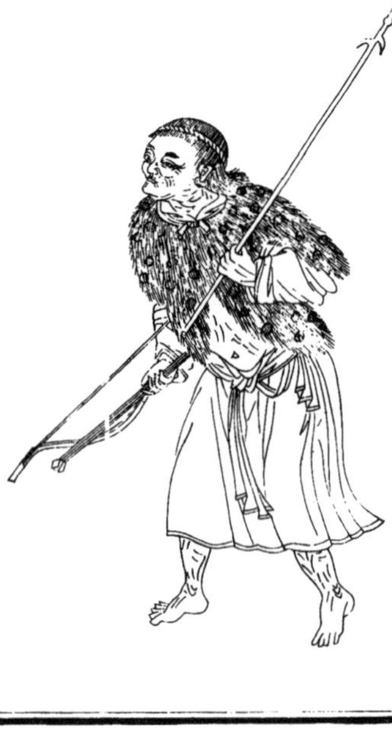

鳳山縣山猪毛等社歸化生番婦

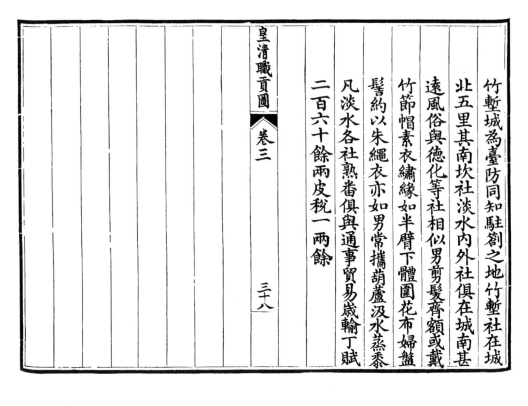

生番在山谷中深林密箐不知種類鳳山等縣皆有之山猪毛等社於康熙五十五年雍正二年先後歸化共七十四社自立土目約束其居擇險隘處疊石片為屋無異穴處男女披髮裸身或以鹿皮蔽體富者偶用番錦嗶吱之屬能績樹為布亦知耕種黍稷喜啖薯蕷見親朋以鼻相就為敬婚姻則歌唱相合而成時挾弓矢鏢槍捕獐鹿以其肉向民人易鹽布釜甑歲輸皮稅二十餘兩

諸羅縣内山阿里等社歸化生番

諸羅縣内山阿里等社歸化生番婦

内山阿里等社自康熙二十二年歸化擇其語音頗正者為通事番人皆依山穴土以居飲食衣服與山猪毛等社相似不諳耕作惟植薯蕷于石罅挾弓矢獵獐鹿以佐食足趾若雞爪履險如平地歲輸丁賦三十餘兩

彰化縣水沙連等社歸化生番

彰化縣水沙連等社歸化生番婦

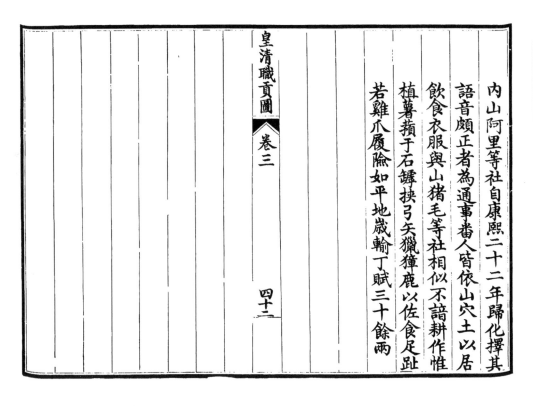

水沙連及巴老遠沙里興等三十六社俱于康熙雍正年間先後歸化其地有大湖湖中一山聳峙番人居其上石屋相連能勤稼穡多麥豆薟藏饒裕身披鹿皮績樹皮橫聯之間有著布衫者番婦掛圓石珠于項自織布為衣善織罽染五色狗毛雜樹皮陸離如錦婚娶以刀斧釜鐺之屬為聘雖通舟楫不至城市或赴竹腳寮社貿易歲輸穀十五石三斗皮稅四兩三錢

彰化縣內山生番

彰化縣內山生番婦

内山生番居深山窮谷人跡罕到巢居穴處茹毛飲血裸體不知寒暑登峰越箐捷若猿猱善鏢箭發無不中秋深水涸之候常至近界鏢射麂麞遇内地人輒加戕害番婦針刺兩頄如網巾紋亦能績樹皮為罽

淡水右武乃等社生番

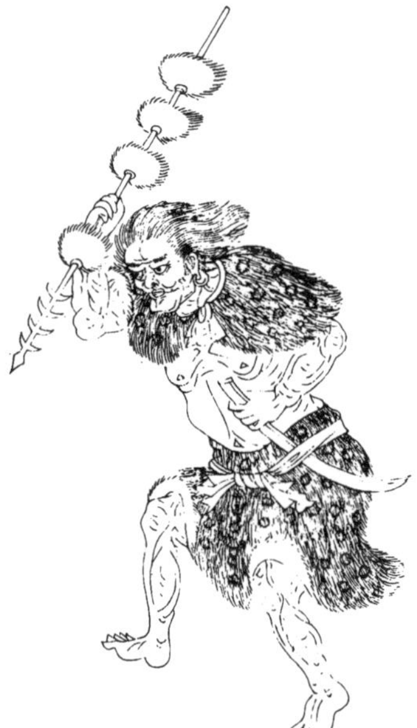

淡水右武乃等社生番婦

淡水同知屬内山右武乃等社生番倚山而居男女俱裸或聯鹿皮緝木葉為衣食生物性剛狠以殺為事隆冬草枯水涸追射麞鹿攀援樹木趫捷如飛其竹塹東南内山生番俗亦相等

永綏乾州等處紅苗

永綏乾州等處紅苗婦

按文獻通考苗古三苗之裔又杜氏通典長沙黔中五溪蠻皆盤瓠種今苗類不一然考三苗自舜時已徙之三危而苗人至今多祀盤瓠為祖永綏等處之紅苗歷代不通聲教雍正八年六里紅苗歸誠特分設永綏同知以理之苗居多依山嶺刀耕火種男蓄髮去鬚衣綴錫片領帶俱尚紅故名紅苗出入佩刀婦髻插銀梳衣短衫繫繡裙俗尚鬼每亥

子兩月殺牛祭神婚姻以唱歌相悅而成嫁時母送女往索銀始歸謂之娘錢賦稅有秋糧雜糧按户均輸

靖州通道等處青苗

靖州通道等處青苗婦

青苗靖州通道綏寧城步各屬皆有之習俗與紅苗略同而性情較淳以服色俱尚青黑故名青苗男子勤力作時荷擔趂墟婦髻插木梳不著裙袴能繡蠻錦花巾所居多在深山峦箐中間有與居民雜處者

安化寧鄉等處猺人

安化寧鄉等處猺婦

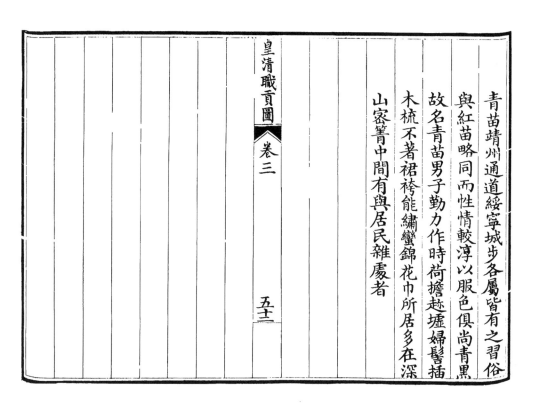

猺人裔出于苗因其不事徭役故别稱曰猺亦名獏猺其在湖南者聚處安化寧鄉武岡溆浦山谷間環紆千餘里與苗分類歷代反覆無常

本朝以来咸知向化有平地高山二種平地猺雜居州邑耕讀與民無異高山猺阻山憑險所種多黍菽或伐竹樹易穀而食男女俱以花帛抹額繫錦兜于胸前每稼穡登場後治酒延賓擊長鼓吹蘆笙男女跳舞而歌名曰跳歌其賦税與齊民一體輸納

寧遠等處箭桿猺人

寧遠等處箭桿猺婦

箐桿猺乃猺人中之一種因其用竹箭為簪長尺餘或七枝五枝三枝不等插于髻故以為名男女喜著青藍短衣緣以深色其居處風俗悉與猺人同

道州永明等處頂板猺人

道州永明等處頂板猺婦

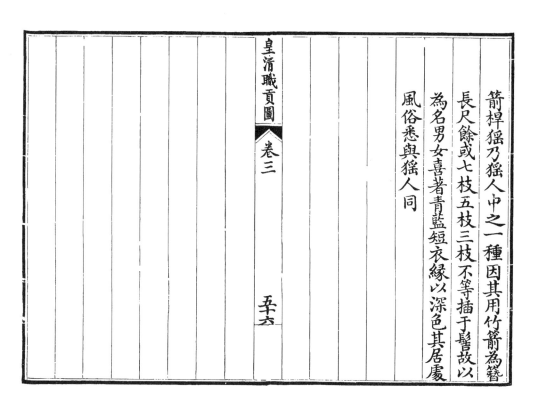

頂板猺道州永明江華等處皆有此種男椎髻長簪女盤髻向後橫頂木板一片兩端綴珠繫以紅繩結之頷下故名之曰頂板猺其居處風俗俱與苗猺相似

永順保靖等處土人

永順保靖等處土婦

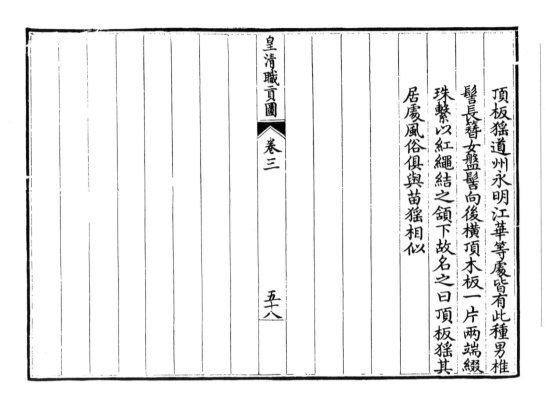

土人先本苗蠻自唐以蠻中大姓彭氏冉氏分土管轄始有土人之名歷代反覆不常時勤勦撫明時始授永保等土司為宣慰使
國初一如明制嗣因土官貪暴雍正二年改土歸流添設永順府治土人咸登衽席矣其地山多田少刀耕火種男花布裹頭足著草履女椎髻向後衣裙俱短婚禮以一牛餽女之外家謂之骨種錢婦勤于紡織土綾土布民間亦多資之賦稅各邑折徵秋糧自數十兩至數百兩不等

皇清職貢圖
卷四
新寧縣猺人以下廣東省
新寧縣猺婦
增城縣猺人
增城縣猺婦
曲江縣猺人
曲江縣猺婦
樂昌縣猺人
樂昌縣猺婦
乳源縣猺人
乳源縣猺婦
東安縣猺人
東安縣猺婦
連州猺人
連州猺婦

靈山縣獞人
靈山縣獞婦
合浦縣山民
合浦縣山婦
瓊州府黎人
瓊州府黎婦
臨桂縣大良猺人以下廣西省
臨桂縣大良猺婦

永寧州梳猺人
永寧州梳猺婦
興安縣平地猺人
興安縣平地猺婦
灌陽縣竹箭猺人
灌陽縣竹箭猺婦
羅城縣盤猺人
羅城縣盤猺婦

修仁縣頂板猺人
修仁縣頂板猺婦
慶遠府過山猺人
慶遠府過山猺婦
陸川縣山子猺人
陸川縣山子猺婦
興安縣獞人
興安縣獞婦

賀縣獞人
賀縣獞婦
融縣獞人
融縣獞婦
龍勝苗人
龍勝苗婦
羅城縣苗人
羅城縣苗婦

懷遠縣苗人
懷遠縣苗婦
岑溪縣狼人
岑溪縣狼婦
貴縣狼人
貴縣狼婦
懷遠縣狑人
懷遠縣狑婦

馬平縣犽人
馬平縣犽婦
思恩府屬獞人
思恩府屬獞婦
西林縣皿人
西林縣皿婦
西林縣狭人
西林縣狭婦

太平府屬土人
太平府屬土婦
西隆州土人
西隆州土婦

新寧縣猺人

新寧縣猺婦

猺本槃瓠之種由楚省蔓延粤東之新寧增城曲江樂昌乳源東安連州等七州縣明洪武永樂時猺首槃貴等相繼来朝始立土司正統以後屢次作亂

本朝初年復肆行刧掠先後討平至康熙四十二年招撫歸順分隸各州縣其在新寧者居縣屬之大隆峝言語服飾漸與内地習染同齊民一體編户輸糧婦人髻環衣飾亦與民無異戴笠跣足能助耕作及紡織刺繡之事

增城縣猺人

增城縣猺婦

猺之在增城者居縣屬邊境山巖間刀耕火種善用弩箭射獸其服飾與齊民相似猺婦總髮為髻繫以紅繩衣衫裙袴亦彷彿民間常跣足入山樵採或擕瓠貯茶以售于市

曲江縣猺人

曲江縣猺婦

曲江縣猺人居縣屬之西山距城百二十里男子椎髻環耳領緣尚繡膝以下束布至脛常用甕囊攜物出山貿易猺婦髻貫竹箭覆以花帕重裙無袴跣足而行能作竹木器舁負趁墟以易鹽米因婦人髻貫竹箭故概名曰箭猺

樂昌縣猺婦

樂昌縣猺人

樂昌縣猺人居縣屬之大嶺及龍嶺脚二處距城五六十里其服飾與曲江箭猺彷彿或時用花帕纏頭猺婦亦盤髻貫簪短衣短裙能跣足登山亦常負物入市

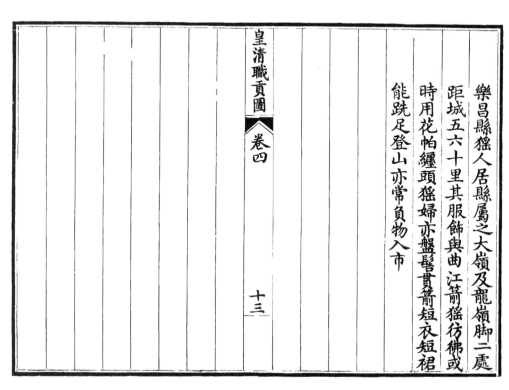

乳源縣猺人

乳源縣猺婦

乳源縣猺人居深山中耕山為業距城百五十里有生熟二種生猺不與華通熟猺常出貿易頭纏花帕耳帶大環猺婦恒簪小竹桿二三枝復纏以髮用帕蒙之身衣短衫裙不蔽膝時有往来城鄉與民人市易鹽米者

東安縣猺人

東安縣猺婦

東安縣猺人居縣屬之雲廒雲容二峒距城百五十里其服食耕種大概與齊民無異惟椎髻用花帕纏頭是其俗習而言語侏離殊不可通猺婦亦用花帕纏頭短裙跣足能耕耘紡織

連州猺人

連州猺婦

連州猺人畜髪為髻紅布纏頭喜插雞翎性兇悍不馴亦間有識字者或時以山果入市猺婦衣尚刺繡皆自為之青帕蒙頭飾以簪珥常著芒鞋登山樵採婚姻以唱歌相諧所居距州城四十里

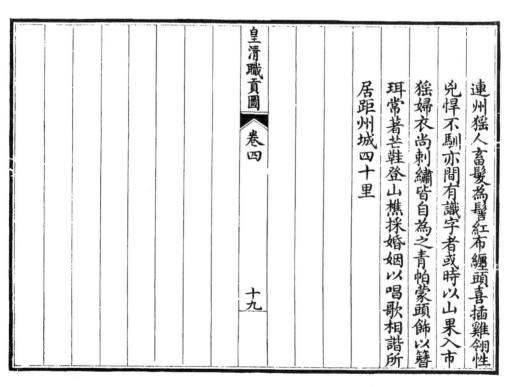

靈山縣獞人

靈山縣獞婦

靈山縣獞人本廣西狼兵明天順時奉調征勦遂就此生聚散處縣屬之十萬山中性質粗悍又謂之山人戴笠跣足衣飾亦與齊民相彷掬水而飲摶飯而食茅茨衡板上棲下牧男女婚姻不以禮善樂弩以捕獵為生獞婦用花帛兜肚袴僅蔽膝往来墟市必持雨傘而行

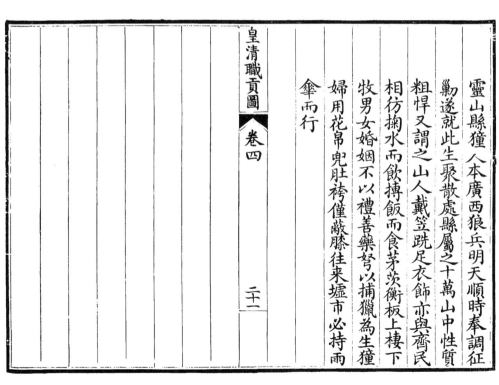

合浦縣山民

合浦縣山婦

合浦縣山民一名獏猺自荆南五溪而来本猺獞之類而不屬于峒長故名獏猺隨溪谷羣處斫山為業有採捕而無賦役服飾略同齊民惟以青布纏頭所居在大山中聞民人語輒趨避畏入城市俗呼山仔老其山婦俗呼山仔婆喜以繡帛束胸短裙跣足常負籐囊至墟貿易

瓊州府黎人

瓊州府黎婦

按黎人後漢謂之俚人俗呼山嶺為黎而俚居其間於是訛俚為黎散處於瓊屬五指山各峒中性兇橫時相讐殺自唐至

本朝叛服不常康熙三十八年總兵唐光堯率兵勦撫始獲綏靖雍正七年各峒生黎咸願入版圖悉為良民男椎髻在前首纏紅布耳垂銅環短衣至膝下體則以布兩幅掩其前後而已射獵耕樵為生黎婦椎髻在後首蒙

青帕嫁時以針刺面為蟲蛾花卉狀服繡吉貝繫花結桶桶似裙而四圍合縫長僅過膝其俗親死不哭惟啖生肉即以為哀慟切至

臨桂縣大良猺人

臨桂縣大良猺婦

臨桂縣大良猺多居深谷間以遠近為伍木葉覆屋椎髻跣足短衣緣繡以錦綴膝出必攜雨葢猺婦以銀簪遍插髻間耳綴大銀環以蠻錦刺繡為衣時攜竹籃趁墟陳隋間時嘯聚為居民患唐貞觀中守臣諭以禍福悉出迎降至元明時常附獞劫掠

本朝定鼎以來懷德畏威耕鑿相安納正供與良民等矣

永寧州梳猺人

永寧州梳猺婦

永寧梳猺居山谷最僻處男婦以耕織為生無賦稅明景泰時始出與州民貿易人至其家即非素識必具牲醴相款洽男不留髭鬚椎髻纏花巾領袖緣以花布女布衣花帶不事裝飾以髻中綰木梳故槩名梳猺

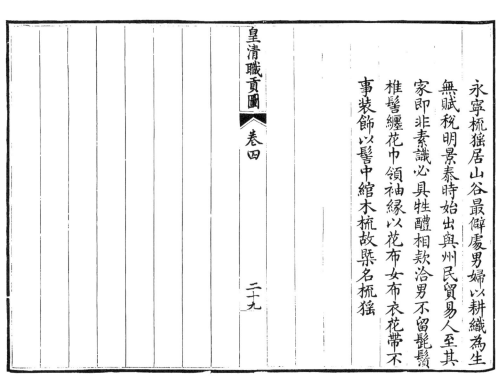

興安縣平地猺人

興安縣平地猺婦

興安縣平地猺傍石林結茆屋佃田輸租不事剽竊俗醇似平民因名平地猺男花帛裹頭帶銀手釧衣袴俱錦緣時以布囊負物女錦纏頭綴以珠玉項飾銀圈花布巾束腰偶詣親串家晴雨必以油蓋自隨每歲首祀槃瓠雜置魚肉酒飯於木槽叩槽羣號以為禮

灌陽縣竹箭猺人

灌陽縣竹箭猺婦

竹箭猺類湖南之箭桿猺散處灌陽縣之歸化上下二里耕山種畬有田輸賦者甚少性樸易馴土民常募使佃作男女俱挽髻簪竹簪三枝有似於箭男衣緣邊短衣女花領繡裙時入林採茶

羅城縣盤猺人

羅城縣盤猺婦

羅城縣猺人居縣屬之通道鎮歲時祭賽盤古廟因名盤猺又名自在猺代山火食俗尚踏歌濃妝綺服一唱百和謂之會閬元夕中秋為盛餘節亦間舉男五色布裹頭領緣花絨帶綴制錢女以竹片綴珠覆首布衣花袖帶亦綴錢復結制錢為佩繫之當胸行步則瑲然有聲

修仁縣頂板猺人

修仁縣頂板猺婦

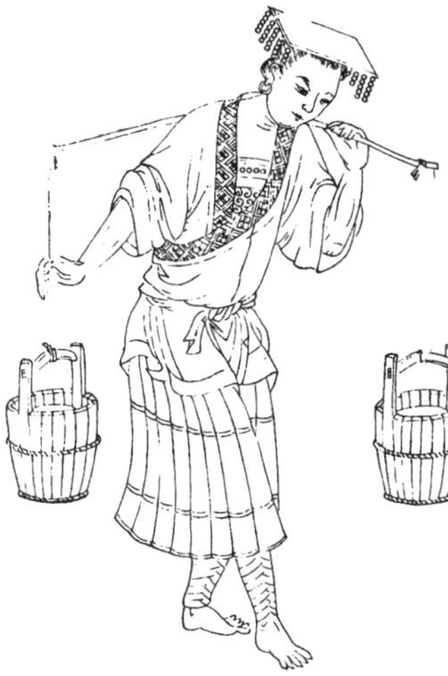

頂板猺居修仁縣之山麓間以所耕磽瘠免賦稅頗安業不為非男女短衣花領皆以黃蠟膠紅板於首女則綴以琉璃珠纍纍若瓔珞然與湖南之頂板猺同但以繩結領下者略異其俗女嫁時擕汲桶至夫家夫擘女背者三婦乃以桶出汲

慶遠府過山猺人

慶遠府過山猺婦

慶遠府屬猺人向隸土司雍正七年改土歸流遂入版籍供賦役其過山猺僻處山顛以焚山種植為業地力漸薄輒他徙故以過山為名不知紡織布帛皆市之獞人性善走生子始能行燒鐵石烙其足底使痛癢皆無所知故履險如平地男女俱插長簪短衣繡領結絲綢為袋以負物各以繩繫額而行

陸川縣山子猺人

陸川縣山子猺婦

山子猺居深山中耕山為業遷徙無常類過山猺故別其名曰山子性敦樸人或以物寄藏雖久弗失時採山菓哆囉衮等物鬻於墟男椎髻纏頭著短袖衣女則以繡緣領每出行男女皆攜葫蘆為飲罷

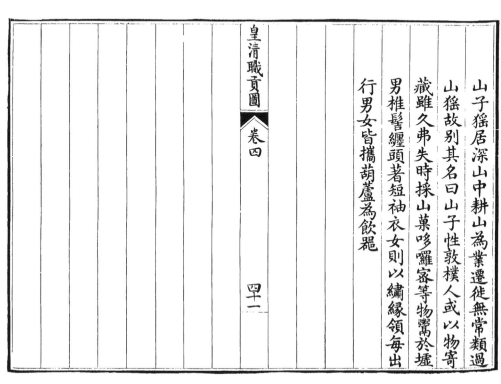

興安縣獞人

興安縣獞婦

獞亦槃瓠遺種元時自楚黔至粤蔓衍桂平梧各郡山谷間與猺雜居而性尤獷悍喜攻擊撞突故曰獞其在興安之富江諸處者被化最早習俗較醇以耕種負販為生席地而炊摶飯而食男藍布裹頭婦椎髻銀簪懸以花勝抹額悉綴以珠衣裳俱緣以錦繡宴客人置一罌食餘則各攜去

賀縣獞人

賀縣獞婦

賀縣獞人始来自楚居縣屬南鄉有生熟二種熟者入籍輸税生者居深山中性剽悍明隆慶時其酋楊公滿等作亂都御史殷正茂等討平之

本朝以来獞人安耕織慕文物男花巾纏頭項飾銀圈青衣繡緣女環髻遍插銀簪衣錦邊短衫繫純錦裙華麗自喜能織獞錦及巾帕其男子所攜必家自織者

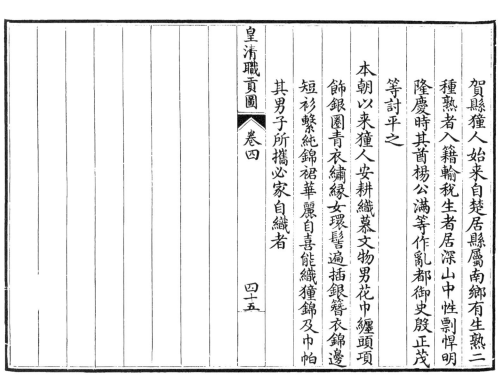

融縣獞人

融縣獞婦

融縣之水冷峒左右藤蒼樹古多猿猱獞人視若儕伍結廬其中號蘇欄男女羣處子娶婦始別欄馬性雖悍頗知奉法有田者必爭先輸課善雞卜執雄雞禱畢殺之拔兩股骨視骨側細竅遍插竹筳斜正偏直任其自然以定吉凶男花布纏頭女項飾銀圈衣緣以錦花褶繡履時攜所織獞錦出售必帶竹笠而行

龍勝苗人

龍勝苗婦

龍勝界連黔粵多層巖疊嶂苗人架竹木為樓居相率種植射獵性獷悍賤老貴少不留髭鬚謂之羅漢喜結交與親暱者至以身殉之若其人欲他往遂殺而食其肉裹骨以錦置家祠奉之誌不忘焉歷代梗化屢討屢叛自乾隆五年勦撫以來相戒守分悉除從前惡習計田輸稅男纏頭插雉尾耳環項圈青衣緊袖女挽髻遍插銀簪復以長簪綴紅絨短衣緣錦花兜錦裙常手攜檳榔盒男女皆跣足而行

羅城縣苗人

羅城縣苗婦

苗之在羅城者與猺雜居而性頗不類好吹笙男子髻插三雉尾耳環手鐲短衣繡緣苗婦椎髻長簪著鑲錦敞衣胸露花兜裳則純錦以示靚麗能織番錦又善音操楚歌挂釵留客能為鸜鵒舞娶婦生女則送歸母家謂之一女来一女往食則以手摶飯和以魚鮓為上食交易以木刻記之宋時始置縣治猶頑梗今則奉法與齊民同村落亦有塾舍書聲

懷遠縣苗人

懷遠縣苗婦

懷遠縣之武洛猛團等處苗人寨馬山產桐茶樹収其子為油以資生計貧者或以採薪為業婦人勤於紡織俗貴鹽非賓至不輕用有曲直不相服者聚衆辨論謂之款坪不直者罰酒肉餉衆以蘆管為笙每立春前一日入城吹之先官署次紳士家且歌且舞其辭皆時和年豐官清民樂之意男女服飾均與龍勝苗人相同

岑溪縣狼人

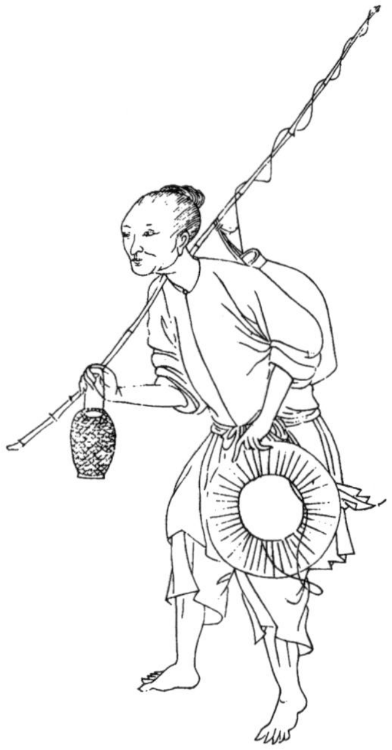

岑溪縣狼婦

狼人亦槃瓠遺種散處粤西山谷閒明弘治閒時奉調遣謂之狼兵岑溪縣之北科峒土地肥美宜五穀萬歷時狼目韋月率兵屯種韋衰徐勝繼之遂屬徐勝子孫管領

國朝順治初亦調狼兵二十名戍其地今為例男椎髻績麻為衣以耕漁為生婦垂髻耳環與民人相同喜以茜草染齒使紅以示麗貧者時戴笠攜筐挑野蔬以佐食善雞卜與獞差異視骨理之明暗以定吉凶

貴縣狼人

貴縣狼婦

明正德時粵西流賊四起貴縣民多逃亡田地荒蕪因狼人兵征賊有功使耕其地遂居縣屬五山九懷之中長子孫焉世以耕獵為生亦有粗知漢字者男戴笠著履時攜巾扇閒遊女青衣繡裳繫紅綠彩色帶喜簪花亦喜以茜草染齒婚聘以饋肉為禮男女迎送則歌聲互答以相歡悅

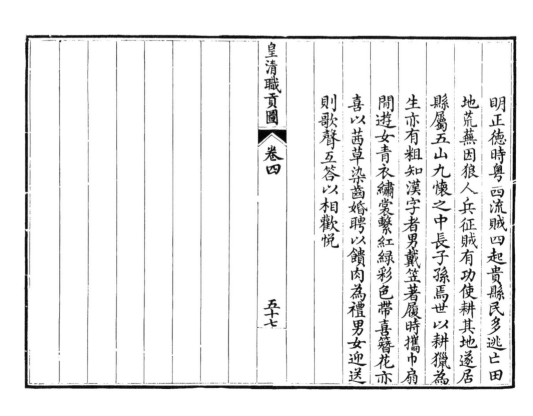

懷遠縣狑人

懷遠縣狑婦

狑者另也諸蠻之外另為一種與猺獞又別故曰狑人其貴少賤老不留髭鬚亦似苗但不若苗之頑悍懷遠之永吉三峒等村多幽崖奥谷狑人依焉不室而處採橡薯為糧或射狐掘鼠及捕蟲蠆以充食婦女亦間採山菓以佐之不識紡織以卉為衣鴃舌鳥言須重譯乃通

馬平縣犽人

皇清職貢圖　卷四　六十

馬平縣犽婦

皇清職貢圖　卷四　六十一

犽人亦槃瓠種居馬平縣之山谷間以耕獵為業明代屢次作亂都督韓觀等先後勦撫百年以来奉法與齊民等男黑布裹頭黑衣花帶婦短衫緣錦袖連彩帛三四重裙則純錦常刺額為花草蛾蝶狀所謂雕題漆齒也有生熟二種在深谷者為生丁亦名黑丁雜民居者為熟丁亦名白丁

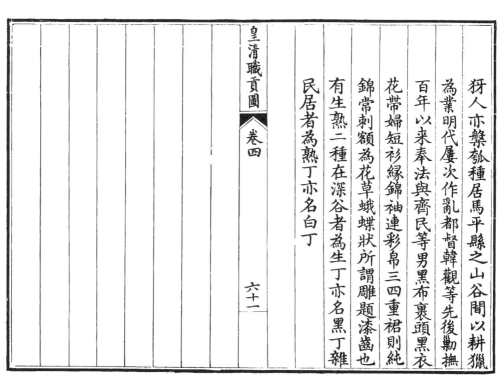

思恩府屬獞人

思恩府屬獞婦

獞人自稱曰獞散居思恩及田州等處思恩古雕題地田州則越裳故處也明時屢肆猖獗經王守仁殷正茂等先後勦撫設那馬興隆安定各土司分治之

本朝雍正年間改土歸流獞人悉隸版籍所居在山頂無族姓可考尚鬼重財不好田作採薪易穀家無宿舂男三十以上乃婚婦首綰雙髻短衣布裙亦佐夫樵薪為業

西林縣皿人

西林縣皿婦

皿人即西林土人散處山谷明時置上林長官司轄之

本朝康熙五年始設西林縣治男錦巾裹頭著紅綠衣每逢佳節好吹笛遊玩女挽雙髻覆以繡帕著花領衣繫綠裙素淡食嗜酸味所種山田必待雨而耕旱則竹筧引泉以溉歲輸正供少逋負者

西林縣狆人

西林縣狆婦

狆人家無蓄積以多牛為富居處飲食與皿人相類而服飾稍別男花布裹頭喜著半背攜自織錦帕婦以絲帛約髮髻插鳳釵項飾銀圈下垂小珠瓔珞紅衣廣袖外繫綠裙俗信鬼疾病以巫禱為事其族類不可考

太平府屬土人

太平府屬土婦

太平駱越地也無猺獞雜居編户皆土人其承襲土司世職悉前代征蠻將士之後葢當時以邊功受賞邑使役屬其土著者土人多以尺布裹頭不留髭鬚足著草履出必以油葢自隨時負絲網袋趂墟負物而歸婦人手帶銀釧多者或至三四短衣長裙行則衩於帶間恒攜竹籃挑野蔬以佐食婚姻以檳榔為禮自改流以來土人子弟有讀書應試為諸生者

西隆州土人

西隆州土婦

西隆州本日南地唐宋屬田州明永樂時置安隆長官司

本朝康熙初始設西隆州雍正五年以泗城土府改設流官遂分隸焉土人村舍多在山脊鋤畬種粟家無積糧男以藍布纏頭藍衣花帶手銀鐲足鶸鞋時肩絲網袋以藏什物土婦首裹布幘髻插花簪綠衣紅領花袖外繫細摺長裙束以飄帶能織花布巾每歲首酋長率所部百餘人以雉兔等物獻之官府俯伏跪拜惟謹犒以酒食各袖所餘而去就田輸稅不異齊民

皇清職貢圖

卷五

河州土千戶韓玉麟等所轄撒喇族土民以下甘肅省

河州土千戶韓玉麟等所轄撒喇族土婦

河州土指揮韓雯所轄珍珠族番民

河州土指揮韓雯所轄珍珠族番婦

河州土百戶王車位所轄乩藏族番民

河州土百戶王車位所轄乩藏族番婦

河州土指揮同知何福慧所轄土番

河州土指揮同知何福慧所轄土番婦

狄道州土指揮趙恒所轄叅咂等族番民

狄道州土指揮趙恒所轄叅咂等族番婦

洮州土指揮楊聲所轄卓泥多等族番民

洮州土指揮楊聲所轄卓泥多等族番婦

洮州土指揮楊聲所轄的吉巴等族番民

洮州土指揮楊聲所轄的吉巴等族番婦

洮州土指揮昝景瑜所轄左喇等族番民

洮州土指揮昝景瑜所轄左喇等族番婦

洮州土千戶楊紹先所轄著遜等族番民

洮州土千戶楊紹先所轄著遜等族番婦

洮州理番同知所轄口外陸哨蟲庫兒番民

洮州理番同知所轄口外陸哨蟲庫兒番婦

岷州土百戶馬續所轄尾舍坪等族番民

岷州土百戶馬續所轄尾舍坪等族番婦

岷州土百戶后發葵所轄年家山堡等土人

岷州土百戶后發葵所轄年家山堡等土婦

岷州土百戶趙名俊所轄徐兒莊等堡土人

岷州土百戶趙名俊所轄徐兒莊等堡土婦

岷州土百戶后汝元等所轄馬連川等族番民

岷州土百戶后汝元等所轄馬連川等族番婦

莊浪土指揮魯鳳翥所轄上寫爾素等族番民

莊浪土指揮魯鳳翥所轄上寫爾素等族番婦

莊浪土僉事魯萬策所轄毛他喇族土民

莊浪土僉事魯萬策所轄毛他喇族土婦

莊浪土千户王國相等所轄華藏上札爾的等族番民

莊浪土千户王國相等所轄華藏上札爾的等族番婦

武威土千户富順所轄西脱巴等族番民

武威土千户富順所轄西脱巴等族番婦

古浪縣土千户管卜他所轄阿落等族番民

古浪縣土千户管卜他所轄阿落等族番婦

永昌縣土千户地木切令所轄元旦等族番民

永昌縣土千户地木切令所轄元旦等族番婦

西寧縣土指揮祁憲邦等所轄東溝等族番民

西寧縣土指揮祁憲邦等所轄東溝等族番婦

西寧縣纏頭民

西寧縣纏頭婦

西寧縣哆吧番民

西寧縣哆吧番婦

西寧縣土指揮僉事汪于昆所轄土民

西寧縣土指揮僉事汪于昆所轄土婦

碾伯縣土指揮同知李國棟所轄東溝等族土民

碾伯縣土指揮同知李國棟所轄東溝等族土婦

碾伯縣土指揮同知祁在璣所轄達子灣等族番民

碾伯縣土指揮同知祁在璣所轄達子灣等族番婦

碾伯縣南北兩山番民

碾伯縣南北兩山番婦

擺羊戎通判所轄番民

擺羊戎通判所轄番婦

大通衛土千戶納花布藏所轄興馬等族番民

大通衛土千戶納花布藏所轄興馬等族番婦

歸德所番民

歸德所番婦

肅州番目温布所轄黑番

肅州番目温布所轄黑番婦

高臺縣番目扎勢敦等所轄黃番

高臺縣番目扎勢敦等所轄黃番婦

高臺縣番目撒爾巴所轄黑番

高臺縣番目撒爾巴所轄黑番婦

文縣番民

文縣番婦

河州土千戶韓玉麟等所轄撒喇族土民

河州土千戶韓玉麟等所轄撒喇族土婦

按明史西羌族類最多其散處河湟洮岷間者為中國患尤劇元於河州設土番宣慰司統治番衆明設西寧等四衛土官與漢官參治俾其世守

本朝雍正年間以河州土百戶韓玉麟韓旭從征卓子山有功並授爲千戶分轄撒喇土族其民所居距州治二百餘里男子冠履與内地民人無異著大領無衩衣女繫裙裹足亦同民婦飲食風俗俱沿回習每戶歲輸青稞糧一斗由河州同知徵收

河州土指揮韓雯所轄珍珠族番民

河州土指揮韓雯所轄珍珠族番婦

河州土指揮韓雯所管番民亦吐番部落自其始祖韓端月堅藏於明時率衆歸誠初授安撫司後以指揮世襲

本朝定鼎初授以外委指揮管轄珍珠族番民男子兩耳垂環皮帽褐衣女披髮於背裹以絲帛綴大小石珠長衣大袖或加半背以紅帕束之婚葬與內地相仿惟不祭祀所居距州城五十餘里

河州土百户王車位所轄白藏族番民

河州土百户王車位所轄白藏族番婦

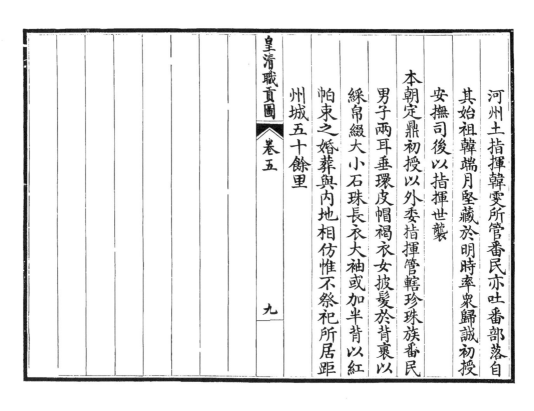

河州乩藏族番民亦吐番部落明嘉靖時以
百户王官卜領之
本朝康熙年間以王氏之裔王鎮海世襲如故
番民所居距州六十餘里男女衣服類珍珠
族番民風俗亦與相似歲輸青稞由同知徵
収其民地麥糧則由河州知州交納

河州土指揮同知何福慧所轄土番

河州土指揮同知何福慧所轄土番婦

河州土指揮同知何福慧元河州宣慰使鎖普南之裔也明洪武三年鎖普南率衆歸附賜姓何氏授河州衛世襲土指揮同知管其所部番民本朝因之其番民居河州城東男女衣服類撒喇土族而飲食風俗俱與本城居民相同歲納麥糧由河州知州徵解

狄道州土指揮趙恒所轄參哂等族番民

狄道州土指揮趙恒所轄參哂等族番婦

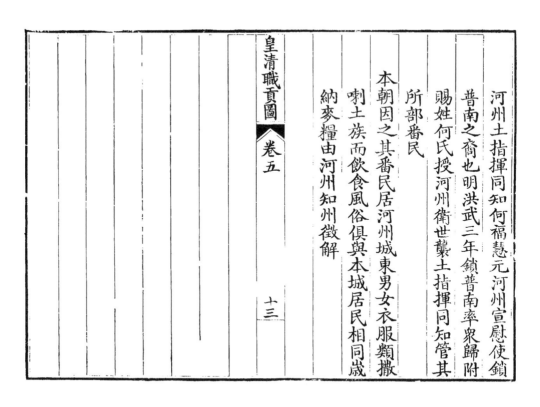

狄道本西番地參咂高山二族番民世居州
治之西南鄉趙恒之始祖趙安於明永樂時
招撫番衆遂授世襲土指揮管轄參咂高山
二族
本朝康熙十四年其曾祖趙樞贊隨征有功仍
令世襲管事番民氊帽褐衣女藍布或皁帕
蒙頭足履鞜鞮間有裹足者飲食風俗俱與
州民相同勤於農桑計田輸賦

洮州土指揮楊聲所轄卓泥多等族番民

洮州土指揮楊聲所轄卓泥多等族番婦

洮州卓泥多等四百七十五番族向爲西域生番楊聲之始祖些的于明永樂初率衆投誠授為指揮僉事令世其職統轄番族
本朝因之康熙十四年土司楊朝梁以恢復洮岷功授騎都尉任洮岷副將其子楊威承襲土職三傳至聲番族散處洮州沿邊內外種青稞牧牛羊以為生計居多土屋衣服與河州之珍珠族番民相仿婦人或以色布抹額

雜綴銀飾其邊外番婦則多有粗服跣足者婚姻以牛馬為禮喪事誦經火葬惟近州諸族稍沿民間風俗

洮州土指揮楊聲所轄的吉巴等族番民

洮州土指揮楊聲所轄的吉巴等族番婦

洮州的吉巴等三十七番族係口外黑番向
未設有土司
本朝康熙年間招撫投誠遂歸併楊氏管轄所
居橽板為屋男子褐衣長領齊袖婦人多披
髮於背衣用紅綠褐亦有繫裙者飲食風俗
俱與卓泥多等番族相似

洮州土指揮昝景瑜所轄左喇等族番民

洮州土指揮昝景瑜所轄左喇等族番婦

洮州左喇等五十九番族本口外土番部落
明洪武三年番目南秀節率衆内向授指揮
僉事令住牧於洮州之西鄉防守邊塞
本朝順治初土司昝凝和歸誠仍襲原職景瑜
其五世孫也番民冠綴紅纓衣亦長領齊袖
婦人辮髮以布抹額雜綴瑪瑙硨磲為飾衣
内長而外短飲食風俗俱與洮州諸番族同

洮州土千户楊紹先所轄著遜等族番民

洮州土千户楊紹先所轄著遜等族番婦

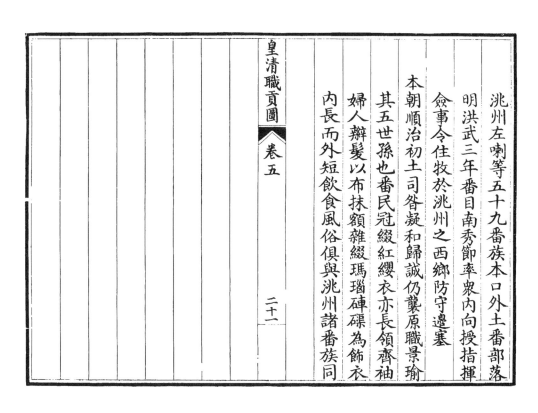

洮州著遜等十一番族皆古陸鋪番目楊丁哥部内土番也明洪武初丁哥率衆内附嘉靖時其子楊素防勦有功授世襲副千戶職

本朝因之男女服飾大概與洮州諸番族相似居處飲食風俗亦同

洮州理番同知所轄口外陸哨蟲庫兒番民

洮州理番同知所轄口外陸哨蟲庫兒番婦

陸哨蟲庫兒係口外生番部落向未設立土司

本朝雍正二年歸順隸於洮州理番同知有商阿利俄谷等七十餘寨歲納粿糧由同知徵収番民冠綴紅纓衣俱長領齊袖婦人披髮於背衣用紅綠布及五色花褐其長至足亦間有效民婦短衫長裙者其居處飲食風俗與洮州諸番族相似

岷州土百户馬縴所轄瓦舍坪等族番民

岷州土百户馬縴所轄瓦舍坪等族番婦

岷州土百户馬繡乃後漢馬援之裔元至正
時有馬紀者為指揮使防守哈達川遂家焉
明洪武初以紀子珍勦撫番族授為百户世
轄其衆
本朝因之康熙年間土司馬國棟馬天驥屢立
戰功繡即驥子也所轄旡舍坪等四十五番
族皆馬氏先後所勦撫歸順者男氊帽插鳥
羽婦披髮額抹紅藍褐布雜綴銀花玉石耳
垂大環短衣褐裙亦有長衣無裙者婚姻生
子後始納聘禮歲徵稞糧在岷倉交納

岷州土百户后發葵所轄牟家山堡等土人

岷州土百户后發葵所轄牟家山堡等土婦

岷州牟家山堡等土人凡四十餘堡向為土番部落明洪武初番目節木東率衆投誠授世襲百戶遂為后姓

本朝因之康熙十四年以后之清從征有功加授千總嗣仍原職其土人氊帽褐衣婦人綰髻布衣布裙大概與民間婦女相似飲食風俗亦同內地應輸土賦歲由岷倉交納

岷州土百户趙名俊所轄徐兒莊等堡土人

岷州土百户趙名俊所轄徐兒莊等堡土婦

岷州徐兒莊等十一堡土人其先亦係土番部落明洪武初番目趙黨只官卜征撫生番有功授為百戶世轄其衆

本朝因之其土人氊帽褐衣婦女披髮以布約之綴銀花硨磲為飾衣青褐左衽緣以五色腰繫青紅褐雜綴珠石為佩亦間有著裙者飲食風俗與諸番族略同糧賦由岷倉收納

岷州土百户后汝元等所轄馬連川等族番民

岷州土百户后汝元等所轄馬連川等族番婦

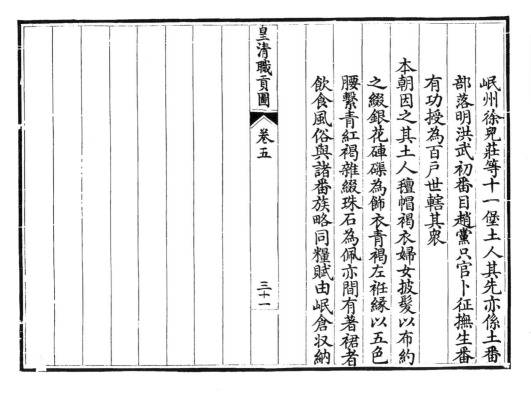

岷州馬連川等十一族番民亦土番苗裔明
洪武初以番目祥巴古子追殺逆番有功授
以百户世轄其衆後遂為后氏
本朝因之其番民男婦服飾均與各番相似亦
有如内地民人者飲食風俗亦同歲輸番糧
由岷倉徵納

莊浪土指揮魯鳳翥所轄上寫爾素等族番民

莊浪土指揮魯鳳翥所轄上寫爾素等族番婦

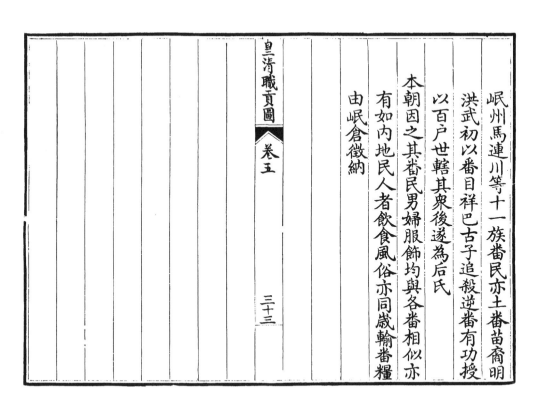

莊浪土指揮魯鳳翥係元平章政事脫歡之後自脫歡歸附於明授為世襲指揮

本朝定鼎以土司魯印昌拒賊殉國特加褒奬仍令子孫世襲原職所管上寫爾素等八族番民歷係青海分管雍正二年專交土司管轄給以田地令習耕種額報番兵二百名聽侯調遣所居皆帳房男子皮帽褐衣女披髮約帛綴硨磲銀花為飾衣以五色褐布緣之燦如錦繡男女皆赤足間有曳履者

莊浪土僉事魯萬策所轄毛他喇族土民

莊浪土僉事魯萬策所轄毛他喇族土婦

莊浪土僉事魯萬策亦元平章政事脫歡之
後明時別授為指揮僉事
本朝順治初土司魯典征勦逆回有功仍襲原
職所管毛他喇族土民男皆衣褐女椎髻以
皂帛抹額繫裙裹足與內地民婦相似飲食
風俗亦同授田耕種歲輸軍糧津貼土軍

莊浪土千户王國相等所轄華藏上札爾的等族番民

莊浪土千户王國相等所轄華藏上札爾的等族番婦

莊浪土千户所轄華藏上札爾的等二十族番民向於青海歲納銀畜名曰西番實亦其部落也雍正二年勦撫歸順給地安置令習耕種歲輸額糧由莊浪同知徵収以為喇嘛衣單口糧之需至乾隆二年始設土千户王國相以資約束其番民氊帽紅纓衣長領褐衣女盤髻戴紅氊尖頂帽綴以硨磲後插金銀鳳釵衣裙類民婦而足履草靴亦有披髪長衣者風俗讐盜重情認罰即釋婚嫁以牲畜為聘其色異等七族則仍住牧草地歲貢馬匹折價以補營額

武威土千户富順所轄西脱巴等族番民

武威土千户富順所轄西脱巴等族番婦

武威土千戶所轄西脫巴等三族番民向亦
屬於青海雍正二年撫治歸順給地習耕應
輸糧米草束由武威縣徵収其不能耕者歲
納馬十七匹乾隆二年始設土千戶富順專
司約束其男子衣服與番族相類婦人披髮
約以紅褐衣緑邊褐衣居處飲食風俗均與
王國相所轄各番族同

古浪縣土千戶管卜他所轄阿落等族番民

古浪縣土千戶管卜他所轄阿落等族番婦

阿落等八族番民在古浪縣原係青海西番部落雍正二年分界編户各耕其地歲貢馬十一匹乾隆二年設土千户管卜他以資約束男氊帽褐衣婦披髮結而垂之飾以硨磲衣多緣邊足履草靴亦有跣行者

永昌縣土千户地木切令所轄元旦等族番民

永昌縣土千户地木切令所轄元旦等族番婦

元旦等五族番民統名西番凡五十戶舊於永昌縣南之横梁山遊牧雍正二年歸順歲納馬六匹乾隆二年始設土千戶轄之男婦俱氈帽衣長領褐衣足履鞜鞮婦人或披髮約以紅褐五族互為婚姻野合育子後始納幣迎娶

西寧縣土指揮祁憲邦等所轄東溝等族番民

西寧縣土指揮祁憲邦等所轄東溝等族番婦

東溝等八族番民亦西羌苗裔所居距西寧縣七十餘里元時有祁貢哥星吉者任甘肅理問所官明初來歸授為指揮使世領番衆
本朝因之番民男戴白羊皮帽著長領褐衣婦女以紅布為額箍上嵌硨磲後插銀銅鳳釵數枝雜垂珠石衣裙俱用紅綠布而裙與衣齊裹足著履多類民婦性淳朴勤於耕作其土指揮同知李承唐僉事納彩吉應魁所管乩迭等十二族番民服飾與此相同

西寧縣纏頭民

西寧縣纏頭婦

纏頭本西域人明洪武初至西寧貿易遂家馬居縣屬新增堡距城四十里男子戴青緞小帽纏以白布故名纏頭衣綾絹山繭長領齊袖衣靴用香牛皮婦人披髮戴紅緞銳頂帽綴以珊瑚瑪瑙衣長襖外披紅敞衣所居皆瓦屋飲食與西番同以販賣珠寶藏香氆氌等物為生

西寧縣哆吧番民

西寧縣哆吧番婦

西寧縣哆吧番民即繫西藏之人男子戴黃邊紅纓帽衣十字花氆氌長領衣常持數珠誦佛號婦人披髮約以青褐分垂之綴水石鏡為飾衣藏布盤襖足履草靴夏月亦或跣行俗尚佛生子多有為喇嘛者

西寧縣土指揮僉事汪于昆所轄土民

西寧縣土指揮僉事汪于昆所轄土婦

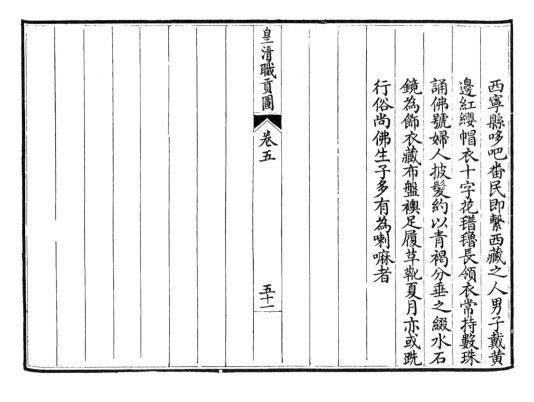

西寧縣土指揮僉事汪于昆所管土民亦西番苗裔明洪武初番目南木哥率衆歸附授以土職世管其衆

本朝因之土民所居距城五十里男氊帽布衣婦盤髪戴紅布䈰垂繻覆額中貫銅簪繫以珊瑚水珠衣裙間亦多以玉石硨磲綴之裏足著履與東溝等族番婦相似風俗質樸勤於耕稼

碾伯縣土指揮同知李國棟所轄東溝等族土民

碾伯縣土指揮同知李國棟所轄東溝等族土婦

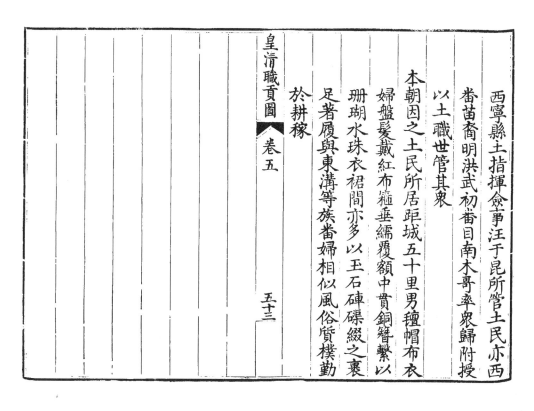

碾伯縣土指揮同知李國棟唐沙陀李克用之後有李南哥者元時授為西寧州同知世守西土明初率衆歸附授指揮同知

本朝定鼎以招撫番族土民有功仍襲原職所管東溝大莊及土百户李國鼎所管之虎喇等族土人皆原管部落男子衣帽與民人同婦人綰髮裹足簪珥衣裙亦均類民婦性淳樸勤耕作間有讀書識字者其土指揮同知阿珍趙維宋僉事冶俊祥甘靈芝朱孫林千户剌俊英百户辛必正等所轄魯爾加等族土民風俗服飾大略相同

碾伯縣土指揮同知祁在璣所轄達子灣等族番民

碾伯縣土指揮同知祁在璣所轄達子灣等族番婦

土指揮同知祁在璣本蒙古苗裔元時其始祖多爾濟實結為甘肅右丞明初率領各番部落歸順通貢授指揮同知世守西土
本朝順治年間土司祁國屏屢立戰功仍襲原職所管達子灣等二十族番民皆原管部落居處飲食風俗俱與近邊齊民無異其婚葬亦與民相同間有仍沿番俗者

碾伯縣南北兩山番民

碾伯縣南北兩山番婦

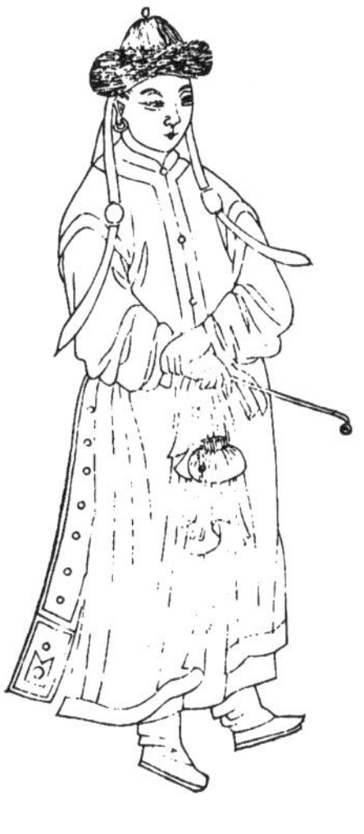

碾伯縣南山番民係瞿曇寺所管部落按明
史洪武初番僧薩喇招降罕東諸部建佛刹
於碾伯南川以居其衆賜額瞿曇是也
本朝順治初歸順雍正元年剿撫之後將各番
民歸併内地耕種田地輸納番糧男女服飾
與西陲各番族相類其北山番民亦青海所
屬同時歸併内地者服飾同南山飲食風俗
並沿番習

擺羊戎通判所轄番民

擺羊戎通判所轄番婦

西寧府擺羊戎地方番民亦屬青海
本朝雍正元年剿撫之後分隸西碾二縣種地
輸糧乾隆十年設理番通判專司管轄所居
多廬舍男女俱纓帽褐衣飲食風俗與諸番
相同

大通衛土千户納花布藏所轄興馬等族番民

大通衛土千户納花布藏所轄興馬等族番婦

興馬等六族番民向屬青海各扎薩克名為
黑番
本朝雍正元年歸服安插於大通衛之河燕麥
川二處乾隆元年設土千戶一員轄之番民
以游牧為生男皮帽褐衣婦人披髮衣紅綠
布長領衣以五色布及金線緣之亦有戴帽
繫裙者飲食風俗與諸番同

歸德所番民

歸德所番婦

歸德所番民凡二十五族古西羌苗裔也向
為青海所屬
本朝雍正元年勦撫之後投誠内附歲輸番糧
一百六十餘石即於各族中選置百户一人
以資約束男纓帽褐衣婦披髮戴帽仍另以
皮絲約髮綴珊瑚瑪瑙銀銅等飾左右雙垂
而中綹則長拖至足衣色褐長衣所居皆黑
毛帳間有居土屋者夏秋耕作冬春則以打
牲為事

肅州番目温布所轄黑番

肅州番目温布所轄黑番婦

高臺縣黑番亦係西藏喇嘛所屬之人
本朝雍正二年歸順住牧于縣屬之山邊一帶
每年貢馬二匹男女服飾亦與諸山相類其
飲食風俗並同各族

文縣番民

文縣番婦

文縣地聯秦蜀所屬番民盖亦苗蠻之一種
與西陲諸番不同居縣屬之下舍書英坡山
等處明時設王馬二百户分領之至
本朝雍正八年改土歸流按地輸糧由縣徵解
男帽插鷄翎每農事畢常挾弓矢以射獵為
事番婦以布抹額雜綴珠石衣五色褐布緣
邊衣近亦多有效民間服飾者性蠢愚頗勤
耕織

皇清職貢圖

卷六

松潘鎮中營轄西壩包子寺等處番民（以下四川省）
松潘鎮中營轄西壩包子寺等處番婦
松潘鎮中營轄七步峩眉喜番民
松潘鎮中營轄七步峩眉喜番婦
松潘鎮左營轄東壩阿思洞番民
松潘鎮左營轄東壩阿思洞番婦
松潘鎮右營轄北壩元壩泥巴等寨番民
松潘鎮右營轄北壩元壩泥巴等寨番婦
威茂協轄瓦寺宣慰司番民
威茂協轄瓦寺宣慰司番婦
威茂協轄雜谷各寨番民
威茂協轄雜谷各寨番婦
兇那達番民
兇那達番婦

威茂協轄沃日各寨番民
威茂協轄沃日各寨番婦
威茂協轄小金川番民
威茂協轄小金川番婦
威茂協轄金川番民
威茂協轄金川番婦
威茂協轄岳希長寧等處番民
威茂協轄岳希長寧等處番婦

松潘鎮屬龍安營轄象鼻高山等處番民
松潘鎮屬龍安營轄象鼻高山等處番婦
龍安營轄白馬路番民
龍安營轄白馬路番婦
石泉縣青片白草番民
石泉縣青片白草番婦
松潘鎮屬漳臘營轄寒盻祈命等處番民
松潘鎮屬漳臘營轄寒盻祈命等處番婦

漳臘營轄口外甲凹鵲個等處番民
漳臘營轄口外甲凹鵲個等處番婦
漳臘營轄口外三郭羅克番民
漳臘營轄口外三郭羅克番婦
漳臘營轄口外三阿樹番民
漳臘營轄口外三阿樹番婦
松潘鎮屬疊溪營轄大小姓黑水松坪番民
松潘鎮屬疊溪營轄大小姓黑水松坪番婦

松潘鎮屬平番營轄上九關番民
松潘鎮屬平番營轄上九關番婦
平番營轄下六關番民
平番營轄下六關番婦
松潘鎮屬南坪營轄羊峝各寨番民
松潘鎮屬南坪營轄羊峝各寨番婦
建昌中營轄阿都沙馬猓玀
建昌中營轄阿都沙馬猓玀婦

建昌中左營轄祭祀田等處猓玀
建昌中左營轄祭祀田等處猓玀婦
建昌中右營轄阿史審扎等處猓玀
建昌中右營轄阿史審扎等處猓玀婦
建昌鎮屬會川永寧營轄披沙等處苗人
建昌鎮屬會川永寧營轄披沙等處苗婦
建昌右營轄蘇州白露等處西番
建昌右營轄蘇州白露等處西番婦

建昌鎮屬越嶲等營轄九枝門呆結惟土番
建昌鎮屬越嶲等營轄九枝門呆結惟土番婦
越嶲等管轄邛部暖帶等處西番猓玀
越嶲等營轄邛部暖帶等處西番猓玀婦
建昌鎮屬會鹽等營轄瓜別馬喇等處麽些
建昌鎮屬會鹽等營轄瓜別馬喇等處麽些婦
會鹽營轄右所土千戶猓玀
會鹽營轄右所土千戶猓玀婦

建昌鎮屬懷遠營轄虛朗等處猓玀
建昌鎮屬懷遠營轄虛朗等處猓玀婦
會鹽營轄中所土千戶狢獩夷人
會鹽營轄中所土千戶狢獩夷婦
會川營轄通安等處擺夷
會川營轄通安等處擺夷婦
會川營轄黎溪等處僰人
會川營轄黎溪等處僰人婦

會川營轄迷易普隆寺等處擺夷
會川營轄迷易普隆寺等處擺夷婦
永寧協右營屬九姓苗民
永寧協右營屬九姓苗婦
普安等營轄雷波黃螂夷人
普安等營轄雷波黃螂夷婦
馬邊營轄蠻夷長官司夷人
馬邊營轄蠻夷長官司夷婦

泰寧協左營轄沈邊番民
泰寧協左營轄沈邊番婦
泰寧協左營轄冷邊番民
泰寧協左營轄冷邊番婦
泰寧協右營轄大田西番民
泰寧協右營轄大田西番婦
泰寧協右營轄大田猓玀
泰寧協右營轄大田猓玀婦

泰寧協標右營松坪夷人
泰寧協標右營松坪夷婦
泰寧協屬黎雅營轄木坪番民
泰寧協屬黎雅營轄木坪番婦
泰寧協屬阜和營轄明正番民
泰寧協屬阜和營轄明正番婦
阜和營轄德爾格特番民
阜和營轄德爾格特番婦

泰寧協屬裏塘番民
泰寧協屬裏塘番婦
泰寧協屬巴塘番民
泰寧協屬巴塘番婦
阜和營轄革什咱番民
阜和營轄革什咱番婦
阜和營轄綽斯甲番民
阜和營轄綽斯甲番婦

阜和營轄霍耳章谷等處番民
阜和營轄霍耳章谷等處番婦
阜和營轄納滚番民
阜和營轄納滚番婦
阜和營轄春科番民
阜和營轄春科番婦
阜和營轄納奪番民
阜和營轄納奪番婦

皐和營轄上下瞻對番民

皐和營轄上下瞻對番婦

皐和營轄瓦述餘科等處番民

皐和營轄瓦述餘科等處番婦

皐和營轄咱里番民

皐和營轄咱里番婦

松潘鎮中營轄西壩包子寺等處番民

松潘鎮中營轄西壩包子寺等處番婦

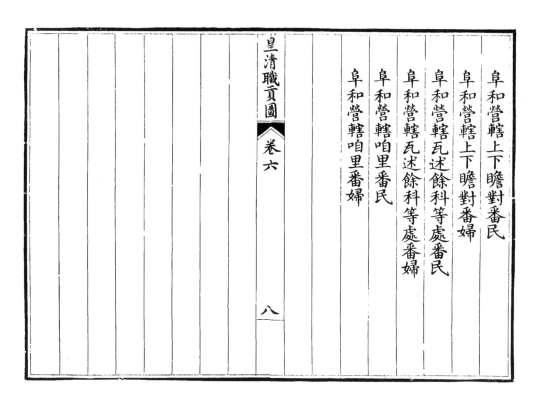

松潘古氐羌地唐置松州後為吐蕃所有宋時蕃將潘羅支領之名潘州明置松潘等衛安撫司其包子寺拈佑喀亞寨熱霧作填寨于
本朝康熙四十一年歸化毛草阿按寨麥雜蛇灣寨于雍正二年歸化各設土千户百户管轄給以號紙俾其承襲居多山谷番民薙髮留辮戴白氈纓帽衣用羊皮以布緣之番婦

髮垂兩辮束以紅帛綴螺蚌為飾衣布褐緣邊衣常以木桶負水頗習耕織輸糧賦

松潘鎮中營轄七步峩眉喜番民

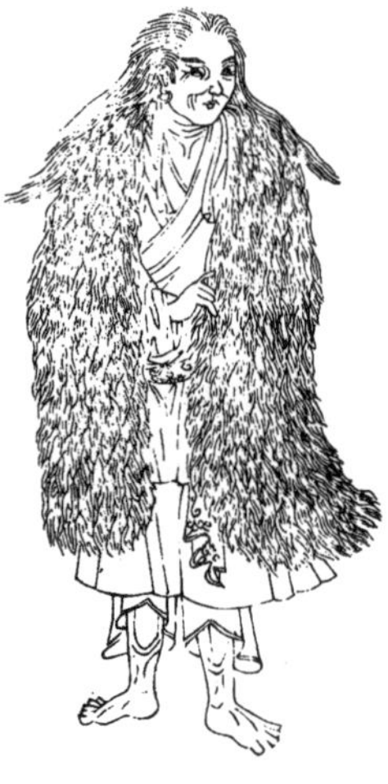

松潘鎮中營轄七步峩眉喜番婦

我眉喜大小十五寨七步徐之河大小十一寨皆番猓種也康熙四十二年歸化以土千戶領之其居碉房地種青稞麻麥俗狡而貪番民椎髻耳貫大環長領短衣披羊皮番婦披髮結辮短衣布裙俱跣足性亦强悍頗習耕織其輸納青稞充兵米則自乾隆十七年始

松潘鎮左營轄東壩阿思洞番民

松潘鎮左營轄東壩阿思洞番婦

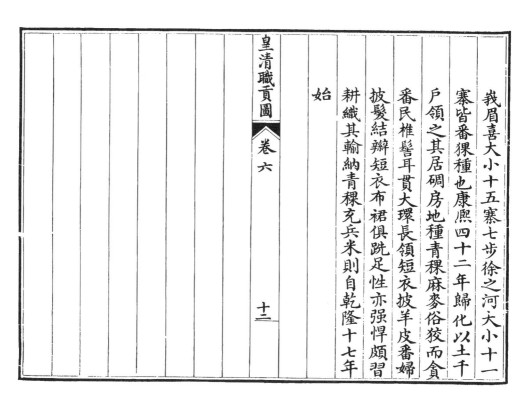

東壩阿思洞大小十一寨亦西番種

本朝順治十五年歸化領以土千户番民居處土室狐帽氊衣罽帶草履常以牛角盛烟草吸之番婦辮髮分垂續以牛毛細繩如荷蓑狀胸掛素珠著緣邊長衣花布半臂頗知耕織納青稞充兵米

松潘鎮右營轄北壩元壩泥巴等寨番民

松潘鎮右營轄北壩元壩泥巴等寨番婦

北壩元壩下泥巴大小七寨西番
本朝康熙元年歸化以土百户領之番民居處半山土房便于耕牧俗尚儉樸習勞苦皮帽長衣番婦服飾與東壩畧同勤于耕織輸青稞以充兵米

威茂協轄瓦寺宣慰司番民

威茂協轄瓦寺宣慰司番婦

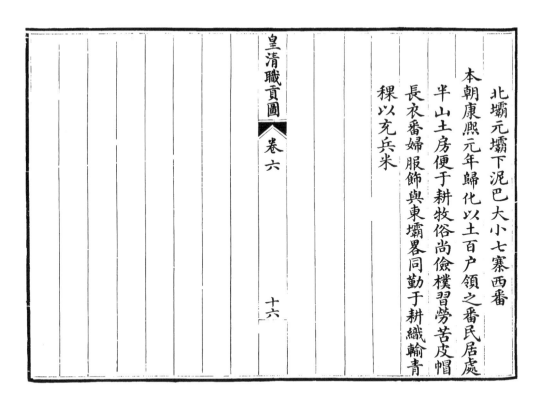

古冉駹國漢為汶山郡唐改茂州明洪武中平蜀置威茂道開府其地其瓦寺番居大江西南之山谿中號西溝生番正統時滋擾内地有桑納思霸者平之授為宣慰使

本朝順治七年歸化仍令承襲在汶川等縣輸賦俗勇悍屢奉征調崇尚喇嘛病則誦經番民衣服與内地相似婦女挽髻裹花布巾長衣褶裙勤于耕作秋成後夫婦相攜赴内地傭工名為下壩春月始歸播種歲以為常

威茂協轄雜谷各寨番民

威茂協轄雜谷各寨番婦

雜谷本唐時吐蕃部落

本朝康熙二十三年土目桑吉朋投誠授安撫司土同知其後蒼旺者於乾隆十四年以効力金川授宣慰使十七年謀逆伏誅改土歸流設理番同知管轄居處碉房飲酥油熬茶食青稞麥麵男女相悅攜手歌舞名曰鍋樁俗尚喇嘛重女輕男番民戴布帽耳綴銅環衣褐佩刀番婦辮髮接紅牛毛盤之以珊瑚松石為飾短衣長裙習織毛褐又松岡寨向隸雜谷今以蒼旺弟根濯斯甲為長官司領之

兜那達番民

兜那達番婦

兕那達地約百里天氣常寒居處飲食與雜谷相同番民披髮耳綴銅環著絨布短衣婦女披髮額綴花鈿衣無袖短衣以五色布裂片圍腰亦間有繫裙者

威茂協轄沃日各寨番民

威茂協轄沃日各寨番婦

沃日土司兒達那之始祖喇嘛巴必泰於
本朝順治十五年歸化封沃日灌頂淨慈妙智
國師頒給印信承襲性强勇善弓矢以耕種
為生崇尚佛教番民戴皮帽著短衣披偏單
於背佩刀履革婦女辮髮絨帽短衣長裙繫
皮褐大帶亦知力作習紡織

威茂協轄小金川番民

威茂協轄小金川番婦

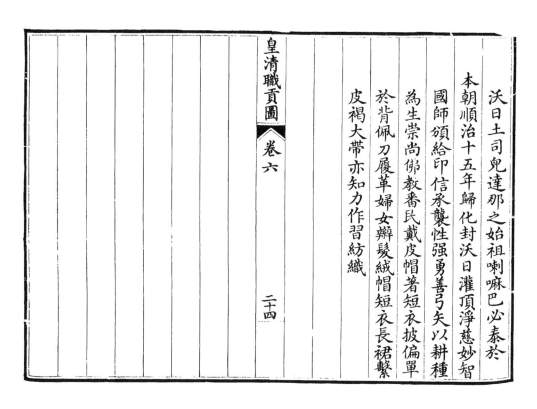

小金川即金川寺其酋堅參利卜於康熙五年歸化頒給演化禪師印其弟吉兒卜細承襲所屬有美諾章固各寨性強勇好仇殺以耕牧為生宗信喇嘛番民椎髻氈帽綴以豹尾短衣褶裙身佩雙刀番婦以黃牛毛續髮作辮盤之珊瑚為簪短衣革帶長裙跣足往來負戴亦知紡織又有孫克宗石南壩等處男女身纏幅布敝以羊皮婚配後始著衣裙俗愈朴陋

威茂協轄金川番民

威茂協轄金川番婦

金川即金川寺種類堅參利卜異母弟罕旺八澤之子色勒奔於雍正八年授安撫司職銜乾隆七年身故弟色勒奔細承襲負險恃强侵凌諸部自乾隆十三年平定之後懷德畏威恪守蠻服番民椎髻帽用羊皮染黄色以紅帛緣之耳綴銅環布褐短衣麻布裙出入必佩兵械崇佛教知耕作婦女結辮於首綴以珊瑚耳綴大環短衣長裙知紡織其居處土物與雜谷等處略同

威茂協轄岳希長寧等處番民

威茂協轄岳希長寧等處番婦

岳希長官司管黑虎寨七族長寧安撫司管二十七寨靜州長官司管十二寨隴木長官司管赤土關諸族拗盤諸寨其酋長皆自唐宋以來承襲

本朝因之皆輸賦於茂州番民居土室戴羊皮帽布褐長衣以耕種為生亦有貿易者婦女盤髮纓帽耳綴大銅環長衣革履頗勤耕織婚禮用豕肪為餽佐以銀布俗習狡悍又有水草坪竹木坎諸土司亦畧相同

松潘鎮屬龍安營轄象鼻高山等處番民

松潘鎮屬龍安營轄象鼻高山等處番婦

象鼻高山黄羊關等寨本吐蕃裔與松潘平番族同類宋進士薛嚴守龍州有功世襲土知州安撫等官

本朝順治六年歸化授其後人以土知事其地皆高山積雪不消疊石為重屋覆以柴薪上居人而下飼畜番民戴氈笠插雉羽著緣邊布褐衣褐帶革履以耕稼採藥為生性淳好佛番婦辮髮挽髻裹以繡巾項垂珠絡著緣

邊長衣或五色相間多跣足頗勤紡績雖行路亦手撚毛線所食莜子青稞之屬無貢稅

龍安營轄白馬路番民

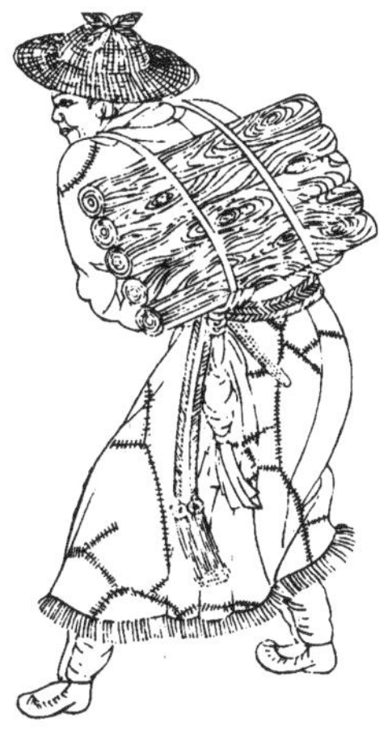

龍安營轄白馬路番婦

白馬路十八寨亦吐蕃裔與陝西洮文番族同類宋進士王斯儉為龍州判官有功世襲明改土歸流授王氏以土通判長官司等官本朝順治六年歸化仍襲前職其地常寒俗好鬬傷人則以刀布牛羊償或爭訟理曲者亦以物請和解婚娶女父母同來婿家飲仍攜女歸踰年復同來始成禮焉生子教以射獵獵犬直三牛亦種青稞莜麥之屬無賦稅番

民戴草帽著羊裘常負木柴入內地市易番婦辮髮垂兩肩束以布或綴珠石著緣邊長衣花布半臂頗知耕織

石泉縣青片白草番民

石泉縣青片白草番婦

青片白草四十二寨其先本氐羌明歸白馬

生番屬長官司

本朝康熙中改土歸流舊隸龍安營嗣改隸石泉縣多居山麓以土為屋俗淳朴以耕稼畜牧為生歲輸米十二石九斗為石泉汛兵食番民服制與齊民同惟常著麻衣插雉羽於草笠番婦薙頂髮留四周結辮為髻裹繡布巾短衣長裙以繡緣之習紡織亦有跣足耕

作者

松潘鎮屬漳臘營轄寒盻祈命等處番民

松潘鎮屬漳臘營轄寒盻祈命等處番婦

寒盻祈命商巴三寨皆氐羌裔明置長官司
本朝康熙中歸化各設土千户隸漳臘營散居
山中以板為屋性淳良勤耕作番民氈帽褐
衣負茶出口易牛馬售於内地番婦辮髮續
以氂尾其長至膝著五色布衣綴瑪瑙硨磲
為飾頗奉佛好施亦知耕織

漳臘營轄口外甲凹鵲個等處番民

漳臘營轄口外甲凹鵲個等處番婦

口外甲凹鵲個郎惰阿壩十二部落氏羌之
裔前代為生番
本朝雍正元年剿撫歸化分設土千户百户以
統之地皆沙漠饒水草以畜牧為生寢處布
幕飲食喜乳湩番民薙髮不留辮衣裘褐番
婦披髮不櫛雜繫珠石於髮上跣足耕種亦
能織毛褐以青稞為賦及折繳馬價有差

漳臘營轄口外三郭羅克番民

漳臘營轄口外三郭羅克番婦

口外三郭羅克氏羌之裔

本朝康熙六十年剿撫歸化設土千户百户統之半居山嶺半處平原疊石為碉房力耕者少惟獵野獸以佐食俗狡悍貪利常出刼奪名曰放夾壩番民戴狐帽著褐衣以虎豹皮緣之革帶革履番婦辮髮後垂約以布囊雜綴珠石為飾衣服與男子畧同歲輸馬價一百餘兩

漳臘營轄口外三阿樹番民

漳臘營轄口外三阿樹番婦

口外三阿樹郘郭羅克種領統於土千户番民戴狐帽衣褐著草履番婦垂髮於兩肩著緑邊長衣其俗勇悍馳馬射獵亦習耕織

松潘鎮屬疊溪營轄大小姓黑水松坪番民

松潘鎮屬疊溪營轄大小姓黑水松坪番婦

疊溪明初置長官司所轄河東熟番八寨皆大姓及馬路小關七族其土舍轄河西小姓六寨而黑水松坪皆屬焉其酋郁氏為多

本朝康熙間先後歸化仍各授土千百户其居多山岡累土為屋番民戴纓笠著布衣番婦挽髻裹花布巾綴大耳環著細褶長衣草履勤耕作習紡織大姓小姓松坪各輸青稞糧石折支疊溪營兵食惟黑水於乾隆元年豁

免

松潘鎮屬平番營轄上九關番民

松潘鎮屬平番營轄上九關番婦

上九關雲昌寺丢谷寨番西番之裔
本朝康熙中歸化隸平番營設土千户以統之
居處碉房以耕種為生常入山樵薪負至城
市番民帶草帽著羊裘以布緣之或衣自織
褐毯番婦辮髮分垂於肩綴以瑪瑙硨磲著
細摺緣邊長衣花褐半臂項綴素珠歲輸青
稞十石折徵貝母銀四十兩

平番營轄下六關番民

平番營轄下六關番婦

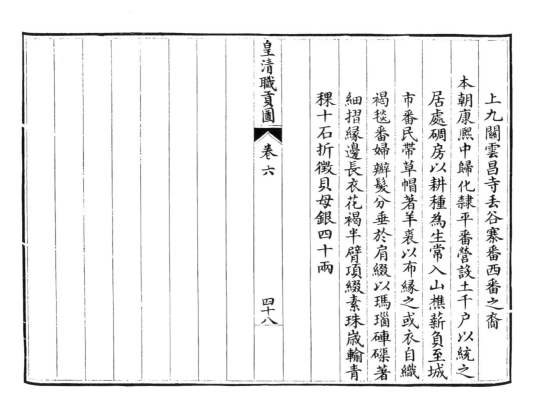

下六關岬竹寺等寨番民其種類與上九關同亦同時歸化風俗相似番民皮帽褐衣革帶布履番婦挽髻裹以花巾耳綴銅環繫小珠一串亦習耕作紡織歲輸青稞二十石折徵貝母銀三十餘兩皆充平番兵丁月米

松潘鎮屬南坪營轄羊峝各寨番民

松潘鎮屬南坪營轄羊峝各寨番婦

羊崗本生番有中下筒共三十四寨
本朝雍正三年勦撫歸化隸南坪營每寨設牌長以領之番民多依山而居以耕牧為業性愚頑好仇殺首戴皮帽插雉尾著緣邊褐衣束帶佩刀番婦垂髮於肩綴以珠石長衫束帶跣足不履項掛素珠富者輒三四串頗知紝績其户口六百餘户輸青稞一斗充兵米

建昌中營轄阿都沙馬猓玀

建昌中營轄阿都沙馬猓玀婦

建昌本卭都地漢越嶲郡唐沒於吐蕃元置
建昌路明為建昌衛阿都長官司
本朝康熙中歸化雍正七年添設副長官司又沙馬宣撫司安民亦與阿都同歸化隸建昌中營皆猓玀種也居深山中擇溪澗架木為屋種莜為食頗事畜牧男挽髻垢面衣布褐短衣披氈於背夜即為衾左手常帶丹漆皮筒所以防格鬬也婦辮髮裹青布帕以金珠綴抹額為飾著長衫加緣領半臂喜繫五色細褶裙恒攜氈笠以行歲以馬匹為貢賦

建昌中左營轄祭祀田等處猓玀

建昌中左營轄祭祀田等處猓玀婦

西昌縣祭祀田土百户德昌所昌州長官司俱於康熙中歸化又有會理州苦竹壩土目皆猓玀種類性貪狡多疑以耕種為生常赴内地貿易男挽髻著短衣束長帶跣足佩刀左手亦常帶丹漆皮筒出必荷笠以防雨雪婦挽髮裹青帕結五色線垂於耳後著長衣細摺裙跣足亦知紡織歲納糧貢馬亦有服食言語與内地民人無異且能讀書識字者

建昌中右營轄阿史審札等處猓玀

皇清職貢圖　卷六　五十七

建昌中右營轄阿史審札等處猓玀婦

阿史安撫司賦乃土千戶於
本朝康熙中歸化雍正六年裁歸沙馬宣撫司管轄審扎土千戶等處亦同歸化雍正六年改歸流官歲輸雜糧其人皆倮玀種類男子椎髻裹青布帕耳綴銅環短衣草履背披黑氊常繫布囊於腰性悍好鬬出必佩刀弩婦女以青布裹頭布衣褐裙亦披黑氊於背跣足不履頗習耕織

建昌鎮屬會川永寧營轄披沙等處苗人

建昌鎮屬會川永寧營轄披沙等處苗婦

會理州披沙外委土千户禄民者保土目禄氏會理村土目沙氏皆猓玀種而所管苗人則來自滇黔為土目佃户者耕漁為生善用弓弩性疑而多畏信鬼神占卜服制與内地畧同惟椎髻裹以布帕苗婦梳高髻以紅緑布裹頭著長領衣花褐緑邊裙勤於力作

建昌右營轄蘇州白露等處西番

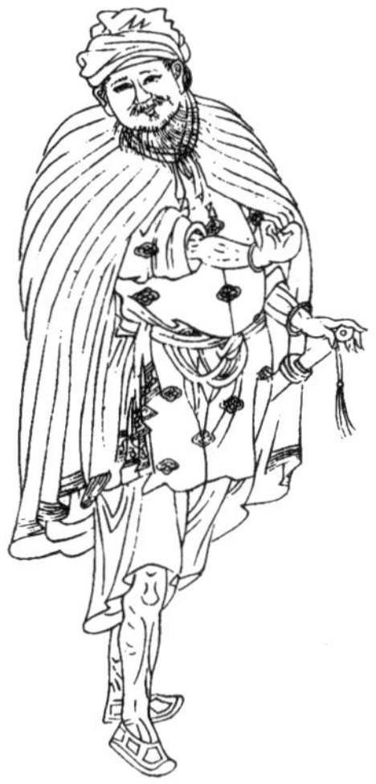

建昌右營轄蘇州白露等處西番婦

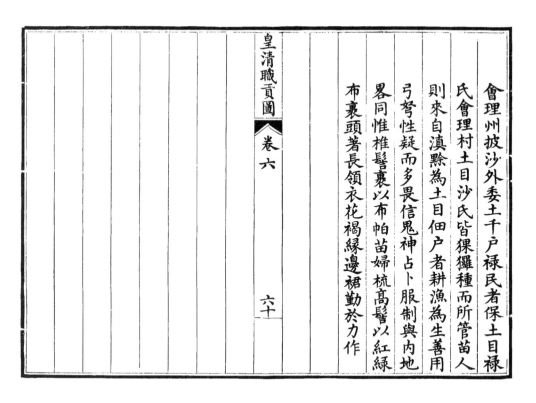

虛朗土百户

本朝康熙中歸化於雍正六年改土歸流冕寧縣之蘇州土千户白露仍設土目約束之越嶲衛之松林白石野猪塘等土千百户亦同時歸化皆西番種也在冕寧者風俗服食與內地無異務農力作按畝輸賦在越嶲者男青布裹頭帶耳環著褐衣外披青氈織草為履出必佩刀性朴實勤耕作婦挽髻束以紅

布又別綴幅布於髻上飾以珠石短衣麻繻肩帔用五色帛布緣之亦能紡織每歲輸雜糧於寧越營

建昌鎮屬越嶲等營轄九枝門呆結惟土番

建昌鎮屬越嶲等營轄九枝門呆結惟土番婦

越巂衛九枝門呆結惟各土番其先傳為江南人明洪武間以罪安置其地者依山而居以竹木為屋頗事耕牧性悍多疑男椎髻插銅簪衣短褐披黑氊束帶佩刀婦挽髻裹青帕飾以珠石耳環下結線穗垂之衣裙多與沿邊民婦相似其牛馬羊豕有稅俱于越巂衛輸納

越巂等營轄邛部暖帶等處西番猓玀

越巂等營轄邛部暖帶等處西番猓玀婦

卭部本漢卭部地元置安撫司明洪武中嶺
真伯來歸授指揮使
本朝康熙年間嶺氏歸化授宣撫司世襲又煖
帶土千户煖帶密土千户皆嶺氏後同時歸
化者所管西番猓玀二種男子椎髻裹青布
帕短褐氊衫佩刀執梃婦人以青布作大帽
覆髻垂幅向後束紅帛于額間長衫短裙皆
跣足耕作暇則績毛線以織褐卭部煖帶密
向無貢賦惟煖帶於寧越營折輸貢馬銀八
兩

建昌鎮屬會鹽等營轄瓜别馬喇等處麼些

建昌鎮屬會鹽等營轄瓜别馬喇等處麼些婦

鹽源縣瓜別安撫司馬喇長官司及兒斯瓦尾等十三土司所管麽些本滇夷種多處山澗以板為屋男子以帕裹首耳綴大環短衣披羊裘以褐纏脛繫牛草於足底婦女首裹藍帕長衫布裙知耕作績牛羊毛以織褐歲輸莜麥於會鹽營

會鹽營轄右所土千戶猓玀

會鹽營轄右所土千戶猓玀婦

鹽源縣右所土千户居喜得寨所管猓玀椎髻短衣佩刀跣足常繫竹筒于腰婦女挽髻束布帕衣裙亦同近邊民婦性頑黠頗知耕牧織作歲輸蕎麥為賦

建昌鎮屬懷遠營轄虛朗等處猓玀

建昌鎮屬懷遠營轄虛朗等處猓玀婦

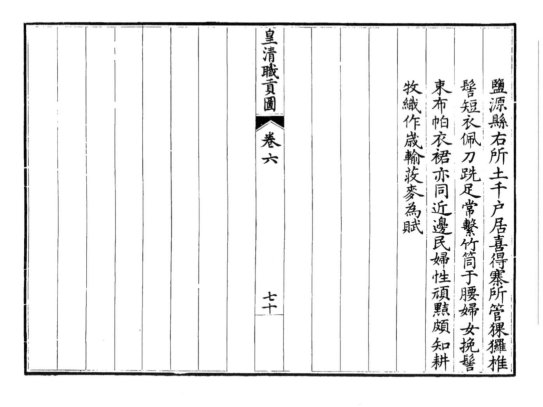

冕寧縣虚朗白露土司多西番種亦有猓玀服食與右所等處略同性頑狡喜鬬出必操弓弩頗以耕種為業婦女多不事紡織常沿河捕魚以食

會鹽營轄中所土千户狢㺜夷人

會鹽營轄中所土千户狢㺜夷婦

鹽源縣中所土千户所管華芝蘆三處猓玀
夷人
本朝康熙中歸化性頑劣善用弩以射獵為食
亦知耕作男子椎髻著麻布短半臂婦挽髻
于項餘垂兩耳著麻布衣短裙披羊皮常持
刀入山刈薪歲輸蕎麥于會鹽營

會川營轄通安等處擺夷

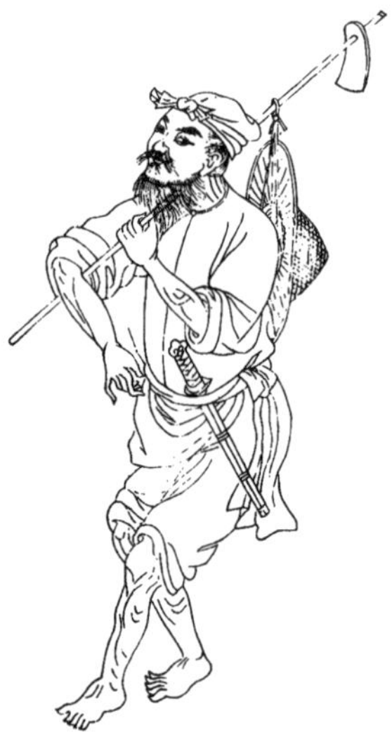

會川營轄通安等處擺夷婦

擺夷即白夷本滇中種通安者保披沙各土司俱有之性柔畏寒嗜酒出必佩刀荷笠男子以布裹頭短衣跣足婦女挽髻以皁帕抹額綴以珠石仍常戴竹笠短衣長裙跣足嗜吸煙草以六月二十四日為大節羣飲必醉疾病惟卜禳頗勤耕織歲赴會理州納毛糧以供兵食

會川營轄黎溪等處僰人

會川營轄黎溪等處僰人婦

會理州黎溪土千户普隆紅卜苴各土百户

俱

本朝康熙中歸化多猓玀種類其僰人則滇種也勤于紡織居處山岡土沃民勤男子以青布裹頭衣服與內地同婦女亦然常攜麻線至內地貿易其山田按畝起糧赴會理州輸納

會川營轄迷易普隆寺等處擺夷

會川營轄迷易普隆寺等處擺夷婦

迷易所土千户安氏本滇之景東府擺夷種也康熙中歸化居多茅屋以耕種為業與民人村落相聯屬男女服食亦相似性馴而多疑風俗淳樸歳輸糧賦

永寧協右營屬九姓苗民

永寧協右營屬九姓苗婦

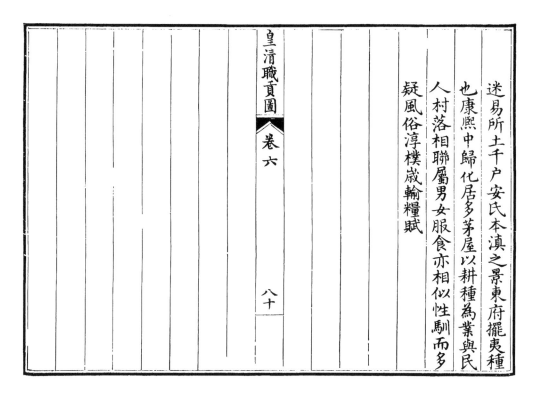

瀘州九姓長官司任氏自明洪武時内附授
職世襲
本朝順治初歸化設學校師儒風俗淳樸苗民椎髻裹青布帕著花布衣披椶櫚皮跣足勤于耕常吹竹筒笙為樂苗婦挽髻以青布作帽束以花巾著大袖花布短衣緣邊花裙恒持傘以行其編户五百餘輸賦三百餘兩每三年供馬二匹

普安等營轄雷波黃螂夷人

普安等營轄雷波黃螂夷婦

雷波衛本阿照部落明洪武初内附賜姓楊氏黃螂所本噶哈部落亦明初承襲俱于
本朝康熙中歸化雍正六年改設衛所惟雷波長官司妻河氏授土千總職管谷堆等處生番仍令世襲其地多猓玀男椎髻去鬚僅留頦下髭氈笠布衣以朱漆塗革帶佩刀裹囊婦挽髻裹青帕耳綴銅環著長衣細摺裙行必荷笠頗勤耕作按編户輸糧

馬邊營轄蠻夷長官司夷人

馬邊營轄蠻夷長官司夷婦

屏山縣蠻夷長官司亦猓玀種類明洪武初

授以土職

本朝順治九年歸化三年貢馬一匹以銀代之

亦輸糧于官其人多居峻嶺巖阿上下便捷

男椎髻裹青布帕短衣披氊衫勤于耕作婦

挽髻以青布作平頂帽交纏藍布長帶飾以

珠石項掛素珠衣裙俱緣邊跣足不履頗習

紡織

泰寧協左營轄沈邊番民

泰寧協左營轄沈邊番婦

沈邊長官司余氏本江西人明初隨征有功
授百户
本朝康熙中歸化授長官司世襲番民多以板
為屋男婦多以花褐為衣性淳良勤耕織地
當西藏打箭爐之衝往來背負茶包獲傭直
以資衣食歲輸稅銀五十兩

泰寧協左營轄冷邊番民

泰寧協左營轄冷邊番婦

冷邊長官司其先惡地者本西番瓦部明初
授都綱後改長官司
本朝順治中歸化番民附居内地風俗服食大
畧相同男子花布裹頭綴環于耳婦女常以
手帕圍項長衣摺裙腰帶間繫色布一幅拖
之頗勤耕作

泰寧協右營轄大田西番民

泰寧協右營轄大田西番婦

大田土司所轄有西番本後漢馬岱之裔世為宣慰司明末力拒張獻忠
本朝順治九年歸化後因馬氏無繼嗣改歸清溪縣管轄而夷衆搆釁復選土百户以統束之番民首裹白布帕著麻布短衣披氊衫以白布纏腰番婦挽髻垂辮著青布短衣白布繫腰常以酒自隨勤于耕作歲輸地丁于清溪縣

泰寧協右營轄大田猓玀

泰寧協右營轄大田猓玀婦

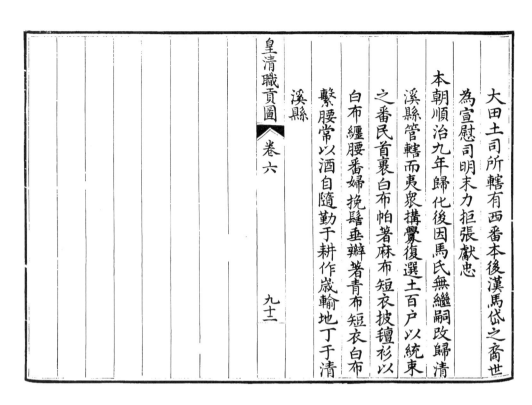

大田猓玀亦後漢馬岱之裔世與西番同為大田宣慰司所轄其沿革亦同男挽髻裹青帕布衣披氈衫女著長衣半臂繫五色褐裙束織花褐帶勤于耕織亦于清溪縣歲輸地丁銀兩

泰寧協標右營松坪夷人

泰寧協標右營松坪夷婦

松坪在明初為黎州安撫馬氏土舍所轄皆猓玀種類

本朝康熙中歸化授土千户歲輸地丁銀兩夷人椎髻裹青帕或編竹為帽盡去髭鬚披氊衫繫草帶夷婦辮髮挽雙髻以青布為高冠復以色帛交束之衣裙類民婦其俗習强悍能自造牛皮甲胄木弓竹箭

泰寧協屬黎雅營轄木坪番民

泰寧協屬黎雅營轄木坪番婦

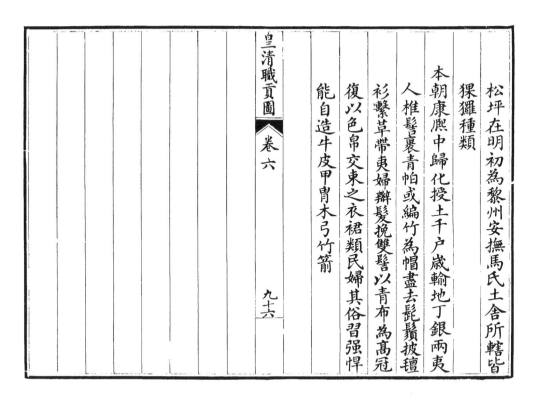

木坪土司明為董卜韓胡宣慰司
本朝順治九年歸化番民居處多壘石為碉房
男薙髮留辮戴圓頂氊笠著長衣披紅偏衫
番婦盤髻垂雙辮于額前交挽之著大領短
衣細摺長裙拖繡帶勤于耕織崇釋信鬼俗
尚儉樸歲貢馬四匹豆五十石俱折色交納

泰寧協屬阜和營轄明正番民

泰寧協屬阜和營轄明正番婦

明正土司其先本打箭爐番目明永樂間授
宣慰司
本朝康熙中歸化轄土千户四十九員番民奉
佛以耕牧為業居碉房戴狐皮帽耳綴大環
長衣皮靴常以銅合貯小佛像及經咒繫肘
腋間番婦挽髻束以絳帛雜綴珠石戴狐皮
纓帽著大領短衣細摺長裙腰拖繡帶足履
繡鞋頗知紡織歲輸稅銀一百五十餘兩

阜和營轄德爾格特番民

阜和營轄德爾格特番婦

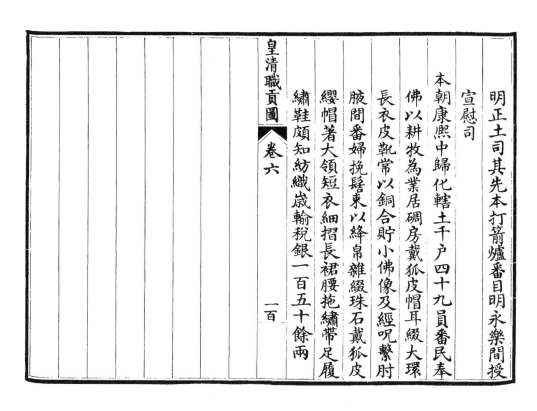

德爾格特本西海番部土目

本朝平定西藏時歸化授安撫司尋加授宣撫司番民性勇悍善騎射饒畜牧戴狐皮帽著布褐長衣佩刀番婦辮髮以絳帕抹額雜綴珠石短衣長裙前繫緣邊色帛一幅能織褐歲輸稅銀二百八十兩冬春間常以牛馬皮革赴打箭爐易茶

泰寧協屬裏塘番民

泰寧協屬裏塘番婦

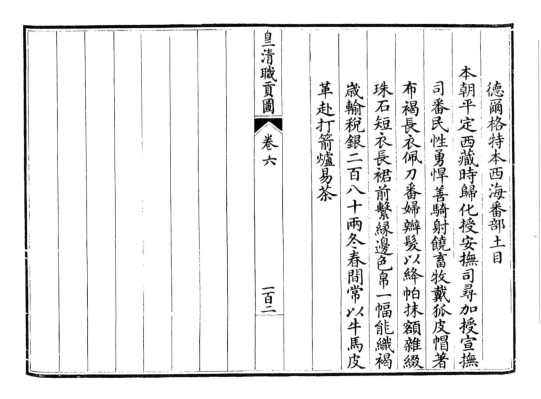

裏塘宣撫司

本朝康熙中歸化雍正七年設宣撫司一員副土司一員其更替于頭人内拔補所居多碉房番民皮帽毛褐長衣佩刀番婦辮髮續以牛毛綴珠石為飾著大領長衣五色布裙其地寒不宜耕種皆以畜牧為生計性頗質樸

泰寧協屬巴塘番民

泰寧協屬巴塘番婦

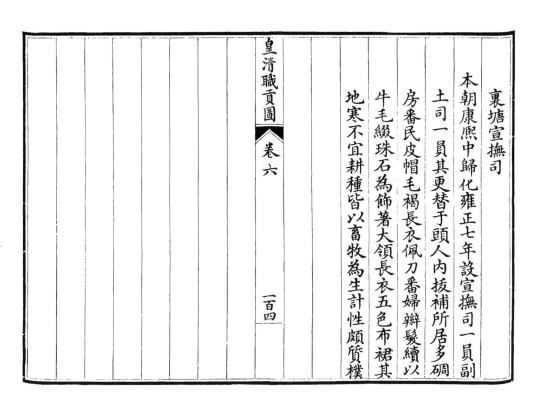

巴塘宣撫司一員副土司一員俱于雍正七年授職遇事故則選擇頭人充補番民衣飾與裏塘相似逢歲時佳節具酒肉跳盪歌舞以娛賓客其地較裏塘温暖人亦多務農業

阜和營轄革什咱番民

阜和營轄革什咱番婦

綽斯甲安撫司

本朝康熙中歸化番民居碉房皮帽褐衣短裙
大帶番婦披髮垢面耳綴大環短衣長裙足
著革履性詭譎嗜酒貪利出必佩刀械遇大
計折納馬價與草什咱同

阜和營轄霍耳章谷等處番民

阜和營轄霍耳章谷等處番婦

霍耳章谷孔撒等九土司俱于
本朝平定西藏時歸化各授安撫長官等職番
民多居山巔碉房戴狐帽著毛褐長衣亦有
衣帛者革帶皮靴馳馬射獵番婦披髮繫松
石為飾短衣長裙前繫幅布能織褐

阜和營轄納滚番民

阜和營轄納滚番婦

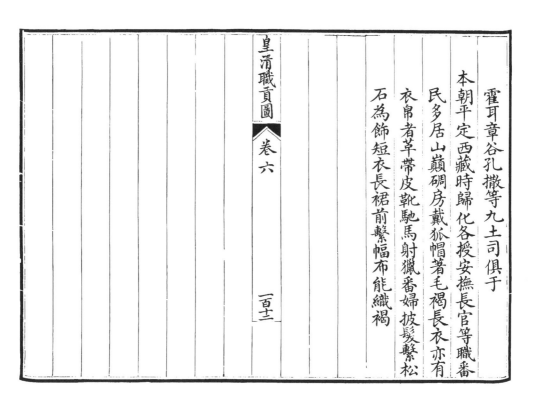

納滚安撫司

本朝康熙中歸化番民居碉房戴狐皮帽耳綴大環著毛褐長衣佩刀番婦披髮抹以紅帛結珠石為纓絡垂之著大領褐衣繫五色褐裙習俗强悍以耕牧為生冬春間多取野獸皮革赴裏塘打箭爐市易無貢稅

阜和營轄春科番民

阜和營轄春科番婦

春科安撫司一員副土司一員高日長官司一員俱于
本朝雍正六年歸化其地與霍耳等處諸番接壤居處服食亦相似惟衣裘多有用虎皮者歲輸稅銀有差副土司無稅

阜和營轄納奪番民

阜和營轄納奪番婦

納奪安撫司

本朝雍正六年歸化番民薙髮留辮戴深簷纓帽染黃羊皮或虎皮鑲之衣毛褐及無面羊裘束帶佩刀以耕牧為生番婦披髮以松石為飾耳綴大環著短衣繫五色細摺裙能織褐歲輸稅銀十餘兩

阜和營轄上下贍對番民

阜和營轄上下贍對番婦

上瞻對長官司下瞻對安撫司俱
本朝雍正六年歸化地多高山峭壁番民居碉
房椎髻戴黃羊皮帽著毛褐長衣佩刀性貪
而狡每以打牲為名掠奪近界番婦蓬首不
櫛惟剪額髮露面亦綴珠石為飾短衣長裙
能織毛褐

阜和營轄瓦述餘科等處番民

阜和營轄瓦述餘科等處番婦

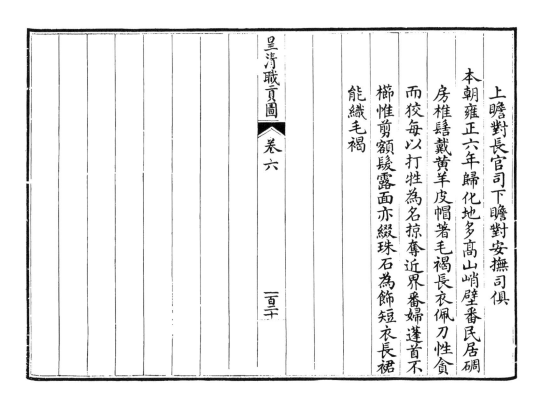

瓦述餘科等七土司俱
本朝雍正六年歸化各授安撫長官等職番民
居處帳房就水草畜牧戴皮帽綴耳環褐衣
佩刀貪利好殺每以打牲為名攘竊裡塘等
處番婦服飾與裏塘相同能牧牛羊織毛褐
歲輸稅銀有差

阜和營轄咱里番民

阜和營轄咱里番婦

咱里土千户其先阿交者於明洪武初授土司職
本朝康熙中進勦西爐以糧運功仍授土千户
番民耳綴大環褐衣草履多以負運茶包為生番婦盤髻著大領長衣束帶前繫花布一幅性嗜酒勤耕作歲輸稅銀九兩零

皇清職貢圖
卷七
雲南等府黑玀玀以下雲南省
雲南等府黑玀玀婦
雲南等府白玀玀
雲南等府白玀玀婦
雲南等府乾玀玀
雲南等府乾玀玀婦
廣南等府妙玀玀
廣南等府妙玀玀婦
曲靖等府僰夷
曲靖等府僰夷婦
景東等府白人
景東等府白人婦
曲靖等府狆人
曲靖等府狆人婦

廣南等府沙人
廣南等府沙人婦
廣南等府儂人
廣南等府儂人婦
順寧等府蒲人
順寧等府蒲人婦
麗江等府怒人
麗江等府怒人婦

鶴慶等府�人
鶴慶等府猓人婦
武定等府羅婺蠻
武定等府羅婺蠻婦
臨安等府土獠
臨安等府土獠婦
元江等府窩泥蠻
元江等府窩泥蠻婦

臨安等府苦蔥蠻
臨安等府苦蔥蠻婦
臨安等府撲喇蠻
臨安等府撲喇蠻婦
雲南等府撒彌蠻
雲南等府撒彌蠻婦
曲靖等府苗人
曲靖等府苗人婦

普洱等府莽人
普洱等府莽人婦
姚安等府猓猓蠻
姚安等府猓猓蠻婦
武定等府摩察蠻
武定等府摩察蠻婦
楚雄等府扯蘇蠻
楚雄等府扯蘇蠻婦

臨安等府牳雞蠻

臨安等府牳雞蠻婦

麗江等府麽些蠻

麗江等府麽些蠻婦

鶴慶等府古猔番

鶴慶等府古猔番婦

永北等府西番

永北等府西番婦

大理等府峩昌蠻

大理等府峩昌蠻婦

曲靖府海猓玀

曲靖府海猓玀婦

廣西府阿者玀玀

廣西府阿者玀玀婦

曲靖府魯屋玀玀

曲靖府魯屋玀玀婦

武定府麥岔蠻

武定府麥岔蠻婦

姚安府嫚且蠻

姚安府嫚且蠻婦

順寧府利米蠻

順寧府利米蠻婦

開化府普岔蠻

開化府普岔蠻婦

永昌府西南界縹人

永昌府西南界縹人婦

雲南等府黑玀玀

雲南等府黑玀玀婦

黑玀玀為滇夷貴種凡土官營長皆其族類散居雲南曲靖臨安澂江武定廣西東川昭通楚雄順寧蒙化等府在鶴慶者又號海西子自唐時隸東西兩爨部落元收其地為郡縣分處各屬其居處斲木代瓦名曰苫片男子青布纏頭或戴箬帽布衣氈衫婦亦以青布蒙首布衣披羊皮纏足著履言語飲食頗類齊民性樸魯好射獵歲時用雞酒摇木鐸以祝

國祈年土宜稻黍輸稅惟謹

雲南等府白玀玀

雲南等府白玀玀婦

白玀玀于夷種為賤雲南等府及開化景東皆有之一名撒馬都又稱為洒摩其部落貢稅與黑玀玀同居處依山箐或居村落男子以布蒙首衣短衣胸掛繡囊著草履婦女椎髻蒙以青藍布綴海巴錫鈴為飾纏足著履勤於耕作婚姻以牛馬納聘祭用丑月插山榛三百枝於門誦經羅拜有占卜則投麥於水驗其浮沉其言語飲食輸賦稅均類齊民

雲南等府乾玀玀

雲南等府乾玀玀婦

乾玀玀唐時隸東爨部落今與黑白二種散處雲南曲靖東川三郡無專設土司居尚樓屋食貴鹽蒜人貌皆黑男子束髮纏頭耳綴圈環衣花布短衣披羊皮用麻布裹脛著草履婦女以白麻分辮束髮頂綴海巴其婚嫁以奢侈相誇每食插箸飯中擎拳默祝以為報本性勇好鬭不通華言頗勤耕織樵採歲輸賦稅

廣南等府妙玀玀

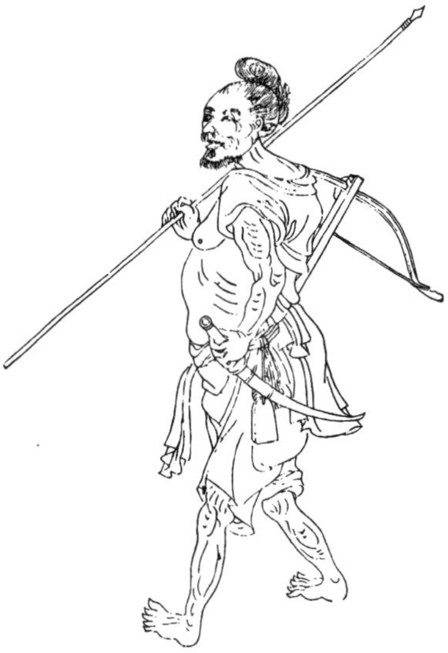

廣南等府妙玀玀婦

妙玀玀皆土蠻官舍之裔或稱虎頭營長或稱官娜與黑白諸種異廣南元江開化鎮沅大理楚雄永昌永北麗江姚安十府皆有之無部落隨各屬土流兼轄貌獰性悍善用鏢弩耕種山地冬月圍爐中堂舉家卧其側男子椎髻短衣婦女青布纏頭以幅布披右肩綰於左腋短衣短裙跣足無袴婚姻聽女擇配其輸租税與各種同

曲靖等府僰夷

曲靖等府僰夷婦

僰夷一名擺夷漢為巨遶甸唐為步雄嶍峨二部元初內附其部落接壤緬甸車里今雲南曲靖臨安武定廣南元江開化鎮沅普洱大理楚雄姚安永北麗江景東十五府皆有之隨各屬土流兼轄與齊民雜處男子青布裹頭簪花飾以五色線編竹絲為帽青藍布衣白布纏脛恒持巾帨婦盤髮於首裹以色帛繫綵線分垂之耳綴銀環著紅綠衣裙以

小合包二三枚各貯白金於內時時攜之地產五穀宜菽麥輸納糧稅常入市貿易

景東等府白人

景東等府白人婦

白人其先居大理白崖川即金齒白蠻部皆僰種後居景東府地而雲南臨安曲靖開化大理楚雄姚安永昌永北麗江等府俱有之隨各屬土流兼轄其居處與民相雜風俗衣食悉倣齊民有讀書應試者亦有纏頭跣足衣短衣披羊皮者又稱民家子歲輸賦稅

曲靖等府狆人

曲靖等府狆人婦

狆人與黔省狆家苗同一族類曲靖昭通與黔接壤故所屬皆有之在曲靖者宋時隸摩彌部在昭通者唐以後均隸烏蒙部

本朝改設流官管轄其人好樓居男子纏頭短衣跣足婦女以青布為額箍如僧帽然飾以海巴耳綴大環衣花布緣邊衣裙富者或以珠綴之白布束脛纏足著履男女皆勤耕作輸賦稅嗜食犬鼠風俗樸陋

廣南等府沙人

廣南等府沙人婦

沙人安南土酋沙氏之裔明初隸廣南廣西府屢不靖沐氏討平之後土官沙定洲據會城為李定國所擒

本朝順治十五年平滇與迤東各郡同時歸順歲輸糧賦散處廣南廣西曲靖臨安開化等五府其居多在高山深箐名曰掌房寢無衾枕坐牛皮中擁火達旦以耕漁射獵為生出入帶刀弩性狡而悍男女衣飾頗類齊民其風俗多同儂人而慓勁過之

廣南等府儂人

廣南等府儂人婦

儂人其土酋儂姓相傳為儂智高之裔宋時
地曰特磨道明改廣南府
本朝平滇設流官仍授儂氏後為土同知今廣
南廣西臨安開化等府有此種喜樓居脫履
而登坐臥無床榻男子以青藍布纏頭衣短
衣白布纏脛婦束髮裹頭短衣密鈕繫細褶
桶裙著繡花履性悍好鬬出則攜鏢弩其類
與沙人相似歲納糧賦

順寧等府蒲人

順寧等府蒲人婦

蒲人即蒲蠻相傳為百濮苗裔宋以前不通
中國元泰定間始內附以土酋猛氏為知府
明初因之宣德中改土歸流今順寧澂江鎮沅普洱楚雄永昌景東等七府有此種居多傍水不畏深淵寢無衾榻食惟菽稗男子青布裹頭著青藍布衣披氊褐佩刀跣足婦青布裹頭著花布短衣長裙跣足常負米入市
供賦稅

麗江等府怒人

麗江等府怒人婦

怒人以怒江甸得名明永樂間改為潞江長官司其部落在維西邊外過怒江十餘日環江而居

本朝雍正八年歸附流入麗江鶴慶境内隨二府土流兼轄性猛悍能以弓矢射獵男子編紅藤勒首披髮麻布短衣紅帛為袴而跣足婦亦如之常負筐持囊剾黄連亦知耕種以虎皮麻布黄蠟等物由維西通判充貢

鶴慶等府㺜人

鶴慶等府㺜人婦

㺜人居瀾滄江大雪山外係鶴慶麗江西域外野夷其居處結草為廬或以樹皮覆之男子披髮著麻布短衣袴跣足婦耳綴大銅環衣亦麻布種黍稷劚黃連為生性柔懦不通內地語言無貢稅更有居山巖中者衣木葉茹毛飲血宛然太古之民㺜人與怒人接壤畏之不敢越界

武定等府羅婺蠻

武定等府羅婺蠻婦

羅婺自宋時大理段氏立羅武部長至元明俱轄於土司嘉靖中改歸流官其部落流入雲南大理楚雄姚安永昌景東等七府居多在山林高阜藉地寢處男子挽髮戴笠短衣披氊衫佩刀跣足耕種輸稅婦人辮髮垂肩飾以珠石短衣長裙皆染皂色其地產火草績而為布理粗質堅衣服之餘或貿於市

臨安等府土獠

臨安等府土獠婦

土獠一名土老亦名山子相傳為鳩獠種亦滇中烏蠻之一從蜀黔粵西之交流入滇境散居臨安澂江廣西廣南開化昭通等府與齊民雜居男子首裹青帨著麻布衣常負竹籠盛酒食入市貿易婦女高髻紅巾縫花布方幅于短褐其治生最勤生子置水中浮則養之沈則棄之今俗亦漸革矣鼓噪而祭謂之迓福其土宜雜糧輸租賦

元江等府窩泥蠻

元江等府窩泥蠻婦

窩泥本和泥蠻之裔南詔蒙氏置威遠瞼稱和泥為因遠部明置元江府東至元江南至車里西至威遠北至思陀皆和泥種今雲南臨安景東鎮沅元江五府皆有之其人居深山中性樸魯面黧黑編麥稭為帽以火草布及麻布為衣男女皆短衫長袴耕山牧豕納糧賦常入市貿易亦有與齊民雜處村寨者其俗女適人以藤束膝下為別娶婦數年無子則逐之祭祀宴會擊鉦鼓吹蘆笙為樂

臨安等府苦蔥蠻

臨安等府苦蔥蠻婦

苦蔥爨蠻之別種自元時歸附今臨安元江
鎮沅普洱四府有此種居傍山谷男子椎結
以藍布裹頭著麻布短衣跣足挾刀弩獵禽
獸為食婦女短衣長裙常負竹籠入山採藥
土宜禾稻歲輸糧賦其在三猛者以六月廿
四日為年十二月廿四日為歲首至期烹羊
豕祀先醉飽歌舞

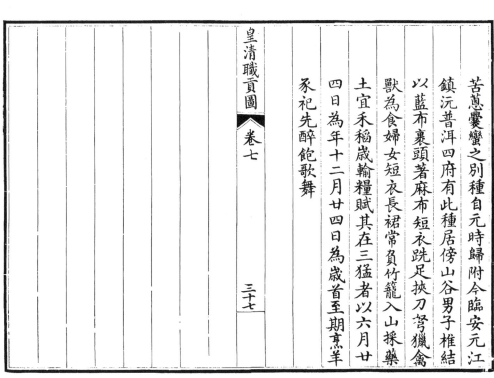

臨安等府撲喇蠻

臨安等府撲喇蠻婦

撲喇一名撲腊古蒲部九隆之苗裔南詔蒙氏為尋甸部至元初内附今臨安廣西廣南元江四府俱有此種多居高山峻嶺男子束髮裹頭插雞羽著青布衣披羊皮跣足耕山種木棉取禽鳥為生婦青布裹頭青布長衣常負瓜蔬入市貿易其在王弄山者又名馬喇即其種類

雲南等府撒彌蠻

雲南等府撒彌蠻婦

撒彌或作灑美其種類不蕃惟雲南曲靖二府有之居處與齊民相雜其人面目多黑男子椎結青布裹頭衣褐披氊白布束脛著草履腰短刃俗嗜酒以角為杯頗勤耕種輸賦稅間有知書者婦女青布裹頭縫合兩鬢間如帽著綠衣披青布單繫白布短裙著履能織布及毛褐

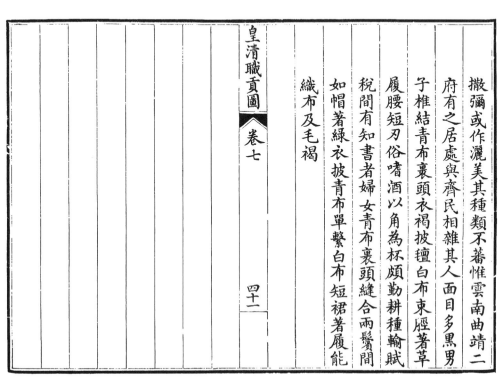

曲靖等府苗人

曲靖等府苗人婦

苗人相傳為槃瓠之種楚粵黔皆有之其在滇省者惟曲靖東川昭通等府花苗隨各屬土流兼轄其人喜居水濱耐寒暑男子青布裹頭短衣跣足性狡而懦勤耕作婦女束髮戴五色花冠耳綴銀環著紫布短衣繫繡花布裙跣足能織苗錦常攜竹筐入市貿易遇節序則擊銅鼓吹角賽神土宜雜糧輸稅惟謹

普洱等府莽人

普洱等府莽人婦

莽人其先隸緬甸部落夷人稱其長曰莽紀遂以為姓明嘉靖初與孟養木邦相仇殺為其所破由此内附今普洱永昌二府有此種與齊民雜處亦有木邦阿瓦種類其人體肥力健男子束髮戴黑漆帽裹幅布於身跣足婦人挽髻窄袖短衣緣邊桶裙編竹絲為器盛食物狀如葫蘆俗勤耕織歲輸糧賦

姚安等府猓猓蠻

姚安等府猓猓蠻婦

猓猓相傳楚莊蹻開滇時便有此種無部落散居姚安麗江大理永昌四府其居六庫山谷者在諸夷中為最悍其居赤石崖金江邊地與永江連界者依樹木巖穴遷徙無常男子裹頭衣麻布披氊衫佩短刀善用弩發無虛矢婦女短衣長裙跣足負竹筐出入種蕎稗隨地輸賦

武定等府摩察蠻

武定等府摩察蠻婦

摩察本黑玀玀苗裔而種類各別自元張立道為大理勸農使諸蠻相率來降收為郡縣今武定大理蒙化三府皆有之居處與黑玀玀同男子束髮裹頭耳綴大環短衣披氊衫佩短刀以木弓藥矢射鳥獸為食婦女皁布裹頭飾以硨磲短衣長裙跣足亦習射獵其有田地者種稻納糧

楚雄等府扯蘇蠻

楚雄等府扯蘇蠻婦

扯蘇爨蠻部落之別種樸陋似黑玀玀而性較强悍其歸順亦與黑玀玀同今楚雄普洱二府有此種其居處多結板屋於山巔巖石間男子束髮裹頭著短衣披羊皮耕山輸稅婦女短衣長裙跣足頗知紡績俗以牛毛占晴雨

臨安等府牳雞蠻

臨安等府牳雞蠻婦

牳雞其先隸東爨部落元時隨諸蠻歸順臨安開化二府皆有此種在寧州王弄山者形貌獰惡在蒙自者侏離卉服皆轄於流官居多負險以竹為屋遷徙無常男子椎髻插雞羽短衣跣足婦女項垂瓔珞短衣長裙緣以錦繡俗好鬬性愚而詐佩刀負弩捕生物即食有占卜用雞骨耕山種蕎輸稅

麗江等府麼些蠻

麗江等府麼些蠻婦

麼些蠻宋時其長蒙醋據麗江元初平之置茶罕章宣慰司明以木氏為土知府今麗江鶴慶二府皆有之居處與齊民相雜性淳樸語多鴂舌男子薙髮戴氊帽著大領布衣披羊皮其讀書入學者衣冠悉同士子婦女高髻戴漆帽耳綴大環短衣長裙力作勤苦俗以正月五日登山祭神土宜蕎稗歲輸糧賦

鶴慶等府古猔番

鶴慶等府古猔番婦

古猔乃西畨别種先為吐蕃部落與滇西北接壤流入鶴慶麗江景東三府土流兼轄與民雜居男子戴紅纓黄皮帽耳綴銀環衣花褐佩刀繫囊著皮靴婦人辮髮以珊瑚銀豆為飾著五色布衣裙披花褐於背足履革靴種青稞牧牛馬為生頗知禮法輸賦惟謹

永北等府西番

永北等府西番婦

西番本滇西北徼外夷又名巴苴流入永北麗江二府居深山聚族而處男子辮髮戴黑皮帽麻布短衣外披氈單以藤纏左肘跣足佩刀伐竹為業不通漢語婦女辮髮綴以瑪瑙硨磲亦衣麻披氈繫過膝桶裙跣足地種蕎稗納糧

大理等府峩昌蠻

大理等府峩昌蠻婦

峩昌以喇為姓大理永昌二府有此種無部落雜處山谷間性畏暑濕男子束髮裹頭衣青藍短衣披布單婦女裹頭長衣無襦脛繫花褶而跣足刀耕火種畜牧紡織為生食用儉陋得禽蟲則生噉之婚聘用牛馬祭以犬占用竹三十枝如著筮然地產麻葛輸稅

曲靖府海猓玀

曲靖府海猓玀婦

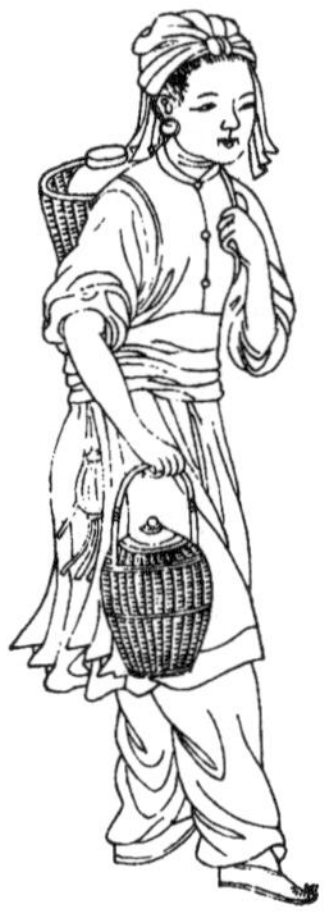

海猓玀惟曲靖府有之一名壩玀玀居平川種水田土人以田畝廣延者為海或呼為壩故得名或云即白玀玀也與齊民雜處其服食語言俱相似惟與同類語則有別勤於耕作急公輸稅間有讀書者

廣西府阿者玀玀

廣西府阿者玀玀婦

阿者玀玀東爨烏蠻之苗裔唐南詔蒙氏為
師宗彌勒維摩三部元初歸附設廣西路明
改為府
本朝因之轄於流官性愚而勤男女皆短衣袴
耳綴大環男跣足婦著履婚禮以牛為聘婿
親負女而歸歲種雜糧計田輸稅

曲靖府魯屋玀玀

曲靖府魯屋玀玀婦

魯屋玀玀居處飲食類黑玀玀而別為一種元初歸附今惟曲靖府有之與齊民雜居男子束髮裹頭著青藍布短衣袴踏木屐婦女戴青抹額耳綴大環短衣長裙跣足俗勤耕種亦能射獵土宜黍稗蕎有甘苦二種

武定府麥岔蠻

武定府麥岔蠻婦

麥岔蠻惟武定府屬有之武定在漢為越嶲郡僰㹿諸蠻所居麥岔亦其別種又宋時段氏使烏蠻阿歷治其地名羅婺部今與羅婺別為二其居處雜於齊民男挽髮短衣跣足時負米糧入市勤于治生輸賦惟謹婦人裝束與男略同娶婦以牝牛為聘吹笙飲酒地產火草可織為布

姚安府嫚且蠻

姚安府嫚且蠻婦

嫚且蠻居姚安府姚安古百濮地漢為弄棟蜻蛉二縣梁末沒於羣蠻至元始内附蠻人居處與民相雜男婦皆纏頭衣麻布衣袴披羊皮跣足喜歌嗜飲男吹竹笙女彈箜琴諧婉可聽時攜酒入山竟日忘返近亦頗知治生耕山種蕎納稅惟謹

順寧府利米蠻

順寧府利米蠻婦

利米蠻狀貌黝黑頗類蒲蠻宋以前不通中國元泰定間始内附聚處順寧山箐中男子戴竹絲帽著麻布短衣腰繫繡囊善踏弩每射生得之即啖性愚樸不嫺拜跪禮婦女青布裹頭短衣跣足時出樵採負薪而歸刀耕火種土宜菽稗

開化府普岔蠻

開化府普岔蠻婦

普岔隸開化府東安里極邊與安南接壤蓋
交州之苗裔也漢為句町國唐屬南詔明設
教化王弄安南三部長官司
本朝康熙六年置開化府十九年平滇以土人
周應龍世襲土經歷俾領其衆男女皆著青
白長領短衣披幅布緣邊如火焰以耕漁為
業土宜穀麥其有田者皆按畝輸稅

永昌府西南界縹人

永昌府西南界縹人婦

縹人即驃人在永昌府西南徼外古朱波之裔其先為金齒驃國南詔常制之元初內附置宣撫使洪武中置府又置金齒衛保山縣今縣境有蒲縹寨因蒲人縹人流入得名其地青甓為圜城四隅作浮圖民居中鉛錫為瓦荔枝為材男子束髮衣青藍布短衣袴披氊片婦人當頂作高髻裹以白布衣短衫繫長裙其裙以莎羅布為之緣錦綴珠為飾俗奉佛勤耕織每織一梭輒誦佛號時負竹筐入市貿易重約信有賒貸未嘗逋負

皇清職貢圖

卷八

貴陽大定等處花苗以下貴州省

貴陽大定等處花苗婦

銅仁府屬紅苗

銅仁府屬紅苗婦

黎平古州等處黑苗

黎平古州等處黑苗婦

貴定龍里等處白苗

貴定龍里等處白苗婦

修文鎮寧等處青苗

修文鎮寧等處青苗婦

貴筑龍里等處東苗

貴筑龍里等處東苗婦

平越清平等處西苗

平越清平等處西苗婦

永豐州等處狆苗

永豐州等處狆苗婦

平越黃平等處夭苗

平越黃平等處夭苗婦

貴筑修文等處蔡家苗

貴筑修文等處蔡家苗婦

貴陽府屬宋家苗

貴陽府屬宋家苗婦

清平縣九股苗

清平縣九股苗婦

廣順大定等處龍家苗

廣順大定等處龍家苗婦

普定永寧等處馬鐙龍家苗

普定永寧等處馬鐙龍家苗婦

貴定縣平伐苗

貴定縣平伐苗婦

貴陽安順等處補籠苗
貴陽安順等處補籠苗婦
貴陽安順等處狆家苗
貴陽安順等處狆家苗婦
定番州谷藺苗
定番州谷藺苗婦
黎平府羅漢苗
黎平府羅漢苗婦

都勻平越等處紫薑苗
都勻平越等處紫薑苗婦
遵義龍泉等處楊保苗
遵義龍泉等處楊保苗婦
都勻黎平等處狪獚苗
都勻黎平等處狪獚苗婦
廣順州克孟牯羊苗
廣順州克孟牯羊苗婦

大定府威寧州猓玀
大定府威寧州猓玀婦
大定府威寧州黑猓玀
大定府威寧州黑猓玀婦
大定安順等處白猓玀
大定安順等處白猓玀婦
貴州等處犵狫
貴州等處犵狫婦

餘慶施秉等處水犵狫
餘慶施秉等處水犵狫婦
貴定縣剪髮犵狫
貴定縣剪髮犵狫婦
平越黔西等處打牙犵狫
平越黔西等處打牙犵狫婦
平遠州披袍犵狫
平遠州披袍犵狫婦

平遠州猓玀
平遠州猓玀婦
鎮遠施秉等處犵兜
鎮遠施秉等處犵兜婦
貴定黔西等處木猺
貴定黔西等處木猺婦
荔波縣狆狫㺧狪猺獞
荔波縣狆狫㺧狪猺獞婦

定番州八番
定番州八番婦
大定府屬六額子
大定府屬六額子婦
普安州屬僰人
普安州屬僰人婦
下游各屬峒人
下游各屬峒人婦

貴定縣猺人
貴定縣猺人婦
廣順貴筑等處土人
廣順貴筑等處土人婦
貴定都勻等處蠻人
貴定都勻等處蠻人婦

貴陽大定等處花苗

貴陽大定等處花苗婦

花苗本西南夷亦苗之一種向無土司自明時隸之貴陽大定遵義等府民苗雜居與編戶一體輸糧有大頭小花之稱衣以蠟繪花於布而染之既染去蠟則花紋似錦衣無襟衽挈領自首以貫于身男以青布裹頭女以馬尾雜髮編髻大如斗攏以木梳俗以六月為歲首每歲孟春擇平地為月場男吹蘆笙女搖鈴盤旋歌舞謂之跳月相悅則共處生子乃歸夫家其性戇而畏法

銅仁府屬紅苗

銅仁府屬紅苗婦

銅仁府屬紅苗元及明初分置長官司以領之萬歷間銅仁大萬二土司改土歸流設銅仁縣治

本朝雍正八年平松桃紅苗復移駐同知以資彈壓仍領省溪等八土司歲徵苗糧八十餘石其在坡東坡西者地連黔楚蜀三省山深箐密俱係生苗向頗刼掠為患自勦撫後亦俱斂戢矣苗有石麻田龍等姓衣用自織斑絲男椎髻約以紅帛女戴紫笠短衣絳裙緣以錦垂帶如佩其俗五月寅日夫婦各宿鍵户禁語以避虎倀性悍好鬬婦勸乃解

黎平古州等處黑苗

黎平古州等處黑苗婦

黎平等處黑苗宋時設古州八萬軍民總管府以鎮撫之明洪武初諸洞來朝分置十四長官司後於其地設黎平府治而古州八寨丹江一帶向居化外

本朝雍正七八年間開闢苗疆仍留古州等土司化誨管轄認納苗賦至十三年豁免其人衣短尚黑女綰長簪垂大環衣裙緣以色錦皆跣足陟巉巖捷如猿猱頗勤耕織寒無重衣夜無卧具食惟糯稻炊熟以手摶食藏肉甕中以腐臭為佳女嫁三日仍回母家向壻索頭錢不與則另嫁以臘月辰日為歳首每週一紀以牡牛祭神謂之喫牯臟

貴定龍里等處白苗

貴定龍里等處白苗婦

白苗亦西南夷之一種其族類不可考歷代並無土司管轄明時始列版圖貴定龍里黔西等縣皆有之民苗雜居一體輸賦男科頭赤足婦女盤髻長簪衣尚白短僅及膝歲以牯牛祀祖惟主祭者衣青先期擇牡者與各寨牛合鬭勝即為吉跳月之習與花苗同性戇厲轉徙不恒

修文鎮寧等處青苗

修文鎮寧等處青苗婦

青苗亦西南夷之一種向無土司管轄修文鎮寧黔西等縣皆有之明代始列版籍與民人雜居一體計田輸稅其人衣尚青出入必佩刀攜弩婦人以青布蒙首綴以珠石短衣短裙性雖悍而知畏法不敢為盜在平遠者名箐苗不善治田惟種莜麥稊稗衣麻衣皆自織男未婚者剪腦後髮娶乃蓄之

貴筑龍里等處東苗

貴筑龍里等處東苗婦

貴筑龍里等處東苗元時設貴筑等長官司轄之明初改土歸流置貴筑清平等縣本朝康熙年間復設龍里縣仍領羊腸大小谷龍三土司其人有族無姓以花巾束髮衣衫短不及膝婦人多服花布帔肩繫細褶短裙中秋日以牡牛祀祖集親屬延巫師循序而呼鬼之名竟晝夜乃已春獵獲禽必以祭跳月與花苗同畏見官長事有不平聽鄉老決之急公服役比於良民

平越清平等處西苗

平越清平等處西苗婦

西苗之名所以别乎東苗也在平越清平等處唐時為金筑安撫司所屬明洪武時改為揚義長官司有謝馬何羅雷盧等姓衣尚青性質實畏法少爭訟俗以十月收穫後每寨出牡牛三五隻延善歌祝者著氈衣大帽履草靴前導男婦悉青衣綵帶吹笙蹈舞隨之歷三晝夜乃殺牛以祀名曰祭白號除夕置酒呼老幼姓名謂之叫魂

永豐州等處獞苗

永豐州等處獞苗婦

獞苗本廣西泗城土府所屬
本朝雍正五年改土歸流以其地設永豐州分
隸黔省葢即廣西西隆州土人之類也其男
子俱薙髮衣服與漢人同婦人短衣長裙首
蒙青花巾勤於耕織歲輸苗賦頗遵禮法

平越黃平等處夭苗

平越黃平等處夭苗婦

夭苗多姬姓相傳為周後向無土司管轄明時隸平越黃平等府州民苗雜居一體計田輸賦衣尚青左衽女工紡織善染以十一月為歲首其性柔順勤儉安貧近亦讀書應試其居陳蒙爛土夭壩者緝木葉為衣繫以短裙婚姻以野合而成尚沿陋習

貴筑修文等處蔡家苗

貴筑修文等處蔡家苗婦

蔡家苗本春秋蔡人之裔蔡為楚子蠶食俘其民而放之南徼遂流為夷向無土司管轄明時隸貴筑修文清平清鎮威寧大定平遠等州縣民苗雜居一體計田輸賦男子以氈為衣婦人髻高尺許用長簪綰之短衣長裙翁婦不通言頗異苗俗

貴陽府屬宋家苗

貴陽府屬宋家苗婦

宋家苗本春秋宋人之裔其先亦為楚子所俘流為南夷向無土司管轄明時隸貴陽府民苗雜居一體計田輸賦男子帽而長襟婦人笄而短襟女嫁時夫家遣人往迎母家率衆箠楚之謂之奪袍頗通漢語勤耕織知禮法有讀書入泮者

清平縣九股苗

清平縣九股苗婦

清平縣屬凱里地方之九股苗本南夷種後漢諸葛亮南征悉勦除之僅存九人其後蔓延遂名九股先屬播州之安寧安撫司

本朝康熙四十一年改土歸流隸清平縣男女習俗服食與黑苗同而性尤剽悍以鎧甲為常服自膝以下用鐵片纏裹左執木牌右持標桿口銜利刃捷走如飛又善造强弩能貫重鎧雍正十年出肆刼掠經官兵勦撫遂搜繳兵甲建城安汛同於内地

廣順大定等處龍家苗

廣順大定等處龍家苗婦

龍家苗宋時為烏撒部在廣順者明初設安撫司以轄之後於其地置廣順州在大定平遠者元明俱授其酋為宣慰使

本朝康熙三年改土歸流置大定平遠二府州民苗一體計田輸賦男束髮不冠女螺髻上指若狗耳狀故亦有狗耳之名衣綴五色藥珠貧則以薏苡代之春日立竿於野男女遶竿擇配謂之跳鬼竿女得所悅則奔之其親

黨以牛馬贖回始通媒妁善入水捕魚如獺然

普定永寧等處馬鐙龍家苗

普定永寧等處馬鐙龍家苗婦

馬鐙龍家苗在普定永寧等處元明時屬西堡等六長官司管轄置普定衛永寧州領之

本朝改衛為縣革西堡寧谷二土司餘仍分領如故其人多張劉趙姓衣尚白男子束髮婦人以緇布製冠若馬鐙然故以為名性淳樸勤耕作急公輸税與良民埒

貴定縣平伐苗

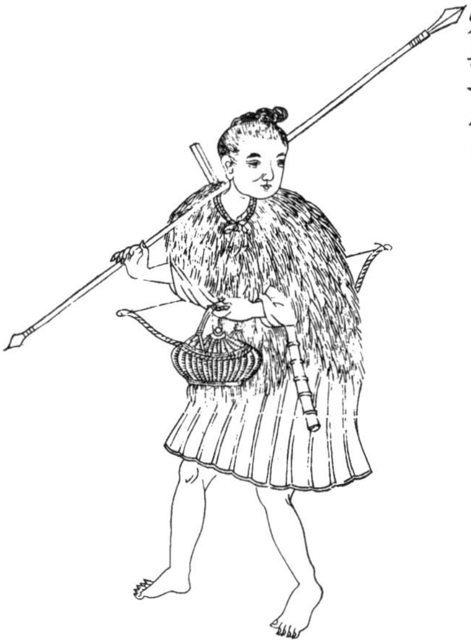

貴定縣平伐苗婦

平伐苗在貴定縣明初置新添衛領平伐等
六長官司後又設貴定縣
本朝康熙雍正年間裁衛併縣革去丹平把平
二土司仍留平伐等四土司男子披草衣女
繫長裙婚姻及享賓皆屠狗性喜鬬出入必
持鎗棒近皆馴服力田輸稅與齊民一體

貴陽安順等處補籠苗

貴陽安順等處補籠苗婦

補籠苗五代時楚王馬殷率邕管柳州兵討兩江溪口至黔留戍其後遂流為夷散處於貴陽安順南籠平越都勻等處宋時為普里于矢等部元明以後各置土司分轄先後設貴陽等府治

本朝雍正年間改土歸流以南籠廳為南籠府并仍領各土司苗人衣尚青以帕束首女青布蒙髻長裙細摺多至二十餘幅歲首男女

相聚擊銅鼓吹蘆笙唱歌為樂畜蠱名金蠶以毒藥染箭鏃出入恒持强弩利刃睚眦必報近皆寧戢與齊民一體輸賦其子弟有讀書識字者

貴陽安順等處狆家苗

貴陽安順等處狆家苗婦

狆家苗亦五代戍兵之後貴陽安順南籠平越都勻等五郡皆有之其部落沿革均與補籠苗同蓋別以氏族稱之者服飾亦俱相似每歲孟春編五色布為小毬男女跳舞視所歡擲之奔者不禁聘用牛視妍醜為多寡有至三五十頭者祭尚枯魚歲時擊銅鼓或掘地得之即以為諸葛所遺富者重價以購其輸賦亦與齊民一體

定番州谷蘭苗

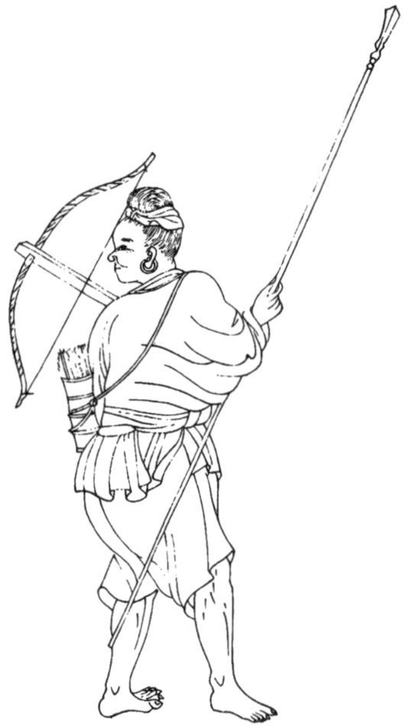

定番州谷蘭苗婦

谷蘭苗在定番州明時始設州治以程番等十七長官司屬之

本朝康熙雍正年間先後革去太華等三長官司改土歸流仍領程番等十四長官司男女皆短衣男性剽悍善擊刺出入必持鎗弩諸苗皆畏之近頗寧戢婦以青布蒙髻勤紡織其布最為細密有谷蘭布之名人多爭購每歲認納苗賦三十餘兩

黎平府羅漢苗

黎平府羅漢苗婦

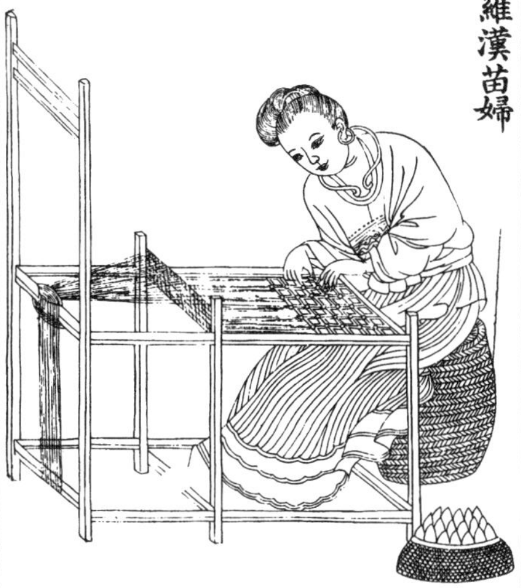

羅漢苗在黎平府屬其部落沿革俱與黑苗相同苗有不留髭鬚而謂之羅漢者故即以此為名蓋同類而異稱也衣尚黑男未室則插羽於首遠者為生苗短衣挾刀弩性悍喜鬭婦人散髮綰插木梳數日必以水沃之以金銀作連環飾耳衣以雙帶結背長裩短裙或止繫長裙垂繡帶一幅曰衣尾能養蠶織錦歲輸苗賦一百餘兩

都勻平越等處紫薑苗

都勻平越等處紫薑苗婦

紫薑苗都勻平越黃平清平丹江皆有之在
都勻平越黃平清平者舊設丹平等長官司
本朝康熙雍正年間先後改土歸流仍領邦水
等土司在丹江者明以前係化外生苗雍正
八年新闢苗疆置丹江通判駐之其人衣尚
黑色男女俱椎髻纏以黑布男子肩披鐵鎧
佩刀負鎗輕生好鬬得仇人輒生啖其肉以
十一月為歲首至期閉戶持忌七日而後啟

惟平越黃平諸苗近頗向化能通漢語亦有
讀書應試者田賦亦與民一體輸納

遵義龍泉等處楊保苗

遵義龍泉等處楊保苗婦

楊保苗係播州楊氏之裔在遵義者元時為播州安撫司明初授為宣慰司尋改遵義府治本隸四川

本朝雍正五年始改隸黔省在龍泉者元時屬思州安撫司明永樂間分置龍泉坪長官司後改為縣仍設土縣丞等官

本朝康熙初改土歸流其人衣尚青以青布蒙首婦綰髻向前衣短衣繫細摺長裙緣以錦

繡與民雜處婚姻葬祭頗同漢人惟性怯而狡官追攝多不肯即出田賦亦與民一體輸納

都勻黎平等處狆獱苗

都勻黎平等處狆獱苗婦

狆獱苗都勻黎平黃平龍泉龍里石阡施秉餘慶等處皆有之元明時與補籠羅漢紫薑楊保等苗同一土司管轄其部落沿革亦同蓋亦諸苗中之同類而異名者苗種最繁衣尚青婦椎髻以藍布纏之繫絲錦細摺裙其俗荊壁不塗門戶不扃出入以泥封之男子計口而耕女子度身而織暇則以漁獵為事婚葬與漢人同在黎平者認納田賦餘亦與民一體計田輸稅

廣順州克孟牯羊苗

廣順州克孟牯羊苗婦

克孟牯羊苗蓋亦苗之一種在廣順州深山中明時與龍家等苗同屬金筑安撫司後改建州治遂隸版圖苗人懸崖鑿竅而居搆竹梯上下高者百仞男青衣椎髻女盤髻短裙耕不挽犁以錢鎛發土耰而不耘婚以躧笙而偶生子至免乳始納聘財應輸田糧與民一體完納

大定府威寧州猓玀

大定府威寧州猓玀婦

猓玀在威寧州之水西蜀漢時有濟火者從諸葛亮破孟獲有功封羅甸國王其後為安氏元明内附授宣慰使

本朝康熙初改土歸流置威寧州治領偏橋正副二長官司仍以安氏世襲其正妻曰耐德嗣子如幼不能主事耐德即為女官男青布纏頭短衣大袖女辮髮亦纏以青布銀花貼額耳垂大環拽長裙三十餘幅性悍喜鬭俗

尚鬼又名羅鬼有黑白二種別有文字曰鬼字與民一體輸稅土産馬

大定府威寧州黑猓玀

大定府威寧州黑猓玀婦

黑猓玀在威寧州水西等處即係猓玀同類宋時為烏撒部元明屬水西宣慰使其人深目黟鼻長軀黑面薙髭而留鬚以青布纏頭衣尚黑短衫大袖女繫細摺長裙其性愚而重信喜畜馬好馳騁習鎗弩以射獵為事歸流以來夷民一體計田輸賦

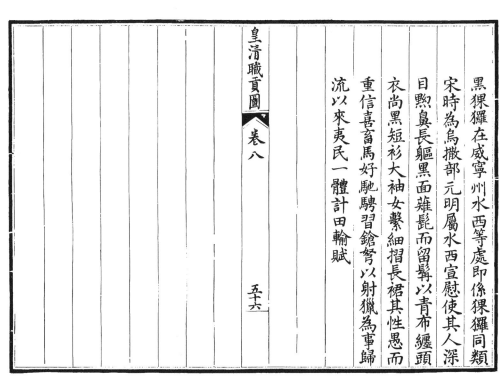

大定安順等處白猓玀

大定安順等處白猓玀婦

白猓玀與黑猓玀同類又名白蠻惟黑為大姓白為下姓不與通婚大定安順永寧普定等處皆有之在大定者宋時與黑猓玀並為烏撒部其沿革亦同在安順者宋時為普里部明初始置安順府治在永寧普定者明時各設長官司

本朝康熙初改土歸流仍以土司轄之男女衣尚白纏頭亦俱以白布飲食無盤盂置物三足釜中男女聚而啖之居普定者為阿和以販茶為業應輸糧賦悉按期完納

貴州等處犵狫

貴州等處犵狫婦

犵狫係西南夷黔中所在多有之向無土司明始歸流分隸各州縣其種類亦不一男女以幅布圍腰旁無襞積謂之桶裙花布曰花犵狫紅布曰紅犵狫各為一族不通婚姻屋宇去地數尺架以巨木上覆杉葉如羊柵謂之羊樓與民雜處一體計田輸賦

餘慶施秉等處水犵狫

餘慶施秉等處水犵狫婦

水犵狫亦係西南夷在餘慶施秉鎮遠等處元及明初分設各土司管轄後改土歸流增置郡縣仍領土司其人善捕魚雖隆冬亦能入淵故以為名性淳謹勤耕作風俗與民間相似男子衣服亦與民無異惟婦人喜服細摺錦邊裙猶沿苗俗民夷雜處一體計田輸賦

貴定縣剪髮犵狫

貴定縣剪髮犵狫婦

剪髮犵狫亦苗人中之一種在貴定縣明時
與平伐諸苗同領於土司
本朝雍正五年亦同時改土歸流男女挽髻於
頂蓄髮寸許四垂長則剪之故名剪髮犵狫
習俗鄙儉勤于耕織輸賦同齊民

平越黔西等處打牙犵狫

平越黔西等處打牙犵狫婦

打牙犵狫在平越黔西等處元明時並屬於
土司
本朝康熙初改土歸流男藍布纏頭披牛毛氊
衣女織青羊皮為長桶裙緣以層錦將嫁必
先折其二齒恐妨夫家所謂鑿齒之民也又
剪前髮而披後髮取齊眉之意習俗鄙儉力
田輸稅頗知畏法

平遠州披袍犵狫

平遠州披袍犵狫婦

披袍犵狫亦苗夷之一類宋時並為烏撒蠻
部元明亦俱領於土司
本朝康熙初置平遠州流官遂隸版圖俗衣短
衣外披無袖袍前短後長故謂之披袍犵狫
女衣領間綴海巴纍纍以為飾裙以五色羊
皮織成性淳謹勤耕作時操爐具鑄犂鋤以
為生

平遠州鍋圈犵狫

平遠州鍋圈犵狫婦

鍋圈犵狫亦在平遠州與披袍犵狫同類而
異名俗嗜酒惰於耕作男以葛織斜文為衣
婦以青布束髮如鍋圈狀短衣長裙病則延
鬼師用虎頭一具縈以色絲置箕內禱之

鎮遠施秉等處犵兜

鎮遠施秉等處犵兜婦

犵兜亦犵狫之一類鎮遠施秉黃平等處皆有之與徉獚諸苗雜處其部落沿革亦同好居高坡不為藩籬性嗜酒時佩刀弩入山以捕獵為事計田輸稅同於齊民

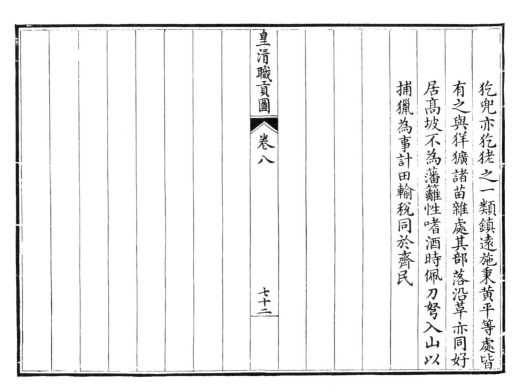

貴定黔西等處木狫

貴定黔西等處木狫婦

木狫與剪髮犵狫同領於平伐等土司其部落沿革並同於平伐諸苗葢以族類而異其稱者男以青布纏首女偏髻短衣裙僅覆膝娶婦異寢生子後乃同室孟冬縛草龍插五色紙旗以祀鬼其在都勻清平者風俗服食俱類漢人有讀書為諸生者

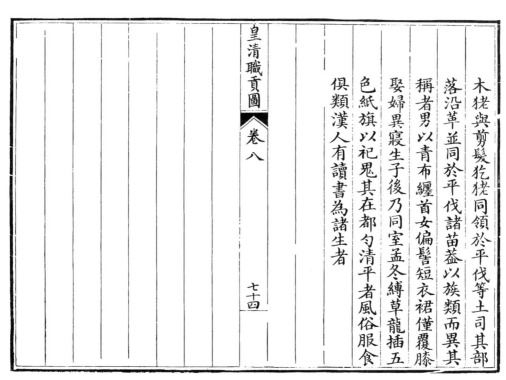

荔波縣狇狫狑狪猺獞

荔波縣狇狫狑狪猺獞婦

荔波縣夷人有狇狫狑狪猺獞六種雜居並為一類元時同屬南丹安撫司明初改土歸流置荔波縣隸廣西省

本朝雍正十年改隸黔省其衣服言語嗜好相同歲時祀槃瓠雜魚肉酒飯男女連袂而舞相悅者負之而去遂婚媾焉

定番州八番

定番州八番婦

八番者以元時有程番龍番方番金石番盧番羅番韋番洪番等八長官司故以為名散處於定番州地方其部落沿革與定番州之谷藺苗同男女衣服類漢人女勞男逸日出而耕暮歸而織刳木作臼曰碓塘臨炊始取稻舂之以寅午日為市以十月望日為歲首宴會擊長腰鼓為樂與編民一體輸賦

大定府屬六額子

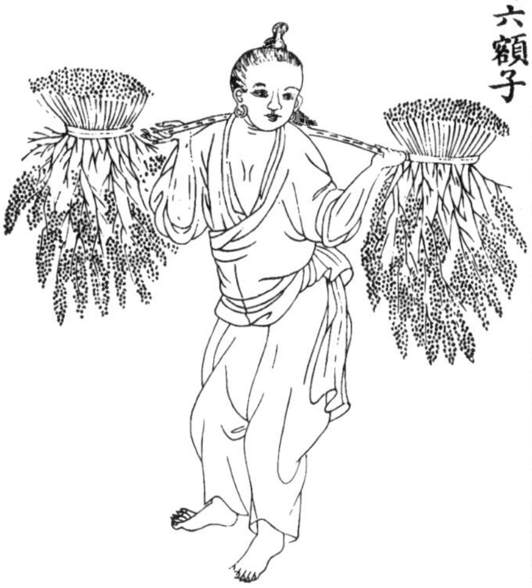

大定府屬六額子婦

六額子在大定府屬宋時與龍家苗及倮玀同為烏撒部歷代沿革亦同風俗與龍家苗相似其人有黑白二種則又類於倮玀男子首綰尖髻婦人衣至足自歸流以來耕田輸賦與齊民無異

普安州屬僰人

普安州屬僰人婦

僰人在唐為于矢部元屬普安安撫司明置普安州仍以土州同領之

本朝康熙四十一年改土歸流男女皆披氈衣垢不沐浴以六月二十四日為歲首朔望日不乞火性淳好佛持誦梵咒凡猓玀犵狫狆家苗言語有不通者常以僰人傳之

下游各屬峒人

下游各屬峒人婦

峒人亦西南夷之一種散處下游各屬山谷中向未設有土司明時始隷郡縣冬採茅花裝衣以禦寒飲食避鹽醬性多忌夫婦出入必偶能織峒錦

貴定縣猺人

貴定縣猺人婦

猺人其種類與楚粵諸猺同雍正二年自粵西遷至歸貴定縣之平伐土司管轄居無常所多擇溪水邊男女衣尚青長不過膝歲時祀槃瓠為祖勤耕種頗知醫暇則入山採藥有書名榜簿皆圓印篆文其義不可解珍為秘寶

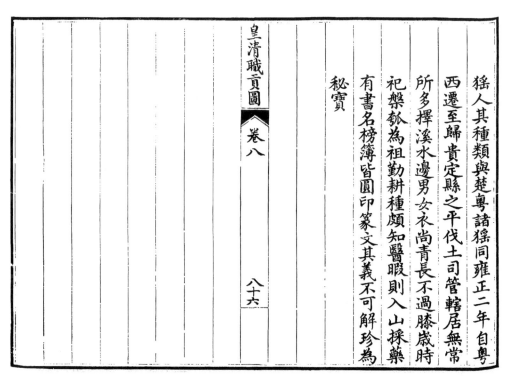

廣順貴筑等處土人

廣順貴筑等處土人婦

廣順貴筑貴定等處東西龍家平伐補籠狆家諸苗以類聚處土人蓋亦苗之一類也男子以貿易為生婦人則勤於耕作每種植時田歌互答清越可聽歲首迎山魈以一人戎服假面衆吹笙擊鼓以導之蓋亦古大儺之意其起居服食俱有華風計畝而稅同于編户

貴定都匀等處蠻人

貴定都匀等處蠻人婦

蠻人為西南蠻夷之裔舊亦與諸苗同隸於平伐等土司歸流以來歲輸正供齊于編氓男子披蓑衣婦人繫花裙俗以十月朔為大節必殺牛祭鬼性喜漁獵恒佩刀弩貴定都匀等處皆有之又石阡有冉家蠻者俗類相同

皇清職貢圖

卷九 續圖

愛烏罕回人

愛烏罕回婦

霍罕回人

霍罕回婦

啟齊玉蘇部努喇麗所屬回人

啟齊玉蘇部努喇麗所屬回婦

啟齊玉蘇部巴圖爾所屬回人

啟齊玉蘇部巴圖爾所屬回婦

烏爾根齊部哈雅布所屬回人

烏爾根齊部哈雅布所屬回婦

土爾扈特台吉

土爾扈特台吉婦

土爾扈特宰桑

土爾扈特宰桑婦

土爾扈特民人

土爾扈特民人婦

整欠頭目先邁岩第

景海頭目先綱洪

乾隆二十八年癸未愛烏罕汗遣使奉表入貢其霍罕及西哈薩克啟齊玉蘇烏爾根齊諸部皆伻來牽駒以獻考愛烏罕距拔達克山尚三月餘程重四譯始達餘亦去伊犁葉爾羌諸城數千里纏頭旃罽之飾為前圖所未備因敕補續幀末以誌遠服昭來許

御識

愛烏罕回人

愛烏罕回婦

愛烏罕極西回部也自拔達克山西南行須三月程可到其地有哈布爾嗎沙特愷達哈爾三大城其汗愛哈莫特沙居愷達哈爾城四面環山中皆沃土俗以耕種為業屬人築室散居不計户籍丁口戰用鳥鎗刀槊不習弓矢在回部中故稱強盛近復兼幷鄰部温都斯坦部落益大乾隆二十七年十二月愛哈莫特沙欽仰

威德遣使和卓客爾漢馬恭進金紙表文重四譯方至其人狀貌脩偉用花帛纏頭褐衣長領外曳錦緣敞衣部内婦人亦花帛纏頭飾以珠翹耳環綴珠纍纍覆肩衣緣邊錦衣勤於織袵地產良馬其所貢馬四匹皆高七尺長八尺

霍罕回人

霍罕回婦

霍罕在拔達克山東北三千里常至葉爾羌
喀什噶爾以羊馬貿易乾隆二十四年大兵
抵拔達克山其頭目額爾得尼伯克遣使赴
軍營恭請
聖安二十七年遣使入貢男子褐衣皮帽婦人用
花布纏頭飾以珠翹花褐長衣束以錦帨其
地有城郭屋宇亦以遊牧為業

啟齊玉蘇部努喇璽所屬回人

啟齊玉蘇部努喇璽所屬回婦

啟齊玉蘇部努喇麗為西哈薩克別部在伊犁之西北二千餘里以游牧為業因大兵平定回部後時以羊馬至伊犁貿易乾隆二十七年其頭目努喇麗遣使入貢男子褐衣皮帽婦人花帛纏頭亦有戴小白帽者風俗與東哈薩克同

啟齊玉蘇部巴圖爾所屬回人

啟齊玉蘇部巴圖爾所屬回婦

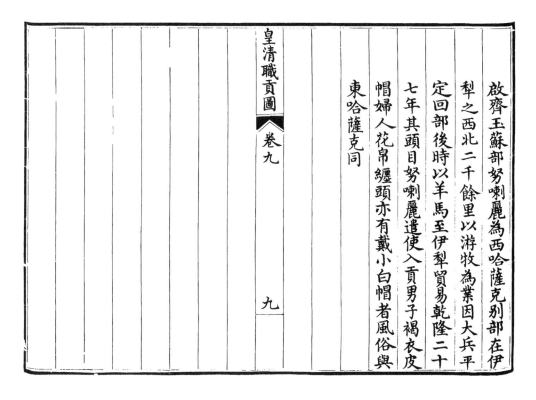

啟齊玉蘇部巴圖爾亦西哈薩克別部均以游牧貿易為業頭目巴圖爾於乾隆二十七年遣使入貢風俗服飾亦與東哈薩克同

烏爾根齊部哈雅布所屬回人

烏爾根齊部哈雅布所屬回婦

烏爾根齊部哈雅布亦西哈薩克别部其游牧與啟齊玉蘇相近距伊犂亦約二千餘里時與鄰部回人同至伊犁等處貿易乾隆二十七年其頭目哈雅布遣使入貢風俗服飾悉與啟齊玉蘇同

土爾扈特台吉渥巴錫與策伯克多爾濟舍楞等聚謀棄其舊居俄羅斯之額濟勒游牧率屬歸順既允所請命擒其長朝謁至伊綿峪入覲各賜冠服鞍馬俾隨圍仍攜之山莊宴賚封爵有差自此四衛拉特無不隸我臣僕而其舊俗繪罽衣冠與準噶爾他部不類並敕增繪以廣前圖所未及乾隆辛卯季秋月御識

土爾扈特台吉

土爾扈特台吉婦

土爾扈特宰桑

土爾扈特宰桑婦

土爾扈特民人

土爾扈特民人婦

土爾扈特舊為準噶爾四衛拉特之一其先
世和鄂爾勒克汗與綽羅斯巴圖魯渾台吉
不睦遂徙入俄羅斯額濟勒地五傳而至敦
嚕布喇什汗乾隆二十一年曾遣使入貢三
十六年其子渥巴錫與合族台吉謀挈全部
十萬餘衆歸順既入覲
封賞有差於伊犁附近擇地分居其俗重黄教事
游牧台吉紅纓平頂深簷冠衣長袖錦衣絲
縧革鞮婦人辮髮雙垂耳貫珠環冠紅纓高
頂衣鞮與男子同其宰桑紅纓高頂帽衣錦
衣束帶人民則素帽褐衣而已

雲南邊外整欠土目召教景海土目刁别於乾隆三十四年抒誠内附請修職貢念其地在僻遠命六年一貢用示優恤今年冬其頭目齎象牙犀角來獻令預朝正班末因繪其服飾附於圖後乾隆乙未嘉平月御識

整欠頭目先邁岩第

整欠居九龍江邊外距普洱府約千餘里產象牙犀角所屬大猛養等十數寨統大頭目十六先邁岩第其一也被紅褐錦衣草鞮不冠以紅帕抹首婦女衣飾與玀夷相仿

景海頭目先綱洪

景海亦居九龍江邊外距整欠又數百里所統大小頭目二十餘先綱洪其頭目之大者
物產服飾與整欠同

皇清膺
大寶命拓迹垂統四裔逖聽冠帶偕來
皇上纘
武策勳西陲大功載蕆垓埏所極莫不尊親用彌億
萬禩丕丕基訖乎無外三古之隆方斯蔑矣
先是乾隆歲戊辰
王師平定金川
皇上念

列朝服屬外臣式增式擴爰
敕所司繪職貢圖以詔方來而資治鏡不數年閒
舉濛瀛二萬餘里悉就戎索
鴻眖響臻有若為茲圖集大成者 臣 等伏思自有志
乘以來交閭所處王會所登鋪陳景鑠率體
專乎史厥後以圖著例如梁蕭繹所繪三十
餘圖既地限偏隅無可稱引惟唐閻立本應
詔作圖其事為後賢津逮顧尚論者猶以一

代時勢轉移於突厥回鶻不免委蛇求濟或
結為兄弟或重以和親且不足以語羈縻又
何懷德畏威之有若我
國家久道化成中外禔福
皇上以怙冒法
天而
天庥滋至以覲揚法
祖而
祖烈益光披兹圖也大之可以徵分野規方之畧精
之可以體服食好尚之情然非我監臣所手
量我將師所目擊我驛使所口陳者不以登
槧削焉統計以部曲區名者凡三百數以男
女别幅者凡六百數猗歟韙哉盖
册府傳信之鉅觀於是乎在而
皇上睿題往復惟
保泰拊循為兢兢則信乎運世有本臣等雒誦之

下尤願拜手稽首而申重之且自慶其遭逢
之盛也大學士公臣傅恒大學士臣來保臣
劉統勲協辦大學士尚書公臣兆惠尚書公
臣阿里衮尚書侯臣富德尚書臣劉綸都統
侍郎臣納延泰侍郎臣于敏中恭跋